実践の学としての
教育経営学の探究

編集／
元兼　正浩
九州大学大学院教授

花書院

はじめに

　日本教育経営学会では、「教育経営学」の学問的な有用性やその存在意義を自問する（教育経営学をしなければならない切実な問いは？この学会がなくなったら誰が、何が困るのか？）といったナイーブな議論がこの間つづいている[1]。ただ、これは今に始まったことではなく、教育経営という概念定義の曖昧性もあって[2]、隣接学問との棲み分けをはじめ、その学的固有性の探究は学会の創設当初より繰り返されてきた[3]。

　ポストモダン状況[4]の進行によって、それまで特権的な地位にあった理論や「知」の生産者たる研究者の優位性に対する懐疑が広がっていた頃、同学会研究推進委員会（2000年6月～2003年6月）の学校経営部会（小野、曽余田、浜田、淵上委員）では「学校経営研究における臨床的アプローチの構築」をテーマとして、学校経営研究は学校現場の諸課題解決にどのように貢献しうるかが3年間にわたって検討されていた。その背景には、「本来実践学であるべき学校経営研究が学校現場での認知度が低く、またその研究知が現場で有効とみなされていないという現状認識があった」[5]という。

1）例えば、2021年6月4日～6日に開催された第61回大会オンライン広島大学主催でのシンポジウム（いま、「教育経営」とは何かを考える）や若手フォーラム（若手研究者が考える教育経営学への期待と問い）の議論など。
2）「多領域併合概念」（白石裕『教育経営』協同出版、1993年）等といわれる曖昧性をめぐっては、市川昭午氏の「教職研修」（教育開発研究所）連載「学校の経営と管理」2019年9月～2021年11月）の中で、その研究対象、名称、研究方法、学会成立の経緯に至るまで、再三にわたり刺激的な批判を受けている。
3）朴聖雨「教育経営概念の生起と発展」『講座日本の教育経営9 教育経営研究の軌跡と展望』ぎょうせい、1986年における「必要性」「有効性」「科学性」の吟味など参照。
4）下司晶『教育思想のポストモダン 戦後教育学を超えて』勁草書房、2016年、10頁。
5）小野由美子「はじめに」『学校経営研究における臨床的アプローチの構築 研究－実践の新たな関係性を求めて』北大路書房、2004年、ⅰ頁。

ii

　そこで「学校経営の実践にとって〝役に立つ〟研究のあり方を考え、そのための研究方法論を検討し試行しよう」[6]とし、その象徴的表現としてあえて「臨床的アプローチ」という用語を使用したとされる。「初年度の課題研究会場では、学校経営研究における「臨床的」という用語のなじみのなさから参加者の中にはとまどいと反発がみられた。」[7]とある。だが、その用語選択が奏功したのか、四半世紀近い時間が流れても、同学会ではいまだ臨床的アプローチに対する評価は高い[8]が、その一方で、「臨床的アプローチ」を直截的に謳った実践的な研究や成果物は管見の限り必ずしも多くはない[9]。

　篠原岳司（2019）は新章（ニューチャプター）として一新された世織書房『教育学年報』の第11巻で教育経営学について論じており、「学校の自律性と臨床的アプローチ、その追究の先に」[10]というタイトルを付している。

　本書の執筆陣が日本教育経営学会の研究推進委員・幹事を務めていた2018年〜2021年、そして科学研究費基盤研究（B）[11]（課題番号21H00820）の支援を得て2021〜2023年において、我々も「臨床的アプローチの先」を目指そうと野心をもって議論を進めてきた。

　それは実践事例の記述の仕方や分析方法などの単なる手続き・技術論ではなく、実践と向き合う際の研究者のポジショナリティ（我々自身、教員養成等の実践者でもある）の揺らぎ、真理・真実を求めながら実現したい価値と不可分である悩ましさ、個々の子どもなど対象のリアリティに迫る困難さ、学校と研究者の関係性（主体−客体）の葛藤、主に自然科学分野で問われてきた析出された知見の再現性や参照可能性など、実践研究における学術性の担保をめぐる課題、さらには近接学問と比較しながらの学的固有性をめぐる問題などその外延の見極めまで対象にした。時代性、政治性も視野に入れる

6）浜田博文「総括」『日本教育経営学会紀要』第44号、2002年、第一法規、191〜192頁。
7）小野由美子、前掲書、ⅱ頁。
8）たとえば、湯藤定宗「教育経営研究の有用性と教育経営研究者の役割−学校と地域との連携に焦点を当てて−」『日本教育経営学会紀要』第60号、第一法規、2018年など。
9）元兼正浩「教育経営学における実践と研究の関係」日本教育経営学会編『講座現代の教育経営4 教育経営における研究と実践』学文社、2018年。
10）篠原岳司「教育経営学　学校の自律性と臨床的アプローチ、その追究の先に」『教育学年報11 教育研究の新章（ニュー・チャプター）』世織書房、2019年。
11）「学校経営コンサルティング型組織開発−リアリティを追究する教育実践研究の再構築」研究代表者：元兼正浩（21H00820）。本書はその研究成果の一部である。

必要から、「巨人の肩の上に立つ」（Standing on the shoulders of Giants）と題して先人たちが何と闘ってきたかを探る古典読書会や Author Visit を企画し[12]、当時は熱く議論されてきた「民主主義」などが最近問われなくなっていること等、知の継承の難しさを実感した。また、「経営」が管理職のためのものと受け止められる傾向が現場ではあることから、若手教員を対象にした組織マネジメント研修会[13] なども実験的に試みてきた。

ただ、とりわけ2020年度以降はCOVID-19禍の影響とほぼ重なってしまい、構想していた学校経営コンサルティング型組織開発を実施するために、学校現場など実践の場に向かえなくなり、各自がコロナ禍により対応に追われた大学教育の実践者であることも大きく、メンバーが膝を突き合わせて「熟議」「闘技」する機会もなかなか持てなくなった。そこでそれまでの熱い議論をもとに各自で個別に研究を推進してもらう方向に切り替えた。

そのため、章と章とでの整合性や構成が不十分であることも自覚している。だが共同研究の成果の一部としてこれを刊行し、御覧いただいた方々の忌憚ない批判を受け、さらに問い続けることでその責を果たしていきたい。

なお、本書は JSPS 科研費21H00820の成果報告書が好評のため、これに加筆修正して公刊するものである。多くの読者の目にふれることを期待している。

　　2024年4月

　　　　　　　　　　日本教育経営学会第64回大会準備中の伊都キャンパスにて
　　　　　　　　　　　　　　　　　編者　元兼正浩（九州大学大学院教授）

12）高野桂一、伊藤和衛、持田栄一の著作を読み、また中留武昭らに自著を語ってもらう公開研究会「学校組織に関する公開研究会2019」（九州大学アカデミック・マネジメント研修）を2019年12月26・27日に日本教育経営学会研究推進委員会企画として九州大学伊都キャンパスで開催した。

13）平成30年度文部科学省受託研究「新任・若手教員の学校組織マネジメント力育成のための学校コンサルテーション」研究成果報告書　九州大学。日本教育新聞2019年2月18日付け No,6180号4面「20代から「マネジメント」学ぼう」記事参照。

目　　次

執筆者一覧

第 1 章

実践の学としての教育経営学序論

── 「理論＝実践」問題からの離脱 ──

第1節　教育経営学における「理論＝実践」問題

　「教育学は、それ自体から実践に作用することはできず、教育的課題の実践的優位に位置する教育者を介してのみ実践に作用しうる」[1] という「理論＝実践」問題は、マルクス主義を背景として教育実践を主導しようとした戦後教育学[2] の論争的課題の一つである。したがって、教育実践（者）との関係の模索は教育経営学の専売特許とはいえず[3]、その学的固有性を実践との関係に求めるのは些か早計かもしれない。

　実際、「教育経営とは、教育の目的を効果的に達成するために、多様化し、多元化している現代の教育主体と教育機能を全体的に捉え、それを統合し、関連づけるという視点に立って教育の営みを把握していこうとする概念」[4] といった教育経営の定義自体には「実践」という用語は必ずしも出てこない。

　ただ、久高喜行（1992）は、1960年発足の「教育経営研究会」の機関紙における石三次郎の創刊の辞「経営的考えを導入し、経営的にものを見、ものを解決する、それが教育経営という考えを生ぜしめた理由である」（『教育経

1）小笠原道雄編著『教育学における理論＝実践問題』学文社、1985年、7〜8頁。
2）「教育学が最終的に目指すのは、教育実践の科学的解明である」（井深雄二『戦後日本の教育学史的唯物論と教育科学』勁草書房、2016年、17頁）として、五十嵐顕「教育科学における実践の問題」『民主教育論』青木書店、1959年、12〜55頁、等。
3）鈴木敏正「「実践の学」としての教育科学＝教育計画論」『現代教育計画論への道程』大月書店、2008年。他にも近藤正春『現代教育行政学の理論的課題 ── 実践科学としての教育行政学の創造 ──』教育史料出版会、2022年。
4）河野重男「教育経営」『新教育学大辞典』第一法規、1990年、226頁。

営』創刊号、1964年、5頁）を引いて「教育経営という概念は、単に学校教育の諸問題を分析するだけでなく、分析した結果どうすればその問題を解決できるかという実践的側面を重視する概念であった」[5]と説明する。

　実際、吉本二郎（1976）は「現代の学校経営論は、その研究の対象や方法において、それぞれ差異をもっているとはいえ、基本的には現実の学校経営をいかに改善するかの意識に導かれた実践（指導）的経営論である」（35頁）とし「個別的な経営実践の判断と行為の基礎となりうる客観的理論を提供する、科学的に確立された学校経営学にまで成長を遂げなければならない。」（36頁）と言及している[6]。学校経営改善のための実践的な貢献、そのために学校経営の判断や行為の基礎となる科学的な学問体系として「学校経営学」（ひいては「教育経営学」）の構築が目指されていたことがうかがえる。

　これに対し、市川昭午（2021）は「教育経営学者は…以前から実践志向が強かった。…（略）…実践重視はその裏返しとして「反理論的偏向」を招きやすい」[7]として教育経営学研究の実践重視の姿勢を手厳しく批判するが、もとより教育経営学が目指してきたものは実践か理論かという二分法ではない。また後述するように、実践に対する影響力の発揮は志向しても、必ずしも「反理論」で実践優位というわけでもなかった。

　例えば、当時の代表的論者の一人として高野桂一が「学校経営の科学化」（学校経営に科学的手法（方法論）の光を通すこと）の確立を追究し、実証的分析に根ざす教育科学の一環として「科学としての学校経営学」の確立を明確に標榜していた[8]ことは周知のとおりである。

　ただし、ここで高野が志した「学校経営の科学」の内実は、理論と実践を2つにわけ、理論を「基礎」、実践を「応用」として捉えていた[9]。すなわち、

5）久高喜行「教育の経営に関する基礎概念」久高・仙波克也編著『教育経営』ミネルヴァ書房、1992年。

6）吉本二郎「第一章　学校経営論の研究開発」『現代学校経営講座　第5巻　学校経営の革新』第一法規、1976年。

7）市川昭午「教育経営学と教育実践」『教職研修』教育開発研究所、2021年6月号。

8）高野桂一教授最終講義（1990年1月29日　九大文系講義棟101番教室「学校経営の科学」の確立を求めて──学校経営研究夜話──）について、元兼正浩「学校経営の科学化をめざし、法社会学の方法を導入 高野桂一1926－2012年」『季刊教育法』No.214、2022年。

9）「私の著作集はまず基礎医学にあたる理論科学の枠組みを構築しつつ、その上で実践技術学を打ち出していく」（高野桂一『学校経営夜話』ぎょうせい、1991年、225～226頁）。

理論（テオリア）はすべての具体的＝実践的意図から分離された科学的認識であるとして、実践（プラクシス）と切り分け、理論的認識の優位を主張するアリストテレスに淵源する眼差し、階層的視点が少なからず垣間見られる。

　理論と実践をそもそも非対称的な関係として捉え、理論を教育実践に適用することで最適化を図るというシェーマには、人間の感覚は頼りがいがなく、理性（定式化された知識、科学的理論）という「価値中立」な知的道具によって、その背後にある確実な構造が対象として認識でき、事物として「操作」可能になるという「科学」に対する過剰な期待や特権化された視点があった[10]点は時代の制約としても否めない。

　実践と理論の関係については、日本教育経営学会第31回大会（1991年、帝京大学）での課題研究「教育経営研究の学術性と実践性に関する検討」が同学会としての取組みの嚆矢とみられる[11]が、そこでコメンテータの西譲司は学術性（理論）と実践性（応用）が表裏の因果的関係にあるとし、教育経営研究が十分な意味で「学術性」を備えていなければ、当然にその「実践性」（現実状況への予測可能性や応用可能性）も低くなるとして、まずは学術性のコンセンサスを確立すべきと訴えており、やはり「反理論」ではなく科学的理論の構築が優勢である。出版されたばかりの『学校改善に関する理論的・実証的研究』（ぎょうせい、1990年）を素材として、経営過程論の研究成果が「経営実践の改善努力にどのように寄与しているかを考察し、経営過程研究の実践的な意義と課題を明らかにしようとした」という本課題研究の設定の趣旨は理論による経営実践への奉仕・貢献の仕方や程度の探究であるが、教育経営学は単なる「実践学」ではなく、「実践科学」（教育科学による実践指導）を志向していた[12]と看取できよう。

10）石黒広昭『子どもたちは教室で何を学ぶのか　教育実践論から学習実践論へ』東京大学出版会、2016年、11頁。

11）元兼正浩「教育経営学における実践と研究の関係」日本教育経営学会編『講座現代の教育経営　4　教育経営における研究と実践』学文社、2018年。

12）「教育経営学はすぐれて実践的・実務的な性格をもっている。そのため…はたしてそれは学問として成立するかといった最大の批判を受けることになる。…最近では、教育経営の基礎研究をめざしながらも、しかも実践的に教育活動を変革していこうとする、実践科学への志向性が明確にされてきている」（大嶋三男、児島邦宏執筆「教育経営学」の項目『教育経営事典』第 2 巻、ぎょうせい、1973年）として70年代から学術性への葛藤を抱えながらもそれを止揚する「実践科学」への志向性が認められる。

4

第２節　実践科学としての教育経営学における価値、信念、認識

　教育経営学を「実践に寄与する科学＝実践科学」と規定することにより、①法解釈によるべき論の説明、②規範的経営観の提示、③海外文献の引用による啓蒙、④現場の経験的知識の開陳などが「科学」の装いをもって「教育経営学」研究として量産される状況を岡東壽隆（1990）は憂慮した[13]。それらは研究者の一方的な論理や価値の押し付けにすぎず、組織内の個々の人間の心理までを対象とする経営学的知見として、研究対象となる教育組織構成員の「認識」や「価値」、「意識」と十分にきり結べていないと批判する。

　すなわち、教育経営学の研究は、経営事象（事実）だけでなく、その規範性、価値、信念、意味も対象として開始せざるをえず、こうした対象が研究者を価値自由の立場には置いてくれないと指摘する（なお、同趣旨の問題意識は本書執筆メンバーによる研究推進委員会が１年目に設定した研究者のポジショナリティの自覚、リアリティ把握の方法、学術性の追究の如何[14]、２年目に設定した価値不可分性、科学性、再現可能性の追究[15] といった課題研究での各テーマとも接続する）。

　したがって、このような価値や認識と切り離され「事実」のみに依拠した「実証的」研究は、たとえ科学的な方法論による合理性があるものだとしても経営実践やその変革に貢献しない産物に終始してしまうとさきの岡東（1990）は論難する[16]。

　実証主義的な科学主義の方法では、人間や社会における意味や価値の問題を正しく扱えず、事実だけが抽出され、人間性や価値判断といったものが捨象されていくことは、フッサールが人間性の危機として訴えたように[17]、結

13）岡東壽隆「教育経営学の対象と方法」青木薫編『教育経営学』福村出版、1990年。
14）＜課題研究報告＞「実践の学としての教育経営学研究の固有性を問う（１）──教育経営実践のリアリティにせまるとはどういうことか──」『日本教育経営学会紀要』第62号、第一法規、2020年。
15）＜課題研究報告＞「実践の学としての教育経営学研究の固有性を問う（２）──教育経営学研究の科学としての質を高めるとはどういうことか──」『日本教育経営学会紀要』第63号、第一法規、2021年。
16）岡東、前掲書、27頁。
17）森美智代『＜実践＝教育思想＞の構築──「話すこと・聞くこと」教育の現象学──』渓水社、2011年、10頁。

局、「事実学」に陥ってしまい、普遍性への追究がなされず、「本質学」としての学問の意義は後景に退くことになる。

　とりわけ教育目的や価値の実現を意図的・計画的に追求する営みである教育実践に向き合う教育学は必然的に価値にかかわらざるをえない。そもそも「言語によって表現される構成概念は常にそれ自体として何らかの価値づけがなされており、ある方向性を指示する人工物」[18] であり、説明理論や概念には人間観や指導観、教師役割観、子ども観などが織り込まれる。しかも、「何がよい教育か」といった教育的価値は「真」や「善」といった哲学的・社会学的価値とも異なり、より真や善になりえたかといった発達の観点をも含まれ[19]、「科学的」に捉えることはいっそう困難である。

　ガート・ビースタ（2016）は教育研究の実践的役割について、研究は教育的手段の効果性だけではなく、教育的目的の「望ましさ」を探究すべきであると説く。ドゥ・フリースの議論を引用し、研究が教育実践に道具的・技術的知識を提供するだけでなく、実践的に価値を持つための方法は、「異なった解釈を提供することによる、社会的現実の異なる理解の仕方や異なる想像の仕方」、すなわち、研究の文化的役割を果たすことだという[20]。研究の技術的役割を強調するエビデンス重視は、研究上の問いを「技術的効率性や効果性の語用論」へと矮小化させてしまう恐れがある。教育実践者に理論的なレンズを与え、実践に対する異なった理解を獲得させる手助けをするこの文化的役割が重要であることをここでは確認しておきたい。

第3節　教育経営学研究における実践——組織に対するイナクトメント（実践的アプローチ）

　教育経営学が対象とする実践は多様で、その定義は一筋縄ではいかないが、たとえば組織ディスコース研究における実践的アプローチにおいて、実践は「共有された実践的理解の周りに中心的に組織化された、実体化され物

18）石黒広昭、前掲書、12頁。
19）中内敏夫『教育学第一歩』岩波書店、1988年、18頁。
20）ガート・ビースタ（著）、Gert J.J. Biesta ／藤井啓之・玉木博章訳『よい教育とはなにか：倫理・政治・民主主義』白澤社、2016年。

6

質的に媒介された一連の人間行動」であり、実践は「制度的文脈内に埋め込まれ、社会構造の多元性をイナクトする」等と説明されている[21]。イナクト（enact）やイナクトメント（enactment）は日本語に翻訳しにくい用語だが、組織化にとってのイナクトメントは、自然淘汰における「変異」に当たるといわれる。ただ、「変異」と呼ばないのは、「組織メンバーが（自らをやがて拘束する）環境を創造する上で果たしている（とわれわれが思っている）積極的な役割をイナクトメントという言葉がとらえているから」[22]だとカール・E・ワイク（Weick, 1997）は説明する。

　そのため実践パースペクティブにあたっては、人々、行為、人工物、そして文脈の再帰的な相互作用のなかで、行為者によってイナクトされたディスコース実践などの意味形成によってイノベーションが生じると考えられる。

　本書執筆メンバーで構成された日本教育経営学会研究推進委員会３年目の課題研究[23]のキーワード「現代的有意味性」はこのイナクトメントの概念に注目した設定であった。繰り返しになるが、組織にとって生成、強化、再生、変容など「変異」に相当するものをあえてイナクトメント（enactment）と称するのは、管理者（行為者）が自らを取りまく多くの「客観的」特徴を構築し、再編成し、抽出しあるいは逆に壊したりするのだということを強調するためである[24]。

　組織化活動のアウトプットとして環境を捉えたり、反対に知覚された環境が組織に影響を与える面を捉えたり、環境と組織の相互作用をみていく中で、環境を組織から切り離すのではなく、環境の多くを自らが創造しているのだと認識することが重要となる[25]。

　①管理者が環境の中で行為し、環境の一部に注意し大部分を無視し、自分たちが何を見、何をしているかについて他の人と話す。その結果、取り巻く状況がいっそう秩序的になるという「経験のイナクトメント」

21)21）『ハンドブック組織ディスコース研究』、同文舘、2012年、578頁。
22）カール・E・ワイク／遠田雄志訳『組織化の社会心理学』文眞堂、1997年、169頁。
23）＜課題研究報告＞「実践の学としての教育経営学研究の固有性を問う（3）──現代的有意味性の視点から──」『日本教育経営学会紀要』第64号、第一法規、2022年。
24）カール・E・ワイク／遠田雄志訳、前掲書、214頁。
25）同上書、219頁。以下、①〜③は同上書、第6章「イナクトメントと組織化」（189〜219頁）より。

②管理者は環境と組織に関して思うほどにはよく知っていないという「限界のイナクトメント」

③組織における人びとは自分たちが何を行ったのかを知るために行為しなければならないという「シャレード（いわゆるジェスチャー・ゲームの類）のイナクトメント」

ただし、①〜③のイナクトメントの概念を踏まえれば、自身が身を置いている環境や組織についての理解は、管理者といえども不十分（②限界のイナクトメント）[26]で、「人々がすでに言葉で理解している雰囲気、主観的なものとして、あるいは感じたことにすぎないものとして捉え、理解してしまっている雰囲気」[27]にすぎず、またそうした「意味的に構成された世界」を他者に伝えることはままならないし、伝えられたとしても生半可となる（①経験のイナクトメント）。そもそも外部に出ないと所属組織をメタ認知することが難しい側面（③シャレードのイナクトメント）もある。

このような組織における管理者の認識の限界を考えるとき、これを学校の管理職に置き換えるならば、シャレードを外からみる第三者の存在、さきの「研究の文化的役割」を果たすような研究者が必要となる。研究者の認識は学校側からすれば「日常知」を知らない者ゆえの「事実誤認」と受け止められるかもしれないが、議論をたたかわせる過程で浮上する「研究者と当事者の有意性構造のズレ」こそが実践を見直す契機となり、研究者にとっても新たな発見になるという[28]。

第4節　学校経営コンサルテーションの課題と可能性

そこで管理者（学校管理職ら）に理論的なレンズを与え、彼ら／彼女らの実践にたいする異なった理解を獲得させる手助けをする文化的役割の方法として、学校のコンサルティング、学校経営を対象としたコンサルテーション

26）織田泰幸「学校づくりの組織論」末松裕基編著『教育経営論』学文社、2017年、64〜65頁で紹介する「盲目の男たちと象」の寓話など。

27）木下寛子『出会いと雰囲気の解釈学 ── 小学校のフィールドから ── 』九州大学出版会、2020年、79頁。

28）今津孝次郎「実践と研究の関係の諸形態」『学校臨床心理学』新曜社、2012年、113頁。

についてその意義を確認したい。

　学校経営コンサルティング自体は半世紀前からその萌芽がみられ、1963年に東洋館出版社より『学校経営コンサルティング』という書籍が刊行され、また、別冊教育技術の1964年春季号は「学校経営コンサルタント —— こうすれば学校は改善できる」が出版されている。ただ、前者を編んだ学校経営コンサルティング研究会は学校経営の近代化を推進することを目指しており、現在の学校経営コンサルテーションよりもその後の「学校経営診断」に近く、科学的管理法の発想の流れのように見受けられる。

　直近の嚆矢は、日本教育経営学会第1期実践推進委員会（水本徳明委員長）での科学研究費調査（B）「学校経営におけるコンサルテーションのニーズ・手法・理論に関する研究」（2007～2008年度／課題番号19330167）での議論となるだろう。学校経営コンサルテーションのニーズ（始まり）やゴール（目標／終わり）の捉え方、その内実の類型化の視点・方法、学校組織の特殊性の位置づけ方、類似用語との関係など外延の検討と概念定義の明確化、研究や研究者自身の立ち位置をめぐっては多くの意見やディレンマがあることが明らかとなった（日本教育経営学会・実践推進委員会第1回実践フォーラムにおける参加者への事前アンケート結果より）[29]。

　その後、文部科学省の受託研究「学校の第三者評価の評価手法等に関する調査研究」（テーマA：学校評価結果を活用した学校の改善に関する調査研究）として、九州大学人間環境学研究院では2008年度に学校評価に焦点を当てコンサルテーションを行った。同大学学校評価支援室がホームベースとして情報を集約し、複数回訪問型コンサルテーション、ラポール・コンサルテーション、コラボ・コンサルテーション、チーム・コンサルテーション、学校課題再確認型コンサルテーション等々と命名した様々なスタイルでの取組みは、学校側のニーズによって異なるスタイル、メンバー構成での組織化を表現したものであった[30]。

29）水本徳明「学校経営コンサルテーションの意義と課題」『日本教育経営学会紀要』第50号、第一法規、2008年、206～215頁。
30）九州大学大学院人間環境学研究院学校評価支援室『学校評価コンサルテーションの組織的実施手法に関する萌芽的調査研究報告書』2009年。その後の2017年度でも、学校コンサルテーション室が事前の聞き取りを行い、「防災に関する講演依頼から始まったコンサルテーション」「関

　学校組織へのコンサルテーションのスタイルには、a. クライアント中心の
ケースコンサル、b. コンサルティ中心のケースコンサル、c. プログラム中心
の管理的コンサル、d. コンサルティ中心の管理的コンサルテーションがある
とされ、とくに校長・教頭への管理的コンサルテーションは、c. で生徒指
導・教育相談体制など学校組織の改善、d. で問題状況や危機発生に対する理
論的バックアップや客観的判断のための助言、不安の軽減援助が期待される
という[31]。

　本学会では、「臨床的アプローチ」の課題研究以来、エドガー H・シャイン
のコンサルテーションの枠組みが引用され[32]、①専門的知識提供－購入（情
報の入手・専門家モデル）モデル、②医者－患者モデル、③プロセス・コン
サルテーションモデルがたびたび提示されてきた[33]。

　ただ、①はクライアント自身が問題の原因を正しく診断できており、専門
知識を提供するコンサルタントの能力を正しく見極め、コンサルタントにう
まくニーズを伝え、求めた支援の結果についての判断力がないとうまくいか
ない。また②についてもクライアントが明確に症状に気づいており、組織の
システムにコンサルタントを引き込んで介入させたいという明確な意識があ
るなどの前提が必要であり、これらのモデルを効果的に機能させるための条
件はかなり厳しい[34]。一方、クライアントである実践者や管理者自身でさえ
認識困難な教育実践のリアリティ（子どもの内面、教室空間の実態、教職員
の人間関係等）や当該組織が抱える内外環境の実態（保護者の意識・生活実
態、地域の風土・歴史的背景、政治的環境等）をコンサルタント（研究者）

係性を構築していく過程が見えてくるコンサルテーション」「「新しい知識や知見に触れ続けた
い」という要望のもとで行われたコンサルテーション」などその始まりやプロセスによって区
別した（平成29年度文部科学省受託研究『「学校コンサルテーションによる OJT 型管理職育成
の施行」研究成果報告書』研究代表者：元兼正浩、2018年）。
31）「管理職へのコンサルテーション」日本学校心理学会編『学校心理学ハンドブック「学校の力」
の発見』教育出版、2004年、130頁。
32）エドガー H. シャイン、稲葉元吉・尾川丈一訳『プロセス・コンサルテーション』、白桃書房、
2002年。小野由美子・淵上克義・浜田博文・曽余田浩史編著『学校経営研究における臨床的ア
プローチの構築』北大路書房、2004年、108～110頁。
33）曽余田浩史「教育経営研究における臨床的アプローチの展開と今後の課題」日本教育経営学会
編『講座現代の教育経営 4 教育経営における研究と実践』学文社、2018年、20～21頁。
34）エドガー H. シャイン、尾川丈一『プロセス・コンサルテーションの実際II』、（株）プロセス・
コンサルテーション、2020年、41～44頁。

10

が的確に把握できるのかという課題は、学校経営コンサルテーションを実施するにあたってのアポリアである。

そもそも教育の「現実」なるものが、最初から素朴実在論的に実体として存在しているわけではなく、言語的実践——言説、語り（ナラティブ）、「見立て」、「筋立て」、「テクスト」読解、解釈——によって構成されているという物語論的ないしは構成主義的なスタンスが必要とされる[35]。

先行研究では、クライアントである教育実践者を組織改善の処方箋の受容者とする①専門的知識提供——購入モデルや②医者－患者モデルではなく、③プロセス・コンサルテーションモデルによって、クライアント（実践者）とコンサルタント（研究者）の関係性の組み換えの必要などが強調される[36]が、その場合の具体的なコンサルテーションのプロセス、上述したような「見立て」の方法、ダイアローグ・ディスコースの分析方法等については「臨床的アプローチ研究」においては十分に示されておらず、そうした問題関心自体が「技術的なもの」として捉えられてきたきらいもある。たしかに、例えば学校や学級の雰囲気（組織風土）を記述しようとすると、その時点でいつのまにか客体性を帯びたものに変質し、研究者もそれを認識する主体に変質してしまう恐れがあるが、これを「対象化せずにその意味を問う」[37]現象学的手法を活用するなど、もっと具体的に検討される必要がある。

クライアントに自己治癒力があるとする「仮定」についても、コンサルタントとの関係性の組み換えには貢献するが、実際にはこれまた上述したように、クライアント自身が当該組織や外部環境の課題を的確に認識したり言語化したりすることができていないことも多く、「その組織でどのような解決法がうまくはたらくのかを最終的に知っているのはコンサルティだけである」という言説も怪しい。研究者（コンサルタント）が教育実践者（クライアント）に彼らの実践の異なった理解を獲得させる手助けをし、彼ら／彼女らの実践を異なった理論的なレンズで違うように見せたり想像させたりすることも「相手との関係のなか」に入ることであり、その際、従来の知識や経験が

35）西村拓生『教育哲学の現場』、東京大学出版、2013年、237頁。
36）曽余田浩史（2004＝前出『臨床的アプローチの構築』）に対し、曽余田（2018＝『講座現代の教育経営4』）では③プロセス・コンサルテーションがより強く押し出されている。
37）木下、前掲書、175〜177頁。

通用しない複雑で不確実な「沼地」で一緒に考えることは教育経営学研究の転換の可能性となりうる。

　こうした実践のレンズは「ユーザのイナクトメントを形成する制度的、解釈的、かつ技術的な状況の検討をすることができ、逆にそのようなイナクトメントが制度的、解釈的、技術的状況をどのように強化し修正するかについても探究することが可能になる。」[38] という。学校経営コンサルテーションの場合、たとえそれがプロセス型であったとしても、「改善」という価値志向をもっており、直接、間接に実践科学として有効なパースペクティブを活用・提示することになるため、臨床的アプローチというよりも実践的アプローチと位置づけてもよいのではないだろうか[39]。

第5節　臨床的アプローチから実践的アプローチへ

　さきの岡東壽隆（1990）は、機能主義の立場に立つ伝統的な教育経営学を対象ごとに①教育組織の「構造」に焦点を当てた研究、②「権力」に焦点を当てた研究、③「過程（プロセス）」に注目したシステム論的研究、④現象や行動に焦点を当てた研究、⑤「文化」に焦点を当てた研究、⑥組織の「認識過程、思考過程」に焦点を当てるもの、⑦「心理」状態に焦点を当てた研究に整理する[40]。

　そしてこうした機能主義的研究に対する批判から、「ニュー・パラダイム」に基づく方法論の展開として「主観」理論、現象学、批判理論（当事者）研究、エスノメソドロジー等を提示する。だが、学会紀要や関連論考を確認しても、管見の限り、30年を経た現在まで、この新たなパラダイムや「臨床的アプローチ」がめざしていたものには迫れていないのではないだろうか[41]。

38）前出『ハンドブック組織ディスコース研究』580頁。

39）「実践志向というだけなら「臨床」より「実践」の方がわかりやすい。臨床と称してもよいが、それによって内容が改善されるのでなければ実質的な意味はなく、その効果は自己満足にとどまる。」（市川昭午「教育経営の臨床的アプローチ？」『教職研修』2021年5月号）。

40）岡東壽隆、前掲書、35～41頁。

41）篠原岳司（2019）は、臨床的アプローチによる研究の到達点として佐古秀一グループの研究成果を挙げるが、篠原も指摘するように佐古自身は「臨床的アプローチ」とは述べていない（「教育経営学　学校の自律性と臨床的アプローチ、その追究の先に」『教育学年報11　教育研究の新章（ニュー・チャプター）』世織書房、2019年、261～262頁、267頁。

　もとより「臨床教育学」にとっての教育相談（コンサルテーション）は、教育学の思考方法や研究スタイルをどのように変換できるか、変換の仕掛けであって、学校の《問題》の解決や解消といった役に立つ実践性を目指したものではなかったとされる。むしろ《問題》にかかわることによって教育学者自身や教師自身が自己変換を遂げる可能性を探り、そのような《問題》の意味変換の場所としてコンサルテーションを見立てていたという[42]。

　教育経営学における臨床的アプローチもそうした当時の「ポストモダン・モード」とよばれる大きな物語が失墜した時代の空気の中で、主体（観察するもの）と客体（観察されるもの）の不可分性に立脚し、教育実践（者）と教育経営学研究（者）との関係性の転換・組換がめざされ、「臨床」を冠した命名がなされていたのだとすれば、そうした教育の脱構築（構築主義的な視点）からそろそろ「再構築」へと方向転換する時期にきているのではないだろうか[43]。

　「実践に寄与する科学＝実践科学」としての教育経営学は、例えば、学校経営コンサルテーションの場合、コンサルタントである研究者が自身のもつ価値を自覚しながら、そもそも「よい教育経営（実践）とは何か」といった「本質（意味）」について、コンサルティ（学校管理職、教職員）、クライアント（教職員、子ども）、さらにはステイクホルダーである学校関係者（保護者、地域住民ら）との＜学びの公共圏＞[44]というアリーナ（例えば、学校運営協議会や「社会に開かれた教育課程」の実質化をめざす議論の場、市町村の教育ミーティング、韓国のマウル教育共同体のような場[45]など）における討議[46]、熟議や闘技（agonism）を通して、こうした関係者との対話の中で「納

42）皇紀夫「教育を語る言葉の「病」」住田正樹・鈴木晶子編『教育文化論』放送大学大学院教材、2005年、71頁。
43）下司晶『教育思想のポストモダン』勁草書房、2016年。
44）「学校や教室という場所は、＜身体なき言葉＞と＜言葉なき身体＞とがせめぎ合い衝突し合って、生々しい闘いを日々繰り広げているアリーナである。」（3頁）として、学校改革コンサルテーションを行った新潟県小千谷小学校を＜交響する学びの公共圏＞として佐藤は表現する（佐藤学『学校改革の哲学』東京大学出版会、2012年、3～33頁）。
45）梁炳賛「マウルづくり事業と草の根住民の主体形成」『躍動する韓国の社会教育・生涯学習』エイデル研究所、2017年。日本教育新聞2024年1月21日付け No.6401号4面「「『社会に開かれた教育課程』をどのように実現するか」九州教育経営学会シンポジウム記事参照。
46）「討議とは、当事者が、従うべき規範を決定するために、平等な関係性のなかで、根拠を示しつ

得と合意」[47] を問い続ける[48] こと抜きには成り立ちえないだろう[49]。それは対等か否かなどといった関係性の組み換えではなく、まさに教育経営という「実践コミュニティ」[50] のアリーナ（学びの公共圏）という多様な構成員に研究者自身が組み込まれることでもある。

　その場合、コンサルタントである研究者に求められる力量は、もちろん特定分野に関する偏在専門知ではなく、暗黙知を伴う「貢献型専門知」（熟達した実践を行う能力）であるが、多様な構成員の中にあっては、そうした従来型の専門知にとどまらず、「対話型専門知」[51] も大いに期待されよう。

　同様に、そこに集う多様な構成員＝討議者にも必要とされる言語能力がある。ハーバーマスによれば「世界のパースペクティブ」（①自然現象や社会現象などの客観的認知世界、②自らの主観的世界、③人とのかかわりや規範など社会的世界）がその時々で適切に対象化でき、また「話者のパースペクティブ」（一人称の自己の視点だけでなく、対話の相手の立場に立つ二人称の視点や客観的な三人称の立場を適切に使いこなせること）であるとして「理性」や「合理性」をもつこととされるが、これは大人でもハードルが高いものであり、そうした言語能力を持たない＜非ロゴス的な存在＝子ども＞への倫理的配慮も視野に入れて検討する必要がある[52]。

つ主張をし合い、よりよき論拠の相互了解を目指す言語コミュニケーションである」（丸橋静香『討議倫理と教育──アーペル、ヨナス、ハーバーマスのあいだ』春風社、2023年、156頁）。

47）「社会というものは、本質的に、人間どうしがその共存と〝よりよい〟生活をめざして作り上げている独自の集合的ゲーム」、言語ゲームであり、「本質」は人間どうしの納得と合意から作り出すほかない（竹田青嗣「人文科学の本質学的展開『人間科学におけるエビデンスとは何か』新曜社、2015年、52～60頁）。

48）闘技民主主義の提唱者の一人シャンタル・ムフは、価値の複数性を排除して特定の立場が一時的に優先的な価値をもつようなコンセンサス形成志向の熟議民主主義を批判しており、正当性を付与してしまう合意形成よりも「問い続ける」プロセスにこそ意味があるとする（山本圭『現代民主主義　指導者論から熟議、ポピュリズムまで』2021年、153～157頁）。

49）参加民主主義よりもむしろ審議民主主義（deliberative democracy）において定義される。

50）「共通の専門スキルや、ある事業へのコミットメント（熱意や献身）によって非公式に結びついた人々の集まり」（エティエンヌ・ウェンガー他『コミュニティ・オブ・プラクティス』翔泳社、2002年、12頁）。

51）他の人々と対話する能力、研究対象に選んだ専門分野や判断力を行使する専門分野について流暢に語る能力、自分たちの発見や判断をはっきりと示すために自身の主題について熟慮する能力、ある分野の専門知を別の分野の言語に可能な限り翻訳する能力など（H・コリンズ＋R・エヴァンズ／奥田太郎監訳『専門知を再考する』名古屋大学出版会、2020年、44頁）。

52）「大人－子ども間の討議」など子どもを討議主体へ形成する手立てについては、丸橋、前掲書、161～172頁。

　さきの闘技民主主義の立場でいえば、感情や情熱といった情念（political emotion）にも一定の役割があり、地域とは「近づいてみれば誰一人まともな人はいない」[53] という刺激的なアリーナの中でタフな対話が求められるが、合理性や理性を特権化することにより、そうした「情念」や「政治的なるもの（the political）」を軽視してしまうと、異質な声に対し、それを競合すべき「対抗者（political adversaries）」ではなく、「敵（enemy）」としてみなしてしまう恐れ（敵対性 antagonism）が生じる。

　先の岡東が論じるように、教育経営学における研究行為は、実在する事象への関与から出発し、そこに生起する問題、矛盾、葛藤の解決を志向している。研究者はこうした期待や要請から決して無縁ではありえず、むしろ学校の管理職・教職員、子ども、保護者、地域住民らとともに協働し、問題解決していく存在であり、その際に、何らかの「善さ」を実現したいと願う実践性、規範性を内包するものであるならば、実験室のように「政治」から切り離されたものではありえず[54]、コンサルタントたる研究者が自身のこだわる価値を自覚しながら、「単位学校の内部過程の諸過程に限定せず、地域教育経営」[55] といったアリーナで、自らの研究や目の前の実践の意味・価値を問い直し、「実践知」の生成に挑む必要があるだろう。また研究者だけではなく、そこに集う者たちもまた知の生産主体としての役割を担うことになる。

　戦後教育学の「理論＝実践」問題と同様、実践科学、学校経営の科学などとして主観、価値観、ときにはイデオロギーを覆い隠して「科学的真理」としてオルタナティブを提起しようとしてきたが、「エビデンス」という名[56] の背後でせめぎ合う政治性や力学によって「本質」を見えにくくさせる懸念

53）イタリアの精神保健のモットー。地域とは、ノーマライズされた正常人の集団なのではなく、特異的で例外的な存在である例外者たちが住まう空間であり、そして特異的で例外的な存在である一人ひとりは、それぞれが個人として屹立しているということではなく、多数の多様な他者、あるいはモノたちが交錯しあう、対話と争いに開かれた関係性の場にいることによって、特異的な存在になる一人ひとりである。（松嶋健『プシコ ナウティカ──イタリア精神医療の人類学』世界思想社、2014年、参照。）
54）西村拓生、前掲書、165頁。
55）篠原岳司「変動する公教育に教育経営学はどのように応答するのか」『日本教育経営学会紀要』第57号、第一法規、2015年。
56）エビデンスの功罪については、日本教育学会「教育学研究」第82巻第2号、2015年の特集（「教育研究にとってのエビデンス」）の他、中西啓喜『教育政策をめぐるエビデンス』勁草書房、2023年を参照されたい。

もある。

　社会の縮図のような「地域」というアリーナにあって、一研究者として「声」を上げ、本質をめざした熟議ないし闘技の民主主義を引き起こしていくことがこれからの教育経営学の再構築にとって、また、国民一人びとりの「声」がなかなか勇気をもって上げられず（サイレントマジョリティ）、時にノイズとしてかき消されてしまい、共鳴して大きなうねりにならない閉塞化したこの社会の再構築にとっても小さな一歩になるのではないかとあらためて提案したい[57]。

（元兼　正浩）

57）なお、本論考は拙稿「実践科学としての教育経営学を構想するために」『日本教育経営学会紀要』第64号、第一法規、2022年を下敷に加筆修正したものである。前回、紙幅の関係で書ききれなかったことも含め、2021年度〜2023年度までの本科研費研究の最終成果の一部として報告する。

第 2 章

教育経営の概念と教育経営学の
教育学的特質

—— 学校コンサルテーションの学問的基盤の再検討 ——

第 1 節　学校コンサルテーションと教育経営学

　「はじめに」および「第 1 章」で記されるように、本書は元来、学校コンサルテーションについて扱うことを企図したものである。その取り組みの内実や課題については他章にて詳しく論じられる通りである。ただ、学問論として教育経営学の特質や課題を捉え直そうとするとき、学校コンサルテーションという営みが教育経営学の学的営為に包含されるという事実自体、あるいはそういうかたちで学的営為の諸成果が表出するという事実自体には、重要なヒントが秘められるようにも思われる。本章では、こうした側面に焦点を当てて検討を行う。

　わが国で学校コンサルテーションの語を早くから用いたのは、教育心理学分野であった。そこでの同語の定義例は、児童生徒＝クライアントと日常的に接する教職員ら学校内部の専門家＝コンサルティに対して、効果的な問題解決のために、カウンセラーや研究者ら外部専門家＝コンサルタントが支援を提供するという専門家間の相互作用過程とされる（山本 2000, p.120）。

　この定義は、精神保健分野のキャプラン（Caplan, G.）の提唱を源流にもつ。カウンセリング技法を駆使して自らも実践に従事する心理相談の専門家がコンサルタントになり、その実践的専門性を基盤としつつも、直接クライアントに対応するのではなく、コンサルティ、つまり教育専門家である教職員を支援するという、間接性に力点が置かれた定義と言える。双方の専門性への洞察や配慮、クライアントの利益の最優先、直接・間接の支援の質的差

異への着眼など、一定の経験と探究の成果による定義と思われる。

　学校経営の支援を念頭に学校コンサルテーションの語を用いる場合、プロセス・コンサルテーション（シャイン 2002）の発想を理論的源流とすることも多く、そうした源流の違いなどから、教育心理学分野での蓄積との関係や相互交流の可能性の程度は不明である。同分野での議論の深化に比べれば、コンサルタントの資質や専門性（必要か否か含む）の内実、教職員の専門性との関係、教育の固有性に即したクライアントとコンサルティの識別の有無など、判然としないことも多い。学校経営のコンサルテーションは、実践上は多様に展開しうるが、理論上は依然として整理の余地が残る。

　こうした状況は、基盤となる学問の性質や意義などに関する議論としても検討し直す必要がある。学校経営の場合、コンサルタントには必ずしも実践的な専門性が十分とは言えない代わりに、研究に従事する者であることが多いことからすれば、その者が有する学問的知識・技量の多寡や質が重要となる、あるいは重要とせざるを得ないからである。

　当然ながら、教育経営学は学校経営のコンサルテーションにおいて学問的基盤となり得る。教育経営学が学校コンサルテーションに関与していく固有の意味や、その限界や課題はどのようなものか。こういった問題については従来も検討が重ねられてはきたが（水本 2009 など）、必ずしも十分な結論にいたっておらず、今後も検討を重ねていく必要がある。

　本章は、以上の課題意識に対して必ずしも万全に回答できるものでなく、また、学校コンサルテーションと教育経営学との関係を本格的に論じうるものでもない。しかしながら、以上の課題意識に接近するための前提として、教育経営学という学問を直接の対象として取り上げたとき、それがいかなる教育学上の特質を持つか、個別学校現場への向き合い方と学問発展との関連をどう考えうるか、などの基本的問題について、ささやかながら再検討を試みるものである。このような作業を通じて、本書における理論的検討の一端に位置づくことをめざしたい。

第 2 節　教育経営概念の特長

（1）コンサルタントとしての教育経営学研究者の位置

　学校が研究者らにコンサルテーションを依頼する理由は様々に考えられるものの、当該研究者の専門分野が大きく影響することは疑いない。教育心理学分野の例では、児童生徒個人の内面的な諸問題への対応が困難な際に外部支援が要請される（ブリッグマンほか 2012）。教育方法学分野ならば、授業改善や新たな指導方法など、教職員の既有の専門性に磨きをかける依頼がありうる。近年では特別支援教育関連の依頼も増加しているであろう（国立特別支援教育総合研究所 2007）。これらの依頼で各研究者に期待されるのは、児童生徒理解や指導方法開発などの個別専門性である。

　一方、教育経営学分野の研究者がコンサルテーションを依頼されるのは、いかなる場合か。あえて絞れば、学校組織マネジメントの改善に関する依頼と一括できそうだが、それは上記の児童生徒理解や授業づくりと無関係に成立するものではない。むしろ相互に大きく規定しあう。それらとの関連を避けて、一般組織論的な話題だけに焦点化しても、さほど重宝されないであろう。教育活動や教育成果に密接に関係するからこそ、学校における組織マネジメントは意義を発揮する。学校組織マネジメントの改善に特化するつもりで各校を訪れても、結局は包括的に対応せざるを得ないことも多い。

　こう考えれば、学校経営のコンサルテーションが研究者に依頼される際には、比較的広範な教育活動・教育成果の質的向上を期待されることが少なくないように思われる。児童生徒の内面理解や指導方法の改善など個別の分野や課題に特化するよりも、包括的・総合的な学校ないし教育の改善＝質的向上への寄与を期待される点が大きな特徴と言える。もちろん、外国にルーツを持つ児童生徒や、特別支援教育の対象となる児童生徒への対応など、個別分野や現代的教育課題にも精通していれば、学校からの期待への応答性も、より高くなるであろう。ただ、その場合も教育経営に関する知見等と結びついてこそ、それらの個別的専門性が補完・増強されて、コンサルタントとしての教育経営学研究者の存在感や優位性が高まることは疑いない。

（2）教育経営概念の認識方法論上の特長

　以上の強みが生じる要因は、教育経営学が中心に据える教育経営の概念に
その一端をうかがえる。教育経営概念は次の諸々の対比において、相対的に
後者に重点を置いて教育現象を認識する傾向にある。①制度（＝システム）
よりも人と実践（＝生活世界）、②個人よりも組織や協働（複数人の目的共有
と協力関係）、③静態的な構造よりも動態的な過程、④事実観察に終始した受
動的姿勢よりも創造的実践による能動的な変革可能性、等である。

　たとえば、現象の時系列的整理と各段階の意図や行動の意識化（卑近な例
では PDCA 等）を重視する。学習者と指導者の各主体間または相互の作用や
協働を重視する。児童生徒を社会経済的背景の下に放置せず、発達を最大限
に引き出す働きかけを重視する。教育経営概念にこだわることは、これらの
特長を発揮して、現象を実践的に認識することを意味する。そうした認識か
らこそ、現場の人々の意識や行為＝実践に示唆的な研究も生まれうる。

　上記特長は教育概念自体にも大きく重なる。教育概念の定義を "児童生徒
の発達を促すよう、周囲が意図的・計画的に支援・介入すること" とするな
ら（中内 1988, pp.5-7）、教育経営はその実現をめざし、実践的・組織的・動
態的・変革的に、等の修飾語＝強調点を付した上で、教育を "動かす" 局面
に着目して把握する概念と言える。あえて述べれば、教育経営概念は教育概
念と内実はほぼ同じで、その把握観点が独自なだけの概念、つまり種々の強
調を伴った "経営という側面から" とらえる概念かもしれない。

　学校経営のコンサルタントの資質と関連づけるなら、学校内の事柄や改革
課題に対して、他の学問分野のような個別課題に特化した認識ではなく、教
育の把握観点が特徴的な教育経営概念による認識を用いて、各事柄や諸課題
を "まとまり"（時系列的な／相互作用の／事態と働きかけの／さらに個別
の事柄・課題間も関連づけたまとまり）として把握できる点が長所となろ
う。前述の包括性・総合性は、こうした形で積極的に読みかえうる。

（3）教育経営と教育制度・教育行政

　以上の考え方を敷衍すると、関連諸概念＝隣接諸領域との関係についても
整理できる部分が見えてくる。それはまた、学校コンサルテーションにおけ

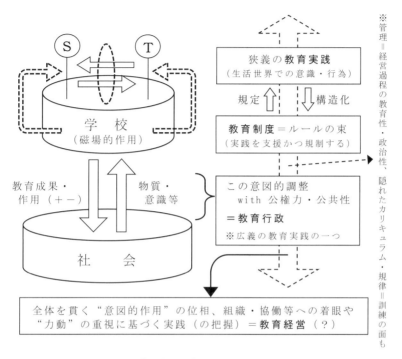

図2-1　　教育制度・教育行政・教育経営の試論的整理

る教育経営学研究者の役割にも深くかかわる。あくまで試論的・補足的な域を出ないが、図式的に整理したものが図2-1である。

　特にここで考慮したのは、教育経営・教育制度・教育行政の異同である。別稿（拙稿2022, p.116）でも少し触れたように、それぞれを中心概念とする学問が独立しているが、各学問共同体内部での温度差はありつつ、これらには共通する志向性が見いだせるようにも思われる。

　すなわち、教育実践の成否を真摯に考えるがゆえにこそ、その現実的条件としての社会的公共的な組織化や運用に焦点を当てるという志向の共通性である。たとえば「教育において…もっとも重要なものは教育内容と教育方法…、しかしカリキュラム研究は広い教育行財政的背景・基底に問題を投げかけざるをえない、そうでなければ…現実にはいかされてこない」（黒崎1975, p.299）という問題意識とも言える。教育を社会から遊離した真空中の画餅に

終わらせないため、教育行政・教育制度など、国家的ないし公的整備を伴う社会制度として把握することが不可欠だという問題意識である。

　この点も視野に入れて、上図に基づき概念間の違いを再整理すれば、教室等での狭義の教育実践（教師と児童生徒の相互作用）が、学校など教育制度（＝可視・不可視のルールの束）から磁場的作用を受けると同時に、実践がそのルールを構造化する。また、学校 —— 社会間の物質上・意識上の代謝を、公権力・公共性を伴って意図的に調整する作用を、教育行政と考えることができる。教育制度は作用というより関係概念（組織・構造）的ゆえ、設計や運用等の機能概念を補えば、教育行政や教育制度の設計・運用は、時として反教育的作用を含みつつも、規範的には狭義の教育実践の成立を支え、同様の価値実現を志向する限りで、広義の教育実践の一種と呼べる。

　これに対して教育経営概念は少し位相が異なる。前項の検討に従うなら、同概念は教育現象に接近する際、認識論上の特長としての組織・協働等への着眼や力動への重点化を伴う。狭義の教育実践、教育制度、教育行政の三者を意図的作用の位相で貫く作用でもあり、志向性としては広義の教育実践の一種と呼びうる。教育実践・教育制度・教育行政それぞれに教育経営動態が生じることから、教育経営学では各々を対象とする研究も成立しうる。教育経営概念が「教育現象を一体的・総合的に扱いうる」（古田 2023, p.155）のは、こうした性質に由来するものと考えられる。

　なお、教育経営と学校経営の概念の異同は悩ましい。従来も、学校という組織が対象なら経営概念を連記しうるが、教育という機能に重複して経営という機能を連記するのは違和感がある等と指摘されてきた。けれども、前述のように教育各所に深くかかわる動態や作用と仮定すれば、教育経営概念も十分に使用意義があるとも思える。コンサルテーションの学問的基盤を、あえて学校経営学とせずとも、教育経営学と措定できるゆえんである。

第3節　学問としての教育経営学の課題

（1）教育経営概念の意義と課題

　あらためて前節までの検討から考えれば、教育経営学研究者がコンサルタ

ントとしての応答性を発揮できている場合、必ずしも実践的な専門性を有していないとしても、教育経営概念に由来する認識論上の特長を生かし、それを適切に用いる判断力をもつと考えられる。加えて、学校経営の先進例から失敗例まで、さらには教育制度や教育行政の本質から現代的動向までの知識を、とりわけ教育経営概念の側面から蓄積して、適宜に活用・提示する。こうした技量や知識を、学校コンサルテーションの学問的基盤としての教育経営学に負うという構図が浮かび上がってくる。

　以上の検討は希望的観測も含み、あくまで教育経営概念の積極面を焦点化したものである。的外れであったり過剰評価であったりとのご叱正も受けるかもしれない。当然ながら教育経営の概念にも課題や難点は考えられ、それに依拠する学校コンサルテーションにも検証課題は残る。

　第一に、教育経営概念自体の課題として、やや副次的な側面では、包括性などの長所の裏返しとして、課題対応力の焦点や訴求要点が曖昧化しがちである。コンサルタントの研究歴が浅い場合、いわゆる得意分野などが示しづらく、学校側から依頼や期待が十分に与えられないこと等につながる。

　より本質的な側面では、経営概念のもつ機能性や合理性の重視という特色が、研究の視野、端的には「政治」動態への視野を制約するおそれがある。かつて、教育行政の「経営学的研究」には、教育の基盤である「民主主義を…楽天的に信頼」するという限界があるとされ、実際に教育を動かす「社会的政治的諸力」の解明が必要とされた（宗像 1954, pp.178-179）。

　今ではマイノリティ問題など、旧来の政党政治に限らない政治動態が教育課題にも深く関連するため、教育経営学でも配慮が進んだかもしれない。前図で各所の力動析出に重点を置いて教育経営概念を描写したのは、教室や学校で児童生徒や教師を抑圧する「ミクロ・ポリティクス」への着眼と転換を担うものとして、同概念の潜在力に期待するからである。だが、この点での教育経営学研究者の位置や役割には別途慎重な検討も要する。たとえば水本徳明は、〈自律的学校経営〉政策の言説を受容した「経営管理主義の理性」が義務論的権力を主体に及ぼす様相を描く（水本 2018, pp.5-6）。経営と政治の概念的な相性や交錯については、今後も継続的な検討が求められる。

（２）学校現場への向き合い方・介入のあり方

　第二に挙げられるのが、学校コンサルテーションにおける学校現場への向き合い方や介入のあり方を恒常的に検証するという課題である。

　教育経営学において、学校現場との向き合い方を考える上での画期としてしばしば言及されるのが、いわゆる「臨床的アプローチ」（小野他 2004）である。それは、権威的にもなりがちだった研究者の学校への関与のあり方をあらため、組織としての学校の力量向上を共に考えていくような研究をめざすものであった。総じて教育経営学における学校のリアリティ、学校経営の実践の決定的重要性を再確認する試みであったと言える。

　学問の蓄積や発展を尊重するなら、学校経営のコンサルテーションでは、この議論をいかに継承するかが重要となる。本書で扱われるそれぞれの取り組みについても、臨床的アプローチの提唱した「…各学校が…直面する諸事態を当該学校自身で的確にとらえ組織としてそれに対処していく力…をそれ自身の内部に形成する」（浜田 2004, p.9）という本来の理念を体現できているのか、鋭く問われるとも考えられるが、内容を鑑みるに、実際のコンサルタントの担い手には十分に意識されているように思われる。

　しかし、臨床的アプローチが議論された当時からは時間も経過し、研究者の世代交代も進むなかで、貴重な省察や教訓が薄れたことも懸念される。同アプローチの提案者の一人であった浜田博文は、「研究と実践との関係において、継続性、相互交流性、および価値志向性を作り出すという意味」を、その提案に込めたという（浜田 2004, p.8）。この三つの視点は当時の議論の到達点であり、実践に向き合う上での留意点を端的に概念化したものと受け止めることができる。少なくともこれらの視点から、学校コンサルテーションの取り組みを随時検証していくという課題は残されている。

　なお、臨床的アプローチでは「実践ハウツーの教示」や「研究者からの助言に対する実践者の依存」などは「一過的・一方的な関係」と相対化され、あくまで「学校の自律性」確立の観点からの研究者と学校現場の関係構築がめざされる。無論、このこと自体の重要性は否定できない。ただ、学校コンサルテーションという形態では、一過的・一方的な関係も一時的にではあれ見受けられるのではないか。だとすれば、そうした状況の位置づけや意味づ

け、さらにはそこまで相対化されるべきか等について、あらためて事例に即して丁寧に再吟味されてよい。それは、教育経営学における実践への向き合い方に関する知見を、さらに詳しく構造化することにつながるであろう。

（3）教育経営学＝研究知のあり方へ

　第三に、上記のように学問から実践へという方向とは逆の方向、すなわち実践から学問＝「研究知」の産出へつなげるという方向での課題も残る。

　まず、前述の教育経営概念の消極面は、そのまま教育経営学の理論構成において克服すべき重要課題となる。再度確認すれば、概念の包括性などが、かえって改善の焦点や学問的利点を不明瞭にする、あるいは経営の概念と政治の概念との相性により、重要な局面が十分に対象化できない、等である。いわば、教育経営の概念は、教育現象を包括的・総合的にとらえる利点がありつつも、その柔軟さ・融通無碍な性格により、教育経営学の理論の厳密さや確固たる構造化を阻害するおそれがある。

　問題はそれにとどまらない。上述の浜田は、のちに日本教育経営学会の別の課題研究に招かれて臨床的アプローチの成果と課題を振り返った際、「学校現場へ参入する研究者自身の姿勢・構え」は扱えたが、「…教育・経営の実践とどう向き合い…『研究知』として結実させ記述するかについては、未だ曖昧である」と、まさに学問化・理論化を残された課題とした。

　その際、彼は招かれた回の趣旨に対して、研究知を「研究論文」の産出に矮小化して理解しており、「学校現場の当事者と研究者との間における『知』の相互交流という前提条件」を欠くのではないかとの批判を投げかけた（浜田 2009, p.110）。すなわち実践に向き合い、それを研究知にフィードバックして理論構築する際、それは「研究者の独善」であってはならず、あくまで現場との知の相互交流が重要だということである。

　反面、このように現場の実践＝個別事例との対話や交流を重んずる教育経営学の個別研究については、主観的で特殊性が強く、受容や共有が難しいと受け取られ、本当に「科学と認められるか」「実証的と言えるか」等の疑念が湧くおそれもある。個別性・多様性に満ちた実践に向き合いながらも、学術的意義の乏しい経験談や事例紹介に終わらない研究には何が必要なのか。科

学性や実証性の意味の再探究も含み、あらためて検討が求められる。次節では、限られた視点からではあるが、もう少しこの点に踏み込んでみたい。

第4節 個別経験から学問としての教育経営学へ

(1) 人文社会科学の性質：サイエンスかアートか

　そもそも科学性の意味を私たちはどう把握できるか／すべきか。自然科学では自明視されがちであるが、人文社会科学では絶えず揺らいでいる。ゆえに、すでに権威づけられた社会制度としての科学を視野に入れつつも、それに左右されずに、絶えず根源的な意味をとらえ直していく必要もある。

　人文社会科学における「科学性」について自覚的に探究してきた人物の一人として、人類学者の長島信弘が挙げられる。彼によれば、科学＝サイエンスとは、反復性や一貫性という基準によって現象を把握・認識する営みとされる（長島 2013）。一般に無機物には反復性と一貫性を確認しやすく、それを対象とする自然科学系の学問ではこれらの性質を説明基準にできそうである。また、例外もあろうが、人間を含む生物の遺伝子も無機物に近い性質を有し、遺伝子自体を対象として扱う、あるいはその影響が大きい対象を扱う自然科学および人文社会科学の一部（発達心理学など）も、上記同様の性質を適用できよう。こうして、これらの学問では、主観や意図の介在する余地は乏しい（介在しているが気づきにくいという問題はここでは措く）。

　他方で、社会現象や文化現象は無機物や遺伝子の関与が大きくないため、反復性や一貫性に乏しい。集積して平均的傾向に着目するならば、話は異なるかもしれない。ところが、ひとたび個別事実に焦点を当てれば不確実性に満ちる面が大きい。すなわち、多くの人文社会科学が対象とする社会現象・文化現象については、客観的な法則性の発見だけに終始できず、対象を「言葉」でいかに把握・表現するかということのほうが鋭く問われることになるという。そして、それらを扱う人文社会科学は、人の手によるという意味で、サイエンスとは異なりアート（芸術）と呼ばれうる。

　こうして、反復性や一貫性にこだわるのがサイエンスならば、人文社会系（の一部）はあえてサイエンスを名乗らなくてもよい、むしろ名乗るべきでな

いとも言えることになる。その上で長島は、人類学の性質について「…人類学的な『事実』とは…われわれ（研究者）がつくりだす人工物」＝アートであり、人為的につくられたものであり、「見いだされて、書かれた瞬間にファクトそのものではなくなってしま」うと述べる。この「人類学的な『事実』」という箇所は、「教育経営学的な『事実』」と読み替えうるであろう。

（2）説明体系としての教育経営学とその課題

　さらに長島は別文献で次のように述べる（長島 1995, pp.51-52、梅屋 2020, p.212）。高度な知性を持つヒトは、知的混沌状態に長くは耐えられない。また、他の動物と異なり本能だけを頼りに生きられず、絶えず知性によって何かを決定せざるを得ない。この混沌から脱し、種々の決定を支えるため、日常的な判断から世界観にいたるまでの多様な「（文化的）説明体系」に依存する。混沌に代わる秩序ある説明や、決定を根拠づける考え方など、人々にとっての「意味」を、その体系が供給してくれる。宗教や学問、サイエンス≒自然科学も、アート≒人文社会科学も、この説明体系の一つであり、混沌や知的決定の必要性に苛まれる人々に意味を供給する点で等価となる。

　以上によれば、教育経営学が学校などの生活空間における社会現象・文化現象を対象とする限りにおいては、まさにアート的に展開する。研究者自身にとって、あるいは実践者にとって、何らかの形で有意義な意味を供給できる文化的説明体系を構築していく知的営為としても教育経営学は成立していそうである。こうした性質をあらためて確認できる。

　時折、教育経営学において、反復性や一貫性（の発見・確認）の必要性を非常に強く要求する声も聞く。しかしながら、教育経営学が上記のような性質を有するとすれば、そのような過度の要求は事柄の本質に沿うものではない。実践者や研究者にとって有益な説明体系を自由闊達に描いていくことのできる教育経営学の潜在力を減じてしまうおそれがある。

　では、だからといって、まったくの野放図で良いのであろうか。そもそも上記の声の根底を見つめると、先述のように当該研究があまりにも主観的に見えて、受容・共有が困難であるという批判意識・問題意識が伏在していることも多い。もし、当該研究を通じた人々の対話や交流が妨げられている、

というのが声の主訴であるならば、それは学問において至極まっとうな指摘であると思われる。はたして個別の事例＝経験に向き合い、そこから理論構築を図っていく教育経営学の研究が、反復性や一貫性の基準を満たさずとも共有される知となっていくためには、何が必要なのであろうか。人々の対話や交流を保障するためには何が鍵となるのか。

（３）「典型の創造」としての教育経営学

　周知のように、歴史上も同様の問題に直面したことがあった。かつてわが国の教育学において「はい回る経験主義」という警句が広まった。実践にも研究にも該当する警句である。上記の主訴は、研究が無限の事例の海、あるいは主観の闇をはい回ったり、それらに溺れたりしているのではないかという指摘として受け止めることができる。教育経営学は学問として事例や事実をどう摂取し、位置づけていくのかという問題である。

　この点は、教育学で議論され続けてきた問題である。にもかかわらず近年では、そうした遺産や伝統は残念ながら、まさに伝統芸能と乱暴に一括されて揶揄されるがごとく、丁寧な腑分けと精選の作業を経ないまま、的確に継承されていないのではないかという懸念が残る。無論、古い議論がそのまま現代に該当する可能性は低いかもしれない。かといって一顧だにしない姿には、無条件に信奉する姿と重なるものを感じる。

　ここで本章が想起する遺産とは、戦後教育学の第一人者である勝田守一の言葉である。彼は、事例から理論構築を試みる際に陥る発想の問題点を次のように述べていた。「経験を研究の方法としてみると、帰納・インダクションに帰着する。…帰納というのは…事例を多数集めて…共通性を一般化するような方法ではない。こんなものを帰納法とするならば…いつでも事例の不完全なリストアップに終わる懐疑主義の温床になる」（勝田 1967, p.8）。

　その上で、事例に向き合う際の鍵として「典型の創造」という考え方を示す。「法則を発見する心的操作は、事例の多数…ではなく、むしろ一種の心の発明による典型的事例を創造するところに中核がある。…物理学的帰納でさえ、典型の創造を必要とするとすれば、もっとも実践的な教育学研究では、心理学や社会科学研究の単なる応用ではなく、教育学的法則の発見であるか

ぎり、つねに典型の創造を離れては成り立たない」（同上）。

　勝田の指摘に従えば、一貫性や反復性を軸とするサイエンスの発想や手法に固執せずとも、「典型の創造」による人々の対話や交流の保障、さらにはそうした文脈での一般性の保障も見通せるかもしれない。教育経営学における事例からの学び方に関して有効なヒントを与えてくれるように思われる。

第5節　むすびにかえて

　筆者自身、学校現場を訪れて相談に応ずることはあれ、そこで十分な貢献をなしえたという自己効力感を獲得した経験は、正直なところ、ほとんどない。ただ本章を執筆する機会を得て、教育経営の概念と教育経営学の性質について、学校コンサルテーションとの関連性を意識しながら検討したことによって、学校への関与の方法自体はさておき、これまでの研究で直面してきた課題と対処について、あるいは教育経営学の現況について、今さらながらも考え直すことがあった。むすびにかえて記しておきたい。

　前述のように、教育経営学は教育の内容や方法を直接の対象とはしない。この点で、教育行政学・教育制度学と同様、教育実践やそれをめぐる人々の「熱さ」を避けて、「外的」条件の「冷静」な分析を欲する者にも専攻されうる。とはいえ教育経営学は臨床重視の経緯から、また、教育経営概念自体の性質も相まって、学校で生じる事実に迫る知見が豊富だと評価されて、それが若い世代に専攻される理由の一つになっているのではないか。その意味では、角度は異なれども教育・教育実践への一定の熱意も確認できる。

　一方、教育経営学の理論体系や概念装置などの想定や追思考を試みる際、教育実践との関係を重視すればするほど、それが生み出す事実の多様性や複雑性に起因して、また、教育経営概念の曖昧さ等に起因して、学問的な概念設定や概念間関係、理論体系の確立に向けた考察がうまく進まないように感じることもある。そのような、いわば柔構造が教育経営学の利点なのかもしれない。だが、概念や概念装置の不十分さは、具体的な論文化も含む研究活動・研究知産出の際、事実のまとめ方などに困難を生じさせ、研究者の過度の自信喪失や自戒の念の遠因になることもあろう。

　もちろん、自信が無いくらいのほうが謙虚に研究を進められるかもしれない。けれども、謙虚さは卑屈さに容易に転化するおそれもある。卑屈な姿勢のままでは、創造的・開明的な研究活動の継続は容易ではない。こう考えると、多様で不確定要素に満ち、個別性の高い学校での実践に正対するという長所を放棄しない限り、教育経営学という学問分野は、学問であることの意味や確からしさを絶えず確認し続ける必要があるのかもしれない。

　かつては「現場を知ると研究ができなくなる」と説かれることもあったという（浜田 2004, p.1）。逆に「現場を知らないと研究ができない」とも説かれうるであろう。現場を知っても知らなくても研究ができなくなるのか、と考えてしまえば、士気も下がる。

　しかし、たとえば前述の「典型の創造」や、教育経営概念の積極面などを振り返ると、必ずしもそのようにネガティブにとらえる必要はないようにも思われる。すなわち現場を知る／知らないが研究の成否を左右する、という二値的把握ではなく、"どう（how）"知るか／知らないかこそが重要であり、研究をできなくする知り方／知らなさがあるのではないか。同様に、現場を知って／知らずとも研究を進める道があるのではないか。要は、研究を発展させる現場の知り方や知らなさこそを探究するということである。こうした方法論的な態度を貫き、単純な二値構造にとどまらず一つ一つの判断の条件分岐と論理構造を丁寧に確認、再構築、深化していく ── その積み重ねの先に、学問としての教育経営学のさらなる発展が見通せるように思われる。

（山下　晃一）

※本章は日本教育経営学会第61回大会（広島大学、2021年）における「〈課題研究〉実践の学としての教育経営学研究の固有性を問う（３）── 現代的有意味性の視点から ──」の報告資料とその抄録（拙稿 2022）を基に、十分に扱えなかった論点を中心として再度考察を試みたものである。

【引用文献】
・梅屋潔（2020）「呪術と科学」松本尚之他編『アフリカで学ぶ文化人類学』昭和堂、pp.195-215.

・小野由美子・淵上克義・浜田博文・曽余田浩史編著（2004）『学校経営研究における臨床的アプローチの構築』北大路書房
・勝田守一（1967）「研究集会というもの」『教育』No.211、pp.5-10.
・黒崎勲（1975）「解説」『宗像誠也教育学著作集第 3 巻』青木書店
・国立特別支援教育総合研究所編著（2007）『学校コンサルテーションを進めるためのガイドブック』ジアース教育新社
・シャイン, E. H.（2002）『プロセス・コンサルテーション』白桃書房
・中内敏夫（1988）『教育学第一歩』岩波書店
・長島信弘（1995）「オウム事件と現代社会」『へるめす』No.56、pp.50-58.
・長島信弘（2013）「人類社会における『事実』とは何か」（http://anthropology.doorblog.jp/archives/28489317.html、最終確認2023.9.13）
・浜田博文（2004）「問題の所在」小野他編著『学校経営研究における臨床的アプローチの構築』北大路書房、pp.1-10.
・浜田博文（2009）「「臨床的アプローチ」の成果と課題 —— 研究知の産出を中心に ——」『日本教育経営学会紀要』第51号、pp.108-110.
・ブリッグマン, G. ほか（2012）『学校コンサルテーション入門』金子書房
・古田雄一（2023）「コロナ禍の教育言説の検討と教育経営学研究への示唆」『日本教育経営学会紀要』第65号、pp.153-157.
・水本徳明（研究代表）（2009）『学校経営に関わるコンサルテーションのニーズ・手法・理論に関する研究（平成 19 年度～平成 20 年度科学研究費補助金基盤研究（B）報告書）』
・水本徳明（2018）「『教育行政の終わる点から学校経営は始動する』か？ —— 経営管理主義の理性による主体化と教育経営研究 ——」『日本教育経営学会紀要』第60号、pp.2-15.
・宗像誠也（1954）『教育行政学序説』有斐閣
・山下晃一（2022）「あらためて教育経営学の学問的特質・得失を考えるために」『日本教育経営学会紀要』第64号、pp.114-119.
・山本和郎（2000）『危機介入とコンサルテーション』ミネルヴァ書房

第 3 章

学校経営コンサルテーションにおける
研究者と実践者の関係性

—— 外国人児童生徒等在籍校へのコンサルテーションの事例を通して ——

第1節　問題の所在

（1）コンサルタントとクライエントの関係性をめぐる課題

　本章の検討課題は、学校経営コンサルテーションにおける研究者（コンサルタント）と実践者（クライエント）の関係性を、外国人児童生徒等が在籍する学校へのコンサルテーションの事例を通して明らかにすることである。

　元兼は、「臨床的アプローチ研究」が「クライエント（実践者）とコンサルタント（研究者）の関係性の組み換えの必要を強調」したものの、その関係性がどう組み換わるのかというプロセスを示してきていないとし、さらに、そもそも「組み換え」という関係性の捉え方自体を疑問視している。「学校経営コンサルテーションの場合、コンサルタントたる研究者が自身のもつ価値を自覚しながら、そもそも『よい教育経営（実践）とは何か』といった『本質（意味）』をコンサルティ（管理者、実践者）、クライエント（実践者、子ども）、さらには学校関係者（保護者、地域住民ら）との〈学びの公共圏〉というアリーナにおける討議（熟議）や闘技（agon）を通して、関係者の『納得と合意』を問い続けること抜きには成り立ちえないだろう。それは対等か否かなど関係の組み換えではなく、まさに教育経営という実践のアリーナ（学びの公共圏）に研究者自身が組み込まれることでもある」[1] と指摘する。

　このように、学校経営コンサルテーションには、「よい教育経営（実践）と

1）元兼正浩「実践科学としての教育経営学を構想するために」『日本教育経営学会紀要』第64号、2022年、123頁。

は何か」をめぐる、研究者と実践者の討議や闘技が伴うと考えられる。学校がめざす問題解決に対して、「研究者は、こうした期待や要請から決して無縁ではありえず、むしろ管理職、教師、子ども、保護者らとともに協働し、問題解決していく存在であり、その際に、何らかの『善さ』を実現したいと願う実践性、規範性を内包する」[2]のであれば、コンサルテーションの結果のみならず、「善さ」の実現をめぐる研究者と実践者の間の討議や闘技の内容を描くことによっても、学校組織の問題解決の特徴が見いだせるのではないか。

　学校経営コンサルテーションに関する先行研究では、こうした「善さ」をめぐり、研究者と実践者がどのような対立や葛藤を経験したのかを描かないままに、研究者の助言を受け入れた教員の変容が成果として示される。しかしながら、学校経営コンサルテーションにおいて、研究者と実践者の間でなんらの対立や葛藤も生じないなどありえない。研究者の言うことは実際に現場では役に立たないと思っている実践者が少なくないことは、研究者も経験上よく感じているはずであるし、理論と実践の乖離といった問題意識を背景に持つからこそ、臨床的アプローチ研究も注目を浴びたはずである。そうであれば、研究者と実践者の対立や葛藤の過程を描くことの意義を点検するとともに、そうした過程の描写から、実践者が変容した契機や要因、その変容が学校組織にもたらした成果を検討する手がかりが得られるのではないか。

（2）「学校経営コンサルテーション」研究の現状と課題

　水本は、学校経営コンサルテーション研究の課題として4点を指摘している[3]。第一に、学校経営に対するコンサルテーションの研究そのものの蓄積がほぼないこと。第二に、シャイン（Schein, E. H.）のコンサルテーションの3つのモデルのように、一般的なコンサルテーション理論の紹介と当てはめの域を出ていないこと。第三に、学校経営に対するコンサルテーションの理論と手法の開発が行われていないこと。第四に、学校や教育委員会の学校経営に関するコンサルテーション・ニーズが明らかになっていないこと、であ

2）元兼、前掲、125頁。
3）水本徳明「まえがき」水本徳明研究代表『学校経営に関わるコンサルテーションのニーズ・手法・理論に関する研究』（科研費19330167研究成果報告書）、2009年3月。

る。こうした状況は、現在でも大きな変化はないだろう。その背景として、2つの要因が挙げられる。1つは、「学校経営コンサルテーション」が何を目的に何を対象に行うコンサルテーションなのかについて、研究者や実践者の間に共有された定義がないこと。もう1つは、コンサルテーションによって得られる成果に対して、実践者から研究者への期待が大きくないことである。

　水本は、第一の課題を指摘する中で、「学校」と「コンサルテーション」をキーワードとする論文の多くが、児童生徒や教師を対象とした臨床心理学的なものか特別支援教育に関するものであり、学校経営に対するコンサルテーションを扱っていないと述べている[4]。「学校経営コンサルテーション」がこれらとは異なるものとしてイメージされていることがうかがえる。学校経営コンサルテーションは、児童生徒と教師の二者間の指導や関係性の改善を主目的とするものではなく、学校組織開発をめざした教職員全体を対象とするものであることが推測される。組織開発は常に、「個人の能力開発と組織の有効性との関係の課題であり、両者を個々に限定して考慮すべきことではない」、「組織の革新を組織の有効性と健全性という観点から検討せねばならない。個人の目的の充足や個人能力の開発は、いってみればその一手段とみなされる」と指摘されてきた[5]ように、コンサルテーションの対象は個人であっても、その成果は組織の有効性や健全性の観点から評価される必要がある。

　例えば、オーダーメイド型の校内研修コンサルテーションが有効に機能したとされる事例[6]を借りて説明してみよう。コンサルテーションの結果、校内授業研究が活性化した、教員間の議論が活発になったことが成果として挙げられている。たしかにそれらも一つの成果であろうが、学校経営学の研究者がこうした事例に関わるとき、目を向けるべきは、どうすれば校内研修が機能するかではなく、この事例の場合、教員8名の学校規模にもかかわらず、教員間で授業をめぐる議論ができてこなかった協働上の問題である。校内研修を自分たちで創造できなかった原因は何だったのか。それは取り除けたの

4）水本、前掲、「まえがき」。
5）関口操「『組織開発』の理論の系譜（1）」『三田商学研究』第14巻第6号、1972年、26頁。
6）土屋明子・伊藤裕志・森美香「校内研修コンサルタントの活用による継続的・自律的な校内研修運営のための支援──オーダーメイド型校内研修支援プログラムの作成と試行──」『千葉大学教育実践研究』第26号、45-54頁、2023年。

か。教員の議論が活発になったことで、教員の指導力は向上したのか。子どもにはどのような利益がもたらされたのか。同じ「コンサルテーション」であっても、学校経営コンサルテーションでは、学校の一部分領域での教員の変化だけでなく、組織課題の解決などの成果が伴う必要がある。

　また、学校経営学の先行研究においては、研究者と実践者の関係が、シャインのいう「医者－患者モデル」ではなく「プロセス・コンサルテーションモデル」での説明が適しており、コンサルタントとクライエントは対等な関係性にあると主張されてきた。しかしながら、学校経営上に生起する諸課題について、ときには外部者である学校経営学の研究者にははっきりと見えている問題事象がある。研究者が事例校への"処方箋"を有している場合もあり、必ずしも「医者－患者モデル」が不適だとはいえない。また、「医者－患者モデル」の場合、「患者」の治癒という形で「医者」の助言や支援は目に見える成果を必要とするため、成果を伴うことで、コンサルタントへの信頼が得られるが、コンサルタントが明確な解を持たずに関わる「プロセス・コンサルテーションモデル」を偏重する主張では、問題解決を志向する学校経営学の研究者としての自らの立場を放棄することにもつながりかねない。ゆえに、学校経営コンサルテーションでは、実践者が研究者の助言や支援をどう信頼していったのか否かについての過程も描写していく必要があろう。

第2節　外国人児童生徒等教育に関する学校経営の課題

（1）研究者の専門的知識と経験知

　本章で議論の素材とするのは、外国人児童生徒等が在籍する公立小学校へのコンサルテーションの事例である。筆者は外国人児童生徒等教育の研究者として、20年以上にわたり、外国人児童生徒等の在籍校（公立小・中学校）のさまざまな悩みや困り感に対して助言や支援を行ってきた。筆者（コンサルタント）と事例校（クライエント）とのつながりは、たいていは県や市の教育委員会を通して、外国人児童生徒等の在籍や在籍学級での指導に対する助言者として依頼を受けることから始まる。筆者はこれまでに数百を超える事例と関わる中で、外国人児童生徒等在籍校に頻発する学校経営上の課題を

把握してきた。本章では、そうした学校経営上の課題に対して、どのような
コンサルテーションを行ってきたのかを包括的に述べるとともに、その過程
でクライアントとの間で経験した討議や闘技の内容を紹介していく。よって、
特定の一事例に対するコンサルテーション過程を詳述するものではない。

　外国人児童生徒等とは、外国籍の児童生徒に加え、日本国籍に変更した児
童生徒や、日本国籍者と外国籍者の国際結婚家庭で生まれ育った児童生徒を
「等」の中に含んでいる用語である。「外国人児童生徒」に「等」が加わった
用語を、近年、文部科学省が使用するようになった背景には、「国際結婚家庭
などを中心に、日本国籍ではあるが、日本語指導を必要とする児童生徒も増
加」[7]しているという課題意識がある。従来から、文部科学省の外国人児童
生徒等教育に関する施策は、日本語指導体制の確保・充実を筆頭として展開
されてきた[8]。日本語指導を重点施策として掲げる方向性は、1990年入管法
の改正により日本国内で外国人居住者数が急増した当時から一貫している。

　とはいえ、1990年代から、外国人児童生徒教育（当時はまだ「等」が付い
ていない）の課題は教授－学習場面に限定されるものではなく、あからさま
に学校経営の課題でもあった。例えば、日本語指導教室の担当教員と在籍学
級の担任教員等との協力関係の構築が容易でないこと、などである[9]。にも
かかわらず、各学校はそれらを自身の学校経営の課題と認識するには至って
いなかった。その証左として、2000年代に入ってもなお、外国人児童生徒の
編・転入学があるたびに、学校は何をどうすればよいのかわからず困惑する
ということが、外国人集住地域の学校でさえも頻発していたのである。その
要因として指摘できるのは、日本語指導の教授－学習場面に課題意識が焦点
化されたことで、指導法や教材の開発、日本語指導担当者研修といった施策
は進展したものの、そのことが結果的に特定の教員（日本語指導担当教員）

7）外国人児童生徒等の教育の充実に関する有識者会議『外国人児童生徒等の教育の充実につい
　て』、文部科学省、2020年、2頁。
8）ここでの「指導体制の確保・充実」とは、次の3つのことである。日本語指導が必要な児童
　生徒に対する「特別の教育課程」の制度化、義務標準法に基づく日本語指導に必要な教員の基礎
　定数化、日本語指導補助者・母語支援員の派遣とICTを活用した教育・支援等の推進。文部科
　学省総合教育政策局国際教育課「外国人児童生徒等教育の現状と課題」、2022年。
9）臼井智美「外国人児童生徒教育における指導体制の現状と課題 ——『教育の成果』の向上に資
　する組織づくりに向けて——」『学校経営研究』第37巻、2012年、43-56頁。

38

のみを支援する形となったことである。いくら個人に投資しても、校内人事
や異動等により日本語指導担当教員が替わることで資源流出してしまい、学
校はまたゼロの状態に戻ることを繰り返していたのである。つまり、特定の
教員の力量形成への支援は教育行政機関によって提供可能であったが、それ
を受けて、人的資源の開発や協働体制の構築といった組織力の向上について
は、学校レベルで経営課題とみなして対応することができていなかったので
ある。

　相当数の外国人児童生徒等在籍校の助言に関わる中で、筆者には、時代や
地域を問わず、外国人児童生徒等在籍校が類似した問題状況に陥ることがわ
かってきた。その問題とは、次の点である。「加配教員の措置や母語支援員の
増員等を要望する声が学校から挙げられることは常態化している。教育費の
増額や人的支援の充実が望めない限り指導の充実は図れないとの主張もなさ
れてきた。しかし、その一方で、加配教員や母語支援員等が、配置数に見合っ
た成果を上げてきたのかについては検証されてきておらず、人的支援の充実
が『教育の成果』の向上に不可欠であると主張する根拠は、実際のところは
不明確なままである」[10]。外国人児童生徒等在籍校では、日本語指導をどのよ
うに行うか、日本語指導の人材をいかに確保するかが主要な課題として捉え
られてきたが、その傾向は現在も同じである。外国人児童生徒等教育におい
て、「人材の確保と予算の確保が最も重要な課題と感じている」「日本語指導
教員や支援員を配置するための財政的支援を要望する」ことなどが学校側か
らの意見として出されている[11]。こうした課題認識は、筆者が関わった多く
の学校でも見られた。なぜこれらを課題として真っ先に挙げるのか。実はこ
の点に、外国人児童生徒等在籍校の学校経営の最大の問題がある。

（2）外国人児童生徒等在籍校の学校経営の課題

　筆者が外国人児童生徒等在籍校に助言する際に打破をねらった教員の思い
込みや誤解も、こうした課題認識とつながりがある。代表例を３つ挙げよう。

---

10) 臼井智美、前掲、2012年、43-44頁。
11) 文部科学省「日本語指導が必要な児童生徒の受入状況等に関する調査結果について」、2022年、
　　101頁。

　１つめは、人（派遣指導員、加配教員）がいないから指導できないという
考え方である。指導の充実にとって人の増加を期待する気持ちはわかるが、
人が多い＝指導が充実する、を必ずしも意味しない。人がたくさんいても、
各人の指導力が不足する場合や専門的知識や技能が十分でない場合、あるい
は職場の人間関係がよくない場合のように、人の数が増えても、それが指導
の充実や課題の解決につながるわけではないことは、数多の学校経営実践が
示してきている。にもかかわらず、外国人児童生徒等教育では、「人を増や
す」施策への期待が常に先行する。そしてこれは、「人を増やす」ことがかな
わない限り、指導の充実は見込めないという思い込みを伴っている。
　ちなみに、日本語指導が必要な外国籍の児童生徒の在籍状況[12]をみると、
公立の全在籍校のうち、１人だけ在籍する学校が全体の約37％を占め、５人
未満の在籍校が全体の約72％を占める。同様に、日本語指導が必要な日本国
籍の児童生徒の在籍状況は、１人在籍校が全体の約53％を占め、５人未満在
籍校が全体の約86％を占める。一方で、日本語指導担当教員の加配基準は、
日本語指導が必要な児童生徒数18人に対して教員１人である[13]。こうした数
字のギャップを見ると、加配教員の措置に期待を寄せ続けること自体が、学
校経営上の大きな課題を生むことがわかるだろう。「人を増やす」以外の対応
策の模索や突破口を開く方法の検討をしているか否かで、外国人児童生徒等
在籍校への学校経営コンサルテーションのスタート地点は異なる。
　２つめは、「人を増やす」ことへの要望とも連動するが、とりわけ「日本語
指導が必要な児童生徒」の指導には、別室指導（取り出し指導）や同室指導
（入り込み指導）での個別指導が最適であるという考え方である。個別指導を
前提とするがゆえに、その担い手や時間の捻出のために「人を増やす」必要
があるということになる。別室指導も同室指導も、適切に実施できるのであ
れば成果も期待できるが、実際には、別室指導は担当者に丸投げにされ、同
室指導は場当たり的と、個別指導用の「人」がいても、指導の質が上がるよ
うに活かされているわけではない。「人を増やす」ことの課題認識が強い場合、
そもそもその学校の教職員間の協働が脆弱である可能性をうかがわせる。

12）文部科学省、前掲11、2022年、27頁、32頁。
13）公立義務教育諸学校の学級編制及び教職員定数の標準に関する法律 第７条６項。

　3つめは、指導の結果として児童生徒の日本語力に成長がみられない場合、それを児童生徒の発達上の課題や学力の低さと判断しがちなことである。教職員の指導の質や指導体制のほうに原因があると考えたりしない。

　「人を増やす」ことに期待を寄せても、あらゆる教育活動の成否のカギを握るのは、結局は個々の教職員の力量と同僚間の協力関係であることは、実践上も研究上もみなよく知っている。外国人児童生徒等教育をめぐって生起する学校経営課題の多くは、外国人児童生徒等教育に固有というより、たいていは類似の課題をすでに学校は経験してきている。にもかかわらず、外国人児童生徒等教育となると、児童生徒や保護者の日本語力や異文化性に気を取られ、学校経営課題を見誤ったり解決方法を見失ったりする学校が少なくない。自分ではないだれかのマンパワーにゆだねることで課題解決が図られるのを待つことが、最も根深い学校経営課題である。

第3節　本事例の特徴

　本事例には、以下に挙げる3つの特徴があることから、学校経営コンサルテーションにおける研究者（コンサルタント）と実践者（クライエント）との間の討議や闘技、納得と合意の過程を明らかにしやすいと考える。

　1つめの特徴は、本事例は、シャインが示した3つのモデル（表3−1）[14]が想定する前提に合致せず、いずれのモデルでも説明できないことである。そのため、学校経営コンサルテーションの独特の要件を抽出しやすいと考える。

　詳細は後述するが、例えば、「内容」の点で、【特徴1-1】【特徴2-1】【特徴3-1】のいずれも該当しない。なぜなら、上述のように、コンサルタント（筆者）には、事例校に行く前（組織を実際に見る前）からどういう学校経営課題が生じているかは明確だった一方で、クライエント（教職員）にはその課題が見えていないか見誤っているか、だったからである。このことは、「有効に機能する条件」とも連動してくる。本事例では、【特徴1-5】【特徴2−

---

14) 曽余田浩史「学校経営研究における臨床的アプローチの構成要件」小野由美子・淵上克義・浜田博文・曽余田浩史編著『学校経営研究における臨床的アプローチの構築』2004年、108頁。

表3-1　シャインのコンサルティングの3つのモデル

モデル	専門的知識提供－購入	医師－患者	プロセス・コンサルテーション
内容	クライエント（学校）からの要求に応じて専門的な知識・技術を提供する　【特徴1-1】	コンサルタント（研究者）が現場に入って組織の診断をし、問題解決法を処方する　【特徴2-1】	クライエントとコンサルタントが協働で診断し解決法を探求する。さらに、コンサルタントの診断と問題解決の技能をクライエントに引き継ぐ【特徴3-1】
目標	当面の問題を解決するシングルループ学習の促進　【特徴1-2】	当面の問題を解決するシングルループ学習の促進　【特徴2-2】	学習する能力を増大させ、同様の問題が再発しないようにするダブルループ学習の促進　【特徴3-2】
クライエントの立場	コンサルタントが提供する解決法に依存　【特徴1-3】	診断と解決法の両方でコンサルタントに依存　【特徴2-3】	診断および問題解決の両方でクライエントが主導権を保持　【特徴3-3】
基本的仮定	クライエントは自分がどのような情報やサービスを求めているか知っており、コンサルタントはそれらを提供できる　【特徴1-4】	外部者がその状況に入り込んできて問題を見極め、それを解決することができる　【特徴2-4】	その組織でどのような解決法がうまくはたらくのかを最終的に知っているのはクライエントだけである　【特徴3-4】
有効に機能する条件	クライエントにとって、問題が何であるかと、解決法の性質の両方が明確である場合　【特徴1-5】	クライエントにとって、問題が何であるかはっきりとしているが、解決法が定かではない場合　【特徴2-5】	クライエントにとって、問題も解決法も明確ではない場合　【特徴3-5】

出典：曽余田（2004）108頁の表4-2を一部改変。表中に、筆者が【特徴番号】を加筆。

5】【特徴3-5】も該当しない。なぜなら、クライエント（教職員）にとって、コンサルテーション前には課題が何かは明確でないものの、コンサルテーションで問題が明確になった後には、解決法は明確だったからである。学校は、外国人児童生徒等の在籍により新たに生じる教育ニーズやその対応方法がわからないため、それがわかっていそうな「人」の追加配置を期待するものの、コンサルテーション過程で外国人児童生徒等教育のねらいや内容、方法を知れば、自分たちの専門的知識や現有資源を踏まえて問題解決に進んでいける。ゆえに、「クライエントの立場」の点でも、いずれにも該当しないことがわかる。どちらかがどちらかに依存したり主導権を保持したりする関係ではなく、コンサルテーションの過程と結果に応じて、コンサルテーションを次の段階へ進めるかどうかを互いに探り合う関係だからである。

　本事例の2つめの特徴は、学校経営の部分領域（例えば、学校評価をどう機能させるか、校内研修をどう活性化するか）ではなく、学校全体の組織開

発に関わる課題を内包していることである。そのため、組織開発がねらいとする、個人（個々の教職員）の能力開発と組織（学校）の有効性の双方を視野に入れてコンサルテーションの過程を説明できる。

　３つめの特徴は、コンサルテーションの過程で、コンサルタント（筆者）とクライエント（教職員）の間で、「よい教育経営（実践）とは何か」をめぐる考え方や優先する価値の相違が鮮明に表れることである。

　以下では、本事例のコンサルテーション過程で、コンサルタント（筆者）とクライエント（教員）が経験した討議や闘技、合意と説得を描いていく。

第４節　外国人児童生徒等在籍校への学校経営コンサルテーション

（１）コンサルタントが描く理想の表明とクライエントの「合意」

　外国人児童生徒等教育は日本語指導のみを行うものではなく、児童生徒の進路指導やキャリア教育、母語教育なども含まれる。そのねらいも、日本語力の向上だけでなく、アイデンティティの確立や自尊心の向上、母語・母文化の保持や誇りの獲得など多岐にわたる。そのため、目的と目標、成果を期待する時期を明確にすることからコンサルテーションは始まる。

　教員の中には、日本の公立学校で、外国人の児童生徒に特別な配慮をする必要があるのか、日本人の指導でも困難な事例が多々あるのに外国人のことまでできない、教員不足や超過勤務等の常態化もあって余分なことはできない、外国語が話せないから自分にはできない、といった意見は少なくなく、なかには、日本語指導は同化につながるのではないか、といった意見もある。こうした先行イメージや日本の外国人政策への賛否も含め、外国人児童生徒等在籍校へのコンサルテーションの過程では、クライエント側の考え方や立場の多様性と思いの強弱が表に出てきやすい。学校で何をどこまで行うかについて、コンサルタントとクライエントの間だけでなくクライエントの中でも意見や優先順位の違いが顕在化しやすい。それゆえ、外国人児童生徒等在籍校でのコンサルテーションの開始時には、何の実現をめざすのかというゴールイメージの共有が不可欠である。実現したい価値、めざす理想の姿に

おいて折り合いがつかないと、コンサルタントかクライエントのいずれか
が、コンサルテーションの舞台から降りることになる。

　筆者がコンサルテーションの開始時に示しためざす理想の姿は、「すべての
子どもにとってわかる授業を行う」「すべての子どもの学力保障を目指す」こ
とだった。ここで、外国人児童生徒等ではなく「すべての子ども」とした理由
は、なぜ外国人のためにやらないといけないのか、それは自分の役割ではな
い、と考える教員が一定数いたからである。また、日本語指導や日本語指導
担当といった学校内の一部分の改善をめざすわけではないことを印象付ける
ためでもある。ゆえに、日本人も含めたすべての子どもが含まれる「在籍学級
での授業改善」を助言や支援の対象とした。筆者は「授業」に関するコミュ
ニケーションを媒介にして、一教員に対する授業づくりへの助言が、学校組
織の成長に結びついていく事例を確認してきた[15]。「授業」に関するコミュニ
ケーションを活性化していくことは、組織の成長にとって有効な支援策であ
る。そうした研究上の経験知もあって、「在籍学級の授業改善」を手がかりに
しながら全校体制で外国人児童生徒等教育を実践していくことを、コンサル
テーションの最初期に明確に示し、コンサルテーション実施への「合意」を
取り付けた。この段階では、教員の協力を引き出すための戦略として、「合意」
できるテーマをあえて設定した。そこで、在籍学級での日々の教科指導の中
で日本語力（学習言語力）の育成を図り、子どもの学力向上をめざす教科指
導型日本語指導[16] という方法による授業改善を進めていくこととした。

（2）クライエントの「納得」

　「在籍学級での授業改善」を手がかりにするとはいえ、授業改善の必要性の
感じ方は人によって異なる。そこで、経験年数の長短にかかわらず、授業改
善を我が事として取り組んでもらえる、すなわち「納得」を得るために、筆
者が持つ専門的知識と技能を、講義や研究授業の指導助言の中で提供した。

15) 臼井智美「授業を媒介とした『教師の成長』と『組織の成長』の支援（特集 臨床的学校経営学
　　研究の可能性——実践の『当事者』としての研究者の役割の変化）」『学校経営研究』第36巻、
　　2011年、28頁。
16) 臼井智美「外国人児童生徒教育に関する教員研修プログラムの開発——子ども理解力と教科指
　　導型日本語指導法の習得」『日本教師教育学会年報』第25号、90-100頁、2016年。

　教科指導型日本語指導の方法を伝授する中で、教員の多くが有している典型的な思い込みや誤解を解くことをねらった。例えば、日本生まれ日本育ちの子どもだからといって日本語力が育っているわけではないこと、日本語力には学習言語力と生活言語力の２種類があり、習得方法も使用場面も全く異なること、発達検査等は異文化対応していないために誤診断の可能性があること、などである。特に、教員は、「Ａさんは日本生まれだから、日本語力がある」と思いこんでおり、Ａさんが授業内容を理解できないと、「発達上の課題がある」とか「学力が低い」と判断しがちである。しかしながら、子どもの日本居住年数の長短は、子どもの日本語力を測る直接的な材料にはならない。家庭内言語が日本語以外の場合や、日本で幼稚園や保育所等に通っていなかった場合などは、日本成育でも日本語を生活の中で習得してきていないからである。また、生活言語力が年齢相応でも、それに比例して学習言語力も習得できているわけではない。そもそも、学習言語力が教科学習や学力形成において極めて重要な力だということを多くの教員が知らない。そのため、学習言語とは何か、どのように育てるかの講義は、教員にはほぼ初めての知識を得る機会となり、子どもの実態把握を新たな観点から行う契機となった。

　筆者から研究知の提供を受け、「目からうろこ」と表現した教員は少なくない。この経験はシングルループ学習にとどまったわけではなく、思い込みや誤解を脱し、今までの自身の児童観や指導観を振り返る契機となっていた。明日からの指導や別の子どもの指導に活かそうとする姿として現れた。これを「納得」の段階とみなすことができよう。これは、コンサルタントの有する専門的知識への信頼を生む最初の段階といえる。ただし、まだ個々の教員の「観」へ働きかけをしただけで、組織の成長が確認できる段階ではない。

（３）クライエントとの「闘技」と「討議」

　「すべての子どもにとってわかる授業づくり」を「合意」し、教科指導型日本語指導の方法による在籍学級での授業改善の有用性に「納得」しても、それのみでコンサルテーションが円滑に進むわけではない。教科指導については、教員は（研究者よりも）自分たちのほうがよくわかっていると考えてい

るからである。免許状を持った専門職に対して、その専門性の本丸に切り込んでいくことになるため、ここに筆者と教員との「闘い」[17]が生じる。

　そのため、指導案検討において、筆者には、外国人児童生徒等教育のみならず教科の授業改善の助言者として、小・中学校 9 年間の教科指導の系統性と単元構成、学習言語の系統性、子どものつまずきに関する知識と、実際に成果を出した事例があることを示す必要があった。なぜなら、筆者を信用して助言を聞き入れるか否かの裁量は、教員の側にあったからである。一方で、教員には、(助言されなくても) 自学級の子どもの力を伸ばす授業力があることを示す必要があった。なぜなら、筆者の側にも、どの程度の強度や深度の助言を行うかを選択する裁量があったからである。つまり、筆者にとっては、子どもの学力向上につながる授業改善に導ける、助言の「品質」への信頼を得るための「闘い」であり、教員にとっては、専門職としての自身の指導力の「品質」を証明するための「闘い」であった。

　こうした「闘い」を伴う授業改善の取り組みを進める中で、大半の事例校ではっきりと現れてきた教員の課題があった。それは、自学級の子どもの実態把握をしていない (できていない)、指導案検討をしているその単元が教科の系統性のどこに位置づくかをわかっていない、本教材を通じて育てるべき力 (評価基準となる達成状況) が何かをわかっていない (教科書「で」ではなく、教科書「を」教えている) ことであった。これらは、教科を専門としない学校経営学の研究者に指摘されるべき課題ではないが、先述のような思い込みや誤解ゆえに、教員は学力の伸び悩みの原因は子どもの日本語力や学力のほうにあり、教員側にあると考えてこなかったため、教科指導の方法を修正する必要性に気づけておらず、学習言語力が未熟ゆえに教科内容が理解できないという子どものつまずきの可能性を考えたことがなかったのである。

　筆者は、これまでの経験から、外国人児童生徒等在籍校が抱える組織の課題は学校に行く前から予想できており、課題の背景要因にも見当がついているが、そのすべてをコンサルテーションの開始直後に指摘はしない。なぜな

---

17) 研究者と実践者の間の「闘い」については、別稿でも論じた。臼井智美「教育経営実践の中での学校 (実践) と研究者の関係性の再考」『日本教育経営学会紀要』第62号、2020年、117-124頁。

ら、この闘技の段階に至ると、「なぜ、今までうまくいかなかったのか（子ど
もの力が伸びなかったのか）」を振り返る過程で、教員のほうから、「実は、
うちの学校は〇〇なんです」といった、初めには外部者に言うつもりでな
かった話が吐き出されてくるからである。例えば、教員不足が深刻化する中
で「辞められたら困る」「病んだら困る」がゆえに、教員間での助言や相互参
観の仕方に迷いがあること。アクティブラーニングやICT活用といった時流
に乗ることで、授業を作るという基礎的な計画の立案（指導案作成）を軽視
する世代が登場していること、など。ここでようやく、筆者と教員との間で、
学校の現状を点検するための意味ある情報が共有され、今後どう学校を良く
していくかを「討議」する段階に移行する。しかし、これらは決してコンサ
ルテーション前に教員が気づいていなかった組織の課題ではなく、むしろ、
リアル過ぎて筆者に言わなかった組織の課題である。ゆえに、コンサルテー
ション過程での「闘技」は個々の教員の力量を上げることに作用するが、「闘
技」を経るからこそ教員は、組織の課題が自分たち教員に起因して生じてい
ると実感でき、組織の弱点と正対できるようになる。だからこそ、「討議」で
は、教員に起因する課題を抽出し、成果をめざす時期などを改めて相談しつ
つ、子どもの実態把握とわかる授業に向けた指導案作成を徹底的に行った。

第5節　研究者（コンサルタント）と実践者（クライエント）の関係性

　以上の検討から明らかになったことは、コンサルタントとクライエントの
間では、「討議（熟議）や闘技（agon）を通して、関係者の『納得と合意』を
問い続ける」という順で学校経営コンサルテーションが進行するとは限らな
いことである。本事例では、多くの学校で、コンサルテーションの過程は「合
意→納得→闘技→討議」の順で進行した。「合意」と「納得」は討議や闘技の
結果として生じたのではなく、コンサルタントの助言の「品質」への信頼と
して、「闘技」や「討議」より先にあった。「合意」と「納得」がないと、そ
の後の過程で、組織の問題事象につながるリアルな情報をクライエントから
得られず、組織開発につながるコンサルテーションが始まらない。研究者が

実践者になんらかの助言をしたからといって、その時点でコンサルテーションが始まるわけではなく、組織開発に至るために意味ある情報を、最初からクライエントがコンサルタントに提供しているとは限らない。ゆえに、学校経営コンサルテーションでは、研究者の助言に対する実践者の「合意」と「納得」が形成されてから、教員の力量向上と組織の成長に向けた学校の課題解決が、研究者と実践者の「闘技」と「討議」の中で展開されるといえる。

　最後に、今後の研究課題として、本事例に限らず、組織開発を志向する学校経営コンサルテーションでは、教職員の異動を念頭に置いたコンサルテーションモデルの検討が必要である。学校経営コンサルテーションでは、表3－1の【特徴3－2】の妥当性に疑問が生じる。なぜなら、仮に前年度までに、同様の問題が再発しないようにするダブルループ学習が実現できていたとしても、教職員の異動により、学習した能力はリセットされ、同様の問題とまた一から向き合わないといけなくなる事態の発生は想定内だからである。そこで、学校経営コンサルテーションにおけるコンサルタントとクライエントの関係性を説明できるモデルを試案として示した（表3－2）。今後、この試案の妥当性を検証していく必要がある。

表3-2　学校経営コンサルテーションのモデル試案

内容	コンサルタント（研究者）がクライエント（学校）の課題認識の誤りを指摘し、専門的な知識・技術を提供しながら、問題解決法を処方する。そして、クライエントの問題解決の技能を引き出す。
目標	当面の問題を解決するシングルループ学習の促進と、同様の問題が再発した時に速やかに軌道修正できるためのダブルループ学習の促進。
クライエントの立場	診断においてはコンサルタントに依存するが、問題解決においては、コンサルタントとクライエントとの間で闘技と討議により、コンサルテーションを継続するか否かを相互に探る。
基本的仮定	クライエントは問題の見立てを誤っているが、コンサルタントが提供する専門的知識を得れば、提示されたいくつかの問題解決方法を試す中で、自分たちの弱さと正対し、最善解を選択し実行できる。
有効に機能する条件	クライエントにとって、問題が何であるかははっきりとしていないが、解決法は明確である場合。

出典：筆者作成。

（臼井　智美）

第 4 章

教育経営の現実性に迫るとはどういうことか

第1節　教育経営学の省察機能の担保に向けて

　イギリスでも、国家や地方当局の主導ではなく、専門家主導のシステムへの移行が、特に2010年代以降に試みられてきた。そして、優秀校長等が他校の支援やコンサルティングを実施することを一つの特徴とするそのような教育政策は、学校のリーダーに好意的に受け止められてきた一方で、新たな矛盾や複雑さが同居していることが指摘されてきた（Cousin 2019）。そこで問題視されたのは、公共サービスとして教育を統治するための新自由主義的アプローチが次の段階に向かっている可能性がある点であり、たとえば、それは優秀校として認定されるための過程と基準がより選別的で格差を生むように機能していることや、政府から学校や地域への影響関係が従来以上に統制的になってきていること、さらに、コンサルティングを担うとされるリーダーが、責任を担う他校の問題に実際にどれほど向き合えているかということについても疑問が残ると指摘されてきた。

　実践、政策、研究の関係性が大きく変化してきたイギリスにおいて、教育経営学が「教育経営産業（educational management industry）」（Gunter 1997）として問題視されるなど、研究が「教育的であること」や「政治的であること」がいかに可能かということが模索されてきた。その背景には、政治主導で「リーダーシップ」や「マネジメント」が声高に叫ばれるなかで、よりミクロな視点によって機能主義的または構築主義的な立場によって数多くの研究が占められてきたことが関係している。緻密に設計されたスクールリー

ダー研修が経営者の力量を高め、組織改善や国の競争力向上を導くという単純な想定に対して、社会権力や言説分析を行う批判的観点の研究が少ないという点の問題性がそこでは指摘されてきた（Simkins 2012）。

　以上は、現代の教育経営の課題をいかにとらえるかにも関わり、学校現場に寄り添う研究を意識すればするほど、学校現場の企画・創意が失われるようなことが起きていないか。理論－実践の対応関係を超える議論はいかにありうるか。理論－実践の対応関係の追求が、有用性にとどまらず、消費的関係や学問の機能肥大、体系性の崩壊につながっていないか。これらを実践にある理論性、理論にある実践性を損なわない形で問い、教育経営をめぐる実践－研究－政策の間に民主的な距離を保つための視点を本稿では検討する。つまり、教育経営をめぐる複数性（plurality）の担保の可能性 —— 実践、政策とは異彩を放ちながら、両者を推し進めるような研究知がありうるのではないか —— を考察する。それは教育経営学の固有性を政治性の強度から考え、説明力の深度と耐久性を意識することになる。

　教育経営の現実性に安易に迫ることは、教育経営学の省察機能を担保しない議論につながる恐れがある。それは、教育経営が政治、権力とは切り離すことができない固有の性質をもつからである。この点を考慮しない研究は教育経営の構築を難しくするだけでなく、学校現場を支援するほど、学校現場は研究知によって不自由になることが生じかねない。このような問題は、後述するようにすでに教育哲学や教育思想史の領域で議論が蓄積されてきたほか、新自由主義が旧来の教育の資源、制度、権力配分を崩し、政治、社会的矛盾を引き起こすと認識され、そうした事態による公共サービスの各現場への圧力や、それら圧力への抵抗に関わる課題としてもとらえられてきた（重田 2018: 76; 末松 2019）。さらに、教育社会学に目を向けても、産業化を与件とする機能主義的な教育の理解が、「古い」教育社会学として1970年代に批判されてきた歴史も、今後の教育経営学の自己像を考える参考になる（加野 2018）。

第2節　教育経営概念の射程の広さ

　教育経営の現実性に迫ることの難しさは、吉本二郎がかつて1987年に述べたように、まずは教育経営概念の射程の広さに関係している。吉本は「教育経営は教育事象一般を対象とするため、その枠組みが非常に広く、その故に概念規定も統一化されがたいのが現状である」と指摘した上で、「図式的にいえば、教育経営を一つの学校の経営に限るのではなく、地域（現実的に教育委員会単位）の経営とみるか、それとも学校、地方社会、国の全範囲における経営と見なすかの視座の差異であるとともに、社会教育をも含む地域教育サービスを包んだ経営とするか、組織的な公教育体系に限定して考えるかの問題がある。いずれの場合にも、一つの学校を対象とする学校経営の枠を越えて、意識的に対象を広くとらえることによって、全体としての教育事象の解明に迫ろうとするものであるが、研究者の研究関心や方法論の差に基づく点のあることも見逃してはならない。教育経営全体の学的体系化を図ることは、教育経営の概念の明確化とともに、教育経営学の課題として残されている」と論じている（吉本 1987: 228-229）。

　このような概念の射程の広さは、既述のように教育経営が政治、権力とは切り離すことができない固有の性質をもつことにも関わる。これについては日本教育経営学会設立当初から強い意識がもたれてきた[1]。

　また、これらについて、高等教育をめぐる議論と照らし合わせても、教育学はもともと実践や有用性と相性が悪く、しかし、その逆境をエネルギーに学としての固有性を構築してきた側面がある。これら相性の悪さや逆にその

1）この点は、1969年に小島弘道が学校による社会改造論を体系化したカウンツ（G. S. Counts）を批判的に検討するなかで、「学校の実態的条件」に着目して緻密に論じている。小島が問題視したのは、カウンツが「社会における学校の主体的自主性を強調するあまり、学校の機能を拡大的に解釈し、学校の実態を客観的に把握できなかった」点である（小島 1969: 201）。「社会の上位概念としての学校の理解から、一般に理念的・哲学的意味を含蓄するものとして理解されている教育論が、学校の制度的・機能的条件を考慮の外に置いて、無媒介的に学校論となってくることに着目しなければならない」と小島はカウンツの理論の限界を示し、「学校の独自性は学校の実態的条件を媒介にしてはじめて正しく捉えられる」と論じたのであった（小島 1969: 205, 208）。また、このような認識を前提として、1990年代半ば以降の学校経営改革を分析したものとして小島（1998, 1999）を参照。

ことが学問の原動力になってきたことを教育経営学はどのように受け止める
必要があるだろうか[2]。

第3節　経営管理主義下の構造的問題

　さらに、現代の新自由主義下では経営管理主義（managerialism）の影響も
教育経営は強く受ける。経営管理主義とは、経営的概念で構成される手法で
もっぱら社会問題を解決しようとする考え方で、NPM（新公共管理）の名の
もと行政機構全体の組織間関係の改革が行われる。学校現場は不十分な裁量
のもと効率性の追求を求められるとともに、成果指標や業績評価を通じて行
政からの規制は一層強固となる。水本徳明が指摘するように、現代の教育行
政は経営管理主義の理性の知を学習させることで学校の主体性を構築（客体
的主体化）しようとしており、自律的学校経営政策（＝制度による公教育経
営改革政策）がかえって学校の自律性を阻害し、研究もそれに加担している
場合があり、「政策とその言説をまじめに学習すればするほど、学校は多忙化
し、学校経営は硬直化する」（水本 2018: 6）。

　水本は、別の論稿において、経営管理主義によって、規制的規則が緩和さ
れるのに代わって構成的規則が強化され、機能を高める構造の探索を学校自
らが行う可能性が政策によって予め排除され、義務論的権力が強力に作用す
る一方、受け手にその遂行性が自覚されにくく、学校や教師が対抗意識や対
抗的な制度構築の契機をつかみにくくなっていると指摘している。また、経
営管理主義が近年の教育政策の政策内容として取り入れられ、その例に学校

2）哲学者の佐々木中が指摘するように、人文主義者と目される人びとは、原則として大学に批判
　的であったことから、大学と人文知はそもそも敵対関係にすらあった。「だから、大学において
　人文学が重要だ、大学において人文知は守らねばならぬ基礎であるという言説は、歴史的に間
　違っています」（佐々木 2015: 271）と佐々木は言う。佐々木の次の指摘も、本稿の主題に関わ
　る議論の前提として重要なものととらえている。「大学改革、経済合理性、有用性、グローバリ
　ゼーションに適応できる人材育成、意識の高い学生、……云々、云々、です。何の事だかわか
　りませんし、知ったことではありません。また、重要なのは、たぶんこのような言葉を声を嗄
　らしてわめいている人びとも、自分が何を言っているか、この世界をどこに連れて行っていく
　ことになるのか、本当にはわかっていないということです。ですが、これに抵抗しようとする
　人びとの言説も、自分たちがそう言うことで自らと自らの世界をどこに連れて行こうとしてい
　るのか、果たしてわかっているのか。」（佐々木 2015: 272-273）

評価やカリキュラム・マネジメントを挙げ、そのような政策内容は政策形式にも影響を与え、政策の主体と客体の間にはたらく権力様式の問題としてとらえる必要があるとしている。その上で、公共的な事業である教育に対して、公権力によって民間的手法である経営管理主義が制度化されている事態について、単に経営管理主義を問題とするのではなく、公権力によって制度化されるところになにが生じているかを検討しなければならないとしている。そして、地方分権や規制緩和を語る経営管理主義によって公権力の影響力が後退するのではなく、影響力行使のメカニズムが変更されるとしている（水本2017）。

第4節　現代の教育経営の現実性にいかに向き合うか ── 教育哲学、教育思想史との対話から

　研究が教育実践や教育現場にいかに向き合うかという問題は、教育哲学および教育思想史の領域においても長らく意識的に学会で議論が蓄積されている[3]。たとえば、2009年の教育哲学会の学会誌100号記念特別号において、松下良平は現代の教育哲学をめぐるダブルバインド状況を語っている。つまり、一方で、教育の豊かな可能性を探究するために学校教育という制約や学校教育と深く結びついた教育学という制約を教育哲学は超えていかなければならない状況にあり、他方で、学校教育という制約を無視すると教育哲学という学問の存在そのものが危うくなり、教育哲学の原点が学校教育制度という近代国家による政治的プロジェクトを正当化するためにも位置づいてきたという歴史を確認している（松下2009: 158-159）。

　また、教育哲学会の同年第99号には、課題研究「教育研究のなかの教育哲学 ── その位置とアイデンティティを問う ── 」が掲載され、そのなかで、田中毎実は「教育哲学の教育現実構成力について」と題して、教育学の置かれた文脈を厳しく問うている。まず、1980年代以降において日本では特に「巨

3）本稿では、教育哲学会に比して、教育思想史学会での議論を十分に取り上げられていないが、同学会でも注目すべき多彩な議論がエッセイも含めて豊富に蓄積されており参考になる。たとえば、山内紀幸は「生まれたときからポストモダン ── 第3世代にとっての教育思想史（学会）── 」と題して、現代に至る教育学の前提と主題の変容を詳細に考察している（山内2009）。

大システムを効率的に運営するために、技術合理性に拠るテクノクラートの
管理体制が組織され、同時に、教育理論を生みだすさまざまな組織もまた巨
大システムの下位システムへと再組織された。この理論産出システムに属す
る人々の多くは、予算や人員の配分などの面でテクノクラートの管理体制と
無縁であることはできず、何らかの仕方でこの体制と協働してきている」と
の時代認識が示されている。その上で、「55年体制の崩壊と産業社会の高度
化とともに、教育理論の多くは脱イデオロギー化し、技術合理性の性格を帯
びてきた。有用性や有効性を価値基準としてテクノクラートの管理体制と協
働しているのは、これらの個別諸分科である」と指摘している（田中 2009:
28）。このような認識のもと、田中は「教育哲学の構想力や現実構成力の欠
如が目立ってきている。この無力さを典型的に示しているのは、教員養成や
政策に関する教育哲学の発言力のなさである」として、教育哲学会では教育
哲学と教育現実との関連性が次の二つの視点から論じられてきたとしている
（田中 2009: 28-29）。つまり、①教育哲学は、他の諸分科を学問の全体的連関
のうちに位置づける特権的分科なのか、②教育哲学といえども、あくまで教
育の理論の一分科であるため、教育の構想や現実構成への実効性や有用性が
求められてしかるべきかという視点である。田中は、①は教育哲学を他の諸
分科を基礎づけたり位置づけたりする特権的な存在とみなす＝「存在として
の教育哲学」ととらえられ、②は教育哲学を他の教育諸分科と並んで日常的
な教育現実構成に参与し固有の機能を果たす分科＝「機能としての教育哲
学」と位置づけられるとしている。そして、①の「存在としての教育哲学」
が臨床性や実践性をもつとすれば、それを支えるのは言説の徹底的反省に習
熟するための思想や輸入理論についての真摯な学びであるとして、「このいさ
さか時代遅れの現実離れした「修行」によってこそ、「モデル１」は、教育現
実構成についての集団的反省に主体的に参与する力をもつことができる」（田
中 2009: 31-32）と論じている。ただし、①の立場が「教育の政策立案や実践
に関する意思疎通において主導権を握ることは、途方もなく困難である。簡
単に言えば、この教育哲学の参加は、いわば「最初から負けるとわかった戦」
なのである」（田中 2009: 32）と悲観的とも言える認識で論を終えている。
　しかし、その後、2011年に古屋恵太は教育哲学会等での議論の蓄積を検討

することで、「負けるとわかった戦」の突破口を見出しているようである。つまり、教育哲学の領域では、近代合理主義のもとで構築された理論－実践図式を批判することに加えて、臨床を冠した研究の底流にもある有用性の論理すら近代的なものとして思想史的に文脈化・相対化されてきたことを明らかにしている。そして、教育哲学の意義を論じることが教育政策というコンテクストを分析することと不可分のものとなっていったことを確認している。その上で、「行政側の人間であれ、教育哲学者であれ、伝統的な理論－実践図式に現在の議論を回収しようとする動向には、注意を促す必要があると考える」として、「こうした動向は、近代教育思想批判を教員養成課程の教育哲学の内容に組み込むことで生じてきている変化や生じ得る可能性をかき消すことになりかねない」（古屋 2011: 101-102）として次をも述べる。

　　近代教育思想批判に立脚した教育哲学は、あくまで思想史と連携し、具体的な社会・歴史と結びついた人間観・教育観を提示しながら、現場という内部が社会構造・教育行政等はもちろん、自らも関わる教育実践をも異化できる文化－歴史的道具という意味の外部をあらかじめ備えることができるようにするような教員養成課程にこそ貢献するものであると考える。（古屋 2011: 104-105）

　以上からわかるのは、理論－実践の対応関係自体が批判されるだけでなく、臨床性や有用性そのものが相対化されているということである。さらに、古屋の論稿が「理論－実践論議から脱出し、教育に内在する外部の確保へ」と題されている通り、小島の指摘した学校の実態的条件を含み込む形での学校現場の把握や研究の位置づけがなされている。それとともに、研究とは異なる次元にある大学での教育というものに論議を位置づけ直すことで新たな可能性を見出そうとしていることに特徴がある。この点については、教育思想史学会および教育哲学会での松浦良充による議論も参考になる。松浦は学問がただちに実践的意義を持たなくても、もしくは、学問が教育政策を直接に批判せずとも、存在価値がある場として大学での教育を次のように位置づける。

56

> 私たちは、「実践」や「政策」に直結しなくとも、教育目的を論じている。論
> じる状況におかれている。それは、教育学のために教育学を語り、批判のため
> に批判をするためでもない。／「解決策」や「実践的指示」と「批判」の間に
> あるもの。それは、〈教育学教育〉という場である。私たちは、教育研究・教
> 育学の基礎として、また専門職に必要な素養の一環として、教育目的を論じ、
> 講じている。教育という事象において、教育行為において、教育目的をどのよ
> うに考えるか、について学生に「教育」しているのである。（松浦 1996: 169）

　つまり、実践と研究の関係に、教育という別の次元の問題を差し込んでい
る。また、別の論稿で松浦は現代の「大学は、社会制度のひとつの「機能」
に解消されていくかのようである。社会的ニーズに対応していかに効率的に
機能するか、ということが強調される。（中略）大学改革の進行につれて、大
学が、「知の共同体」から「知の経営体」へと変貌しつつある、としばしば指
摘される。／実は、経営体にこそ、哲学・思想が必要である」と論じている
（松浦 2010: 120）。

　これらのことが意味するのは、実践と研究の関係をただちに、両者の対応
関係として有用性や臨床性の次元で考えていくのではなく、教育というもの
を介在させることで、両者のもともつ性質やコンテクストの関係性を組
み直そうという視点の提示である。これは、教育経営学の現代的価値が問わ
れる際に、教職大学院や研修においてスクールリーダー教育が問題になる構
図と似ている。ただ、「知の経営体」が生み出す知識をそのまま教育を通じて
実践と接合してよいということにはならない。松浦が「哲学・思想が必要」
と言ったのは、「知の経営体」が抱える問題や「知の経営体」となることでど
のような変化が生じ、何が問われるべきなのかを考えよということであると
引き取ることができる[4]。

4）文学理論と現代思想を専門とするビル・レディングスは、著書『廃墟のなかの大学』（原題 *The
University in Ruins,* 1996年刊行）において、「社会のなかでの大学の位置とはどのようなものか、
あるいは、その社会の本質とは何かということがもはや明確ではなくなっている。したがって、
大学という学術機関の形態が変化していることは、知識人が見過ごすことができないものなの
である」（レディングス 2018: 2）として、グローバル化を受けて、大学の存在理由は、近代社
会に見られた国民国家のための文化という理念や使命を担うものではなくなり、大学は超国家
的官僚的企業体に変化したとしている。そして、彼は経済が政治の支配下に置かれていた状況

第5節　理論–実践の対応関係を超える —— 複数性という視点

　政治学者の宇野重規が述べるように、複数の異なる人間が政治を生み、この多様性の否定は暴力である（宇野 2018: 255）。現代の教育経営にはさまざまな背景をもつ者が関わるようになったものの、教育経営を語る方法は単純化してきているように思う。それは、大学教員が実践を語るという単純な関係性だけでなく、そもそも大学教員自体も多様化しており（研究のトレーニングを受けてすぐに大学教員になった者だけでなく、小・中・高の学校教員や行政経験を経て大学教員になる者など多岐に渡る）、そして、実践というものもただ単に学校現場に関わるというだけでなく自治体や政策、研修への関与、アクション・リサーチ、学校コンサルテーションなどさまざまである。これらの状況を相対化し、研究知がどのようにあるべきかを考えるのは学会の使命であるが、そもそもその使命についてあまり丁寧に語られない。このような状況をどのようにわれわれが問題化し、議論するかが教育経営学の固有性を考えることにつながる。イギリスの教育経営学者ヘレン・ガンターは、教育経営学が向き合うべき課題は教育経営についての「現場研究〔フィールド・リサーチ〕、理論、専門的実践には〈複数性〉があるということを認識しようとすることである」（Gunter 2014: 2=2020: 34）として次を述べる。

　　共通のものとして必要となるのは、一つのテーブルを囲んで座っているように、人びとが分離しているけれども同時に結びついてもいるような場所である。これらの空間が取り除かれるとき、人びとはある型にひとまとめにされ、全体主義が経験される。（Gunter 2014: 6=2020: 41）

から、国民国家の衰退にともなって経済は超国家的資本の関心事になり、かつて全能であった国家が「経営の官僚的機構」に追いやられつつあるとの認識を示している。つまり、経済と大学に対して国家が優位に立っていた状況から、グローバル資本と経済が国家より上位にあり、その環境下にまさに現代の大学が位置づいているととらえている。このような彼の考察は、文化的使命を奪われた現代の大学が、資本主義システム下の官僚的制度以外のなにものでありうるかについてまさに「知の経営体」の哲学を問うものであり、現代の経営管理主義下の大学が生み出す知を —— そしてその集積としての学会のあり方も視野に入れて研究活動のあり方を —— 問うていると言える。

　ガンターが問題視しているのは、「教育についての観念や議論のなかにある〈複数性〉がどれほど蝕まれ、実際にはどれほど愚弄されつつあるか」(Gunter 2014: 44＝2020: 114) ということである。そして、そのことによって、学校教員や研究者が差異を認めて対話することができなくなるとともに、互いの業務の性質が〈労働〉に堕してしまうということであった。ハンナ・アーレントが人間の複数性に対応する活動力として政治の条件としたのが〈活動〉で、生命維持のための消費が〈労働〉である。〈労働〉は業務をこなしその生産物を消費するという差し迫った必要の充足を超えた創造性や耐用寿命を一切もたずに周期的に反復される。ガンターが述べるように、現代の経営管理主義下においては「人びとは、目標とデータを議論するために実際一つのテーブルに座っているかもしれないが、NPM（ニュー・パブリック・マネジメント）内部の行為遂行性によって〈活動〉は切り詰められている。人びとはそのテーブル席にお互いぎゅうぎゅうに押し込まれているため、思考し、話し、〈活動〉することが生じる可能性はない」(Gunter 2014: 74＝2020: 175)[5]。現代の教育経営をめぐる複数性を担保し、実践−研究−政策の間に民主的な距離を保つ必要性はこのような理由から説明できる。

　教育経営の現実性に迫るのであれば、教育経営学の存在と機能の両面──いかにして批判と効果をともにもつかという視点──から考える必要がある。端的にいうと、知識産出の前提や課題をメタ的に問うことから始めなければならない。ガンターが述べるように、人間は条件づけられた存在だが、それら諸条件がわたしたちを完全に条件づけることは決してないという単純な理由のために、自発的な行為への潜在的可能性はつねに存在する（Gunter 2014: 72＝2020: 171)[6]。教育経営が政治や権力とは切り離せない性質をもつということは、それらとの関係をいかにもつか、そして研究や実践において

5）なお、ガンター自らは、公教育における新たな知識主体としてコンサルタントに注目した教育経営研究も行っている（Gunter and Mills 2017）。
6）ガンターはアーレントに依拠して次のようにも論じている。「思考する者としての自己にとって存在し、そしてまた対話を通じた他者とともに存在する。そうした〈複数性〉は、〈労働〉のような必要性から生じるものではない。〈複数性〉は、それそのもののために尊重される。アーレント性は、政治が支配や統治に関するものになってしまったと懸念を抱くようになった。彼女にとって、政治とは、差異と類似がともに許され、それゆえにやり取りすることが許されるような、人と人との間に生じる空間に関わるものである」（Gunter 2014: 73＝2020: 173）。

いかにそれらに抵抗するかということであり、それらを考察することが教育
経営の現実性に迫るということになる。

（末松　裕基）

引用・参考文献

宇野重規（2018）『未来をはじめる――「人と一緒にいること」の政治学』東京大学出版会。

小島弘道（1969）「学校による社会改造論とその問題点―― G. S. Counts の学校論の分析を
　　　通して――」『教育学研究』（日本教育学会）第36巻第 3 号、201-211頁。

小島弘道（1998）「学校の権限・裁量の拡大」『日本教育経営学会紀要』第40号、2-13頁。

小島弘道（1999）「学校の自律性・自己責任と地方教育行財政」『日本教育行政学会年報』
　　　25号、20-42頁。

重田園江（2018）『隔たりと政治――統治と連帯の思想』青土社。

加野芳正（2018）「70周年事業とオーラル・ヒストリーでたどる教育社会学の展開」日本教
　　　育社会学会編『教育社会学の20人――オーラル・ヒストリーでたどる日本の教育社会
　　　学』東洋館出版社、4-18頁。

佐々木中（2015）『全――selected lectures 2009-2014』河出書房新社。

末松裕基（2019）「官僚制支配のための「カリキュラム・マネジメント」を脱し、教育の理
　　　想と現実の方へ――教育経営学がカリキュラムを論じる可能性はどこにあるか――」
　　　『日本教育経営学会紀要』第61号、47-60頁。

田中毎実（2009）「教育哲学の教育現実構成力について」『教育哲学研究』（教育哲学会）第
　　　99号、28-33頁。

古屋恵太（2011）「理論−実践論議から脱出し、教育に内在する外部の確保へ――「歴史セ
　　　クション」の成果と展望――」『教育哲学研究』（教育哲学会）第103号、100-105頁。

松浦良充（1996）「近代教育［学・思想］批判と教育学教育――批判の後にくるもの――」
　　　『近代教育フォーラム』（教育思想史学会）5 巻、167-173頁。

松浦良充（2010）「意味としての大学／機能としての大学」『教育哲学研究』（教育哲学会）
　　　第102号、120-132頁。

松下良平（2009）「学校教育という政治的プロジェクトと教育哲学」『教育哲学研究』（教育
　　　哲学会）100号記念特別号、158-173頁。

水本徳明（2017）「学習観の転換と経営管理主義の行方――公教育経営における権力様式に
　　　関する言語行為論的検討――」『教育学研究』（日本教育学会）、第84巻第 4 号、398-409
　　　頁。

水本徳明（2018）「「教育行政の終わる点から学校経営は始動する」か？――経営管理主義
　　　の理性による主体化と教育経営研究――」『日本教育経営学会紀要』第60号、2-15頁。

山内紀幸（2009）「生まれたときからポストモダン――第 3 世代にとっての教育思想史（学会）――」『近代教育フォーラム』（教育思想史学会）18巻、123-135頁。

吉本二郎（1987）「教育経営の課題」日本教育経営学会編『現代日本の教育課題と教育経営』ぎょうせい、223-233頁。

レディングス，ビル（2018）『廃墟のなかの大学〈新装改訂版〉』青木健・斎藤信平訳、法政大学出版局。

Cousin, S. (2019), System Leaders in England: Leaders of a Profession, or Instruments of Government?, *Educational Management Administration & Leadership*, Vol. 47, No. 4, pp. 520-537.

Gunter, H. (1997), *Rethinking Education: The Consequences of Jurassic Management*, Cassell.

Gunter, H. (2014), *Educational Leadership and Hannah Arendt*, Routledge. (＝2020, 末松裕基・生澤繁樹・橋本憲幸訳『教育のリーダーシップとハンナ・アーレント』春風社)

Gunter, H. and Mills, C. (2017), *Consultants and Consultancy: the Case of Education*, Springer, 2017.

Simkins, T. (2012), Understanding School Leadership and Management Development in England: Retrospect and Prospect, *Educational Management Administration & Leadership*, Vol. 40, No. 5, pp. 621-640.

第 5 章
教育経営学における再現可能性の問題

第1節　教育経営学におけるこれまでの再現可能性の位置づけ

　本章では、近年再現可能性について盛んに論じられるようになった心理学における議論を踏まえ、教育経営学における再現可能性（再現性）について考察していく。この問題は、結局「何を再現したいのか」に尽きる。

　曽余田（2018）は、教育経営研究のモデルを「『学校経営の現代化』論」、「技術的合理性」、「政策論的アプローチ」、「臨床的アプローチ」の４つに類型化している。これまで教育経営学における再現可能性の問題は、「『学校経営の現代化』論」を含んだ「技術的合理性」の問題として扱われてきた。「技術的合理性」とは、「基礎（理論）→応用→実践」の図式を前提とし、既に規定された目的をどのように達成すればよいかを考え、形式知（処方箋化された知識）を創造し、それを学校現場の教育経営実践へ“適用”することを追究する。そこでの“批判的精神”や“省察力”は弱く、現状維持的であり、経営実践の不確実性や創発性は考慮に入れないか、あるいは逆機能的なものとみなすと評されている（曽余田 2018, p.52）。そのうえで、臨床的アプローチから見えてくる課題として、学校の内在的生成的な視点をないがしろにする勢いで外在的な技術的合理性の視点が強まっている点と、各々の研究がモノローグ的になっている点とが指摘されている。

　上記の２つの課題に関し、研究がモノローグ的になっていることについては、議論のプラットホームが不在であることが原因であると考える。生成される諸研究に文脈こそあれど、積み重なりや、刷新されていくような手ごた

えをいまひとつ感じられずにいる。また、技術的合理性の視点が強まっているという警鐘について、その"圧"のようなものは感じるものの、抱く危機感は異なる。技術的合理性が「基礎（理論）→応用→実践」であるとき、「実践や応用まで至れる基礎（理論）が、果たして教育経営研究にそれほど存在するのか」・「早晩、枯渇するのではあるまいか」という危機感の方を持っている。ゆえに教育経営学における議論のプラットホームを作ることに寄与するような基礎（理論）の部分を固めていく必要があると考える。そのための前提が再現可能性なのである。

第2節　改めて再現可能性を問い直す

　再現可能性を問い直すうえで参考になるのが心理学における議論である。以下では、心理学において再現可能性の問題がどのような形で噴出し、それに対してどのような議論がなされてきたかについてまとめる。

（1）心理学で噴出した問題と心理学界での対応

　2015年、Science 誌（Open Science Collaboration 2015）に、過去の心理学の研究論文について追試を行ったところ結果が統計的に再現されたものは追試実験全体のうちの40％に満たないという報告が掲載され、心理学者らに衝撃を与えた。科学は再現の可能な問題がその対象となっており、もう一度繰り返してやってみることができる、そういった問題についてのみ科学は成り立つとされてきた（中谷 1958）。しかし、新しくユニークな発見を目指そうとする研究の強い推進力と比べると、学問領域としての地盤を固めるうえでの知見の再現性検証の試みは軽視されがちであり、心理学における再現可能性の問題は長らく放置されてきた（三浦 2015）。

　上記の事件を契機として、心理学は学問としての信頼を取り戻すべく、再現可能性の検証に注力していくこととなった。具体的に心理学関係の学会においてなされたアクションは、追試のための所定の形式を公開するだけでなく、追試対象の規模等を事前申告制としたことである。そうすることで、事後的にサンプルサイズを拡張することにより統計的有意を確保しようとする

操作・行為を阻止しようとした。その他、方法論として、複数の計量的研究を統合して効果量を算出できるメタ分析という手法（例えば、森口2016）や、データの分布を基点に活用するベイジアン・アプローチ（例えば、大久保2016）等の手法が開発されており、そういった手法を援用しながら再現可能性の問題に取り組んでいる[1]。

　再現可能性を吟味する場合、追試を実施するが、追試可能性については、後に続く研究者が同じようにデータを作成し、結論へとたどり着くまでの論理の全過程を追えるよう研究がなされていくべきであるとされる（G・キング、R・O・コヘイン、S・ヴァーバ2004、p.31）。そのことの重要性をこれまでも研究者は理解していたが、上記の課題が噴出したことで、今一度手続きの厳密性・厳格性について研究者へ熟慮・再考を促すこととなった。

　追試には「同じデータを用いて同じ分析を再現できるかを確認する場合と異なるデータを用いて同じ分析を行う場合（板倉・尾﨑2002、p.42）」の2種類が存在する。前者のように、同じデータを用いて同じ分析を再現できるかを確認した研究を例に挙げよう。米国の代表的な社会調査であるGSSやISSPを利用した複数の論文について、それぞれの論文に記載されている範囲でそのやり方をトレースし結果の再現を試みたところ、分析結果を再現できたものは皆無であったという（板倉・尾﨑2002）。

　研究結果が再現されないという問題の原因は何にあるのだろうか。単純なデータの捏造に起因する場合も勿論存在するが、その他にも、変数間の関係性が確認されたもののみが論文化されるという出版バイアスや、有意な結果を示した先行研究が主な追試の対象となりやすいといった事態が折り重なっていることに加え、特定の研究やトピック、あるいは特定の雑誌に掲載された研究ばかりが追試されるという、研究者の偏向した態度によるバイアスも原因として指摘されている（山田2016）。また、心理学におけるデータが、エビデンスよりもデモンストレーションとして機能しており、データが仮説や理論の検証・反証のためではなく、その仮説や理論の"正しさ"をアピールするため、「こん

1）ベイズ統計は、サンプルを既知の分布になじませる従来の頻度主義的なやり方ではなく、手元のサンプルから複数回のシミュレーションを行って分布をつくりだしてしまおうという発想にある（清水2018）。サンプル抽出が困難な行政データ等と相性がよく、既にこの手法を応用した教育行政研究が存在する（例えば、橋野2017）。

64

なことが本当に起きるんだよ」ということを多くの人にアピールし、理解してもらうため（だけ）に提示されてきたという指摘もある（渡邊 2016、p.102）。

　注意しなければならないのは、現象の発生自体がどの程度頑健であるか（事象やケース自体がレアであるのかどうか）を検証した論文はほとんどないことである（山田 2016、p.23）。したがって、仮に再現可能性が低い場合でも、研究として無意味であると判断するのは拙速で、再現されないことの意味（研究上の間違いなのか、現象の生起確率が低いのか）を考える必要がある（渡邊 2016、p.101）。

（2）再現可能性に固執することへの批判

　上記に対して、再現（可能）性の議論が心理学の中でも実験系の研究テーマに偏っており、あらゆる分野・テーマでの研究の価値を追試可能性や再現可能性で保証していこうという流れには無理があるという批判が存在する。それゆえ、自らの分野における科学性をどう保障するかを、それぞれの学問分野や学問領域で考える必要がある。例えば定性的研究における観察という手法は、試行錯誤を繰り返しながら仮説を生成しようとする研究との相性がよく、それと関連して、追試を行うことが不可能であるケースが少なくない（小島 2016、pp.112-113）。例えば、幼稚園での子ども同士のトラブルに関する研究（倉持 1992）において、観察事象（トラブル）のきっかけになる要因等は無数にあるもので、それら全てを統制することは極めて困難であり、無理に追試を行うということはトラブルの再現を企図するため、倫理的な問題も生じる。あるいは、録音・録画機器の発展で、より"再現性"の高いデータ（情報量の多いデータ）が得られるようにはなったものの、構築主義的な調査は聞き手と語り手の共同行為であり、あくまでも「語りうるもの」をめぐるネゴシエーションの政治力学的な産物（古賀 2009、p.90）であり、研究者個人で語りが再現されることはないのである。心理学の中でも、実践への寄与を志向する教育経営学と親和性が高いのが臨床心理学であるが、その臨床心理学においてさえも、関心が個別の問題解決にあるため、再現可能性や普遍性を重視する実験法の枠組が臨床心理学にはなじまないとの見解も示されている（岡本・梅垣・加藤・黒川・山根・伊藤 2016、p.55）。

分野における科学性をどう保障するかを考えるうえで、再現可能性は重要な手掛かりとなる視点であるため、引き続き心理学が上記のような批判を受けながらもどこまで到達したかを提示していく。

（3）定量的手法における再現可能性の問題への向き合い方

ある研究の中で実験や調査によって示された事実や知見が追試によって再現されれば、それに基づく研究の外側に一般化でき、普遍的な知識である可能性が高まる（渡邊 2019、p.174）。これは外的妥当性が高い状態であるといえる。再現可能性の問題が噴出した心理学にとって、その問題に取り組むインセンティブの一部となっているのが、経済学における研究のパラダイムシフトである。例えば行動経済学では、合理的経済人という前提を必ずしもおくことがなくなり、人間の行動特性を柔軟にモデルに組み込む方向へと変化していった（大竹 2019）。教育を対象とした経済学の研究でも、これまで地位達成や学力といったアウトカム（従属変数）が主流であったが、情緒や社会性といった心理学で扱うような非認知スキルも設定されるようになった（Heckman 2006）。

昨今 EBPM 等が喧伝されるようになり、特に経済学でその動きが強いと見受けられる。しかし、経済学では大規模調査の実施・データ活用が多く、調査や実験の再現そのものが困難であるケースがほとんどである。ゆえに計量経済学等では、手法やモデルの厳密化を志向しており、分析手法の高度化が進行している。これらの動きは因果推論と呼ばれ、パネルデータ分析や DID 法、操作変数法、自然実験といった様々な手法が開発され、応用されている（例えば、中室・津田 2017、伊藤 2017 等）[2]。

2）以下のような研究（Dobbie and Fryer 2011）がその応用例として参考になる（山下 2018）。米国のチャータースクールの効果を把握する場合、非入学者（最初から希望しなかった層）と入学希望者（最初から希望していた・希望が可能だった層）とでは、そもそものインセンティブ（意識の高さや親の階層等）が異なるため、実際に入学した層だけで効果を測定しても政策のインパクトは測れない。それは、非入学層は入学後の当該校における教育を受けることはできないため、比較することができない。そこで、チャータースクール入学時のくじ引きが着目された。くじ引きを内生性回避のための操作変数として用い、くじで当たった入学者と、くじで外れた非入学者のその後の成績を比較した。分析の結果、チャータースクール入学者における人種間や家庭の経済的要因による差で生じる学力差を縮小させたという成果が見られ、政策の効果が検証された。

　なお、これらの高度な手法を用いても課題が残る。上記の応用的手法を用いた場合、「実施された教育政策の単独の効果を測定するという点には長けているが、研究デザインの性質上、なぜ、実施された教育政策がそのような効果をもたらしたのかについてのメカニズムを明らかにすることができていない（山下 2018）」。それに加え、得られた知見がどれほどの外的妥当性を有しているかは不確定である。そのため、量的研究でも、外的妥当性よりも、まずは内的妥当性[3]の検討が優先される傾向にある（伊藤 2017、p.248）。再現可能性を志向するのは、定性的研究よりも、定量的研究に多いという印象はあるが、定量的手法を用いることが外的妥当性を高めることに直結するとは限らないのである。

（4）定性的手法における再現可能性の問題への向き合い方

　他方の定性的研究において、直接的に再現性を志向していなくとも、研究知見の内的妥当性や外的妥当性を高めるための工夫は模索されてきた。間接的ではあるが、先行研究と完全に同一の方法ではない新たな方法を用いて先行研究の主張する理論や概念枠組みを維持して追試的に検証する「概念的追試」という考え方がある（山田 2016、p.23）。その一つが、シングルケースデザインである。以下、石井（2015）の見解をまとめる。

　シングルケースデザインは、同じ個体でデータの測定を反復することにあり、実験的手法と捉えられている。この手法では、実験として条件を組織的に操作することによって、独立変数の効果を明確にしようとするものである。この研究手法で析出された知見は、医学の文脈ではエビデンスとしてあまり顧みられることはないものの、臨床心理学における介入効果の研究ではスタンダードに用いられてきた。実はこのシングルケースデザインも、先述の定量的研究における内的妥当性・外的妥当性の問題と類似の問題を抱えている。シングルケースデザインを用いた場合、特定の介入対象者（実験参加者）を選んだために、特定のデータだからこそ知見が得られたという疑いや批判に応えることができない。そもそもシングルケースデザインは、これら

3）同じ集団に対して動揺の介入を行った場合に、同様の結果が再現されることを以って、確からしいと判断できる程度のこと。

の問題による影響を統制することを目指しておらず、目の前の人（介入の対象者）の行動が変わるかどうかに究極的な目標がある。とはいえ、それでは研究知見の共有が果たされないため、外的妥当性を高める方略も考えられてきた。同じ条件・同じ介入方法を行う直接的反復の実施で再現に何度か成功すると、諸条件のうちから一箇所だけを変更して実施する系統的反復を実施する。なおも再現が確認された場合には、その知見の外的妥当性が（相対的に）高いことを示していると捉えられるのである。仮に系統的反復において再現（＝反復[4]）が確認されなくとも、それは研究の失敗ではなく、外的妥当性（一般性）の限界について情報を得るチャンスと捉える。

　教育経営学においてもシングルケースデザインによる研究知見の妥当性チェックは可能であろうか。トライ・アンド・エラーを繰り返しながら介入による個々人の変化を追跡的に検証していくシングルケースデザインと異なり、学校の組織活動となると、統制すべき要因が格段に増えるため、単純な援用は困難であろう。そこで、産出された研究知を実践に移す中で、実践の過程そのものを以って知見の妥当性を検証していこうとする試みがなされている（例えば、佐古 他 2003）。これらの研究により、実施手順も同時に整備されていくこととなるが、理論が減価償却的に捉えられるに伴い飽きられていくためなのか、現在は下火となっている[5]。

（5）小括

　影響力のある雑誌媒体で、心理学における研究知見の再現可能性が乏しい

4）ドゥルーズ（2007）の説明によれば、ここでの「反復」とは、一般性の一つのレベルからもう一つのレベルへ移行する過程で見られるものであり、有限な内包を持ちながらもそのあるがままのかたちで現実存在に強制的に移行させられる "或る概念" の純粋事実であるとされる。ゆえに、或る法則が事実の再現性を保証するのではなく、その反復にこそ再現性が存在するとみなし得るのである。

5）理論の実践への応用について、知見を学校現場がどのように受け止めているかを類推する上で、森・江澤（2019）の知見転用本を考えたい。当該書籍では、エビデンスを喧伝しており、海外の頑健性の高い研究結果を転載している。そこで示されているのはパス解析のようなまとめの図であるが、効果をもたらす行動が抽象的でアクションに繋がりえない。あるいはエビデンスが示す範囲を超える形で解説が加えられており、それそのものがエビデンスを陳腐化させている。ここで考えたいのは、学校現場にとって提示された研究知見が参照されていない可能性と同時に、逆に研究知見へ過剰適応をしている可能性であり、"正しく" 伝達・使用されていないことが危惧される。

68

という問題が指摘されたことを契機に、にわかに再現可能性の問題が議論されることとなった。再現可能性を検討するうえで行われる追試は、実施可能性が分野・領域・対象によってまちまちである。そのため、再現可能性の問題への向き合い方について、心理学も一枚岩ではないことがうかがえる。とはいえ、課題に真摯に向き合い、再現可能性を高めるための試行錯誤がなされている[6]。

第3節　教育経営学における再現可能性と固有性

（1）心理学における再現可能性の問題から見えてくるもの

　再現可能性を考えていく上で、追試が実施されることは上述の通りである。追試というと定量的手法に限定されるイメージであるが、追試で確認をしたいことは、内的妥当性と外的妥当性の両方である。上記の心理学における再現可能性問題に関するレビューから、定量的手法であれ、定性的手法であれ、外的妥当性を如何に高めるかが共通の課題であることが分かった。

　これまで教育経営学では、経営学や心理学の知見を応用してきた。例えば、校長のリーダーシップ研究（露口 2008）や、学校組織をどのように捉えるかについて組織論を摂取してきた過程のレビュー（織田 2012）、ソーシャルサポート（諏訪 2004）に関する研究と、数多く存在する。これらの研究は心理学側から見れば、先行研究の主張する理論や概念枠組みを維持して追試的に検証する「概念的追試」であり、外的妥当性の検証とも捉えることができる。ただしそれは、「あらかじめ構成ずみの理論によって教育現実が分析され、分解され、理論的枠組みにしたがって再構成され、体系的に説明される。それゆえ、方法的な緻密さを誇ることはできても、対象の世界に含まれている意味を十分に含ませることは困難（市川 1966）」であるともされる。

　このように捉えた場合、教育経営学に突きつけられる課題が三点ある。一点目は、教育経営学における「固有性」とは何かという問題である。それが理論の固有性であるのか、学問としての固有性であるのか、コンセンサスを

6）この果て無き取り組みに、「心理学は、理論なき無の荒野どころか、刺激に満ちた豊かな大地だと信じているからだ（友永・三浦・針生 2016、p.2）」と、鼓舞がなされている。

得られていない。例えばリーダーシップ研究において、諸理論を他分野から援用し教育経営的な事象（校長のリーダーシップ）に当てはめ、フォロワーである教員らにポジティブな効果が確認された場合、それを以て教育経営学における「固有性」であるとは到底いえない。二点目は、一点目とも関連するが、例えば定量的手法によって独立変数と従属変数間に関連性が確認された部分にのみ注目が集まりがちになるという問題である。関連性が確認されなかった点にこそ、むしろ固有性を考えるヒントが残されているとも考えられ、教育経営学はこれまでその可能性を捨象してきてしまったことが危惧される。三点目は、先述の従属変数的検討から独立変数的用い方への拙速なスライドである。理論や概念、事象といったものの内的妥当性が確認・検証されないままに、独立変数的な用いられ方がなされている点を危惧する。内的妥当性を高める作業が必要になると考える。

　内的妥当性と外的妥当性の関係性を示したものが以下の図 5 − 1 である。内的妥当性とは $X_i \rightarrow Y_i$ の関係性がどれだけ信頼できるかということであり、外的妥当性とは、$X_i \rightarrow Y_i$ の関係性が異なる状況にどれだけ適用できるかということである。

　冒頭で述べた「何を再現したいのか」について、再現したいのが事象であるのか、理論であるのか、$X_i \rightarrow Y_i$ の関係性であるのか、はたまた $X_i \rightarrow Y_i$ の関係性を別の事象に持ち込んでも同様の結果をもたらすのか、あるいは $X_i \rightarrow Y_i$ の関係性を別の事象に持ち込んで $X_j \rightarrow Y_j$ のように多少の異同はあっても（例えば調査対象が変わった場合でも）理論や事象が再現されるのか等、様々である。

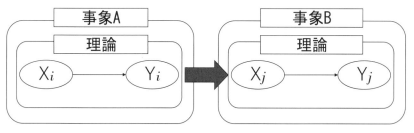

図 5 − 1　　内的妥当性と外的妥当性

（２）再現可能性から立ち上がる教育経営学における固有性の問題

　再現されるべきものは何かという問いに対して、心理学において次のような指摘がなされており、再現可能性の問題を考えるうえで参考になる。曰く、重要となるのは、表面的な事実の再現ではなく、むしろその事実が指し示している仮説構成概念[7]に関する再現である（澤・栗原 2016、p.54）。この指摘は、上で筆者が挙げた三点目の課題に応えるものである。ただし、曖昧に定義された仮説構成概念の濫用は、どういう結果が得られても解釈を可能にしてしまうという問題が存在する。教育実践研究の再現可能性を求めて、闇雲に理論を当てはめることは危険である。ゆえに、再現可能性を損なわないような仮説構成概念を導入する必要がある。そのためには確固たる理論的背景が重要となるのである（澤・栗原 2016、p.54）。理論が重要であることは、次のような厳しい指摘からもうかがえる（池田・平石 2016）。それは「心理学で見られるような『弱い』理論では、前提となる知見の根拠が乏しく、また知見ないしは仮説間の相互依存性も少ないため、厳密な事前の予測が難しい」というものである。教育経営学でも、その事態は理解できるのではなかろうか。果たして教育経営学に（それが固有であるかは別として）理論は存在するのだろうか。

　そもそも社会科学の研究は、特定の場所で起こった特定の出来事についてだけではなく、出来事の集合について、何かを説明するものでなければならない（G・キング、R・O・コヘイン、S・ヴァーバ 2004、p.52）[8]。このときに、「固有性」の問題が立ち上がる。教育経営学における「固有性（uniqueness）」を辞書的な意味での「唯一」のものと捉えた場合、例えば学校組織のいずれにも当てはまるが、他の組織には当てはまらない仮説や理論というのは、果たして存在しうるのであろうか。あるいは、教育経営学内における外的妥当性がありながら、他分野・他領域へも外的妥当性がある研究知見というのは、「固有性」といえるのであろうか。

7）「分析モデル」のようなもの。
8）「特定の場所で起こった特定の出来事について（だけ）ではなく、出来事の集合について、何かを説明する（教える）ものでなければならない」というのを、G・キング、R・O・コヘイン、S・ヴァーバ（2004）の訳者によって、前者を「フランス革命」、後者を「革命」と補足的に付記して説明を加えている。

　ルースカップリング論を例にとる[9]。ルースカップリングやそれに依拠する日本の学校経営論は学校組織のルースネスを現象として記述してきたが、それが学校組織にとって本質的な性格であることは説明されてこなかったとされる（水本2000、p.133）。学校組織における教育活動は、生徒の反応や行動が常に不確定であり、見通せないため、複雑性の縮減がうまくいくとは限らない。そのため、不完全で不安定な組織である。このように学校組織において組織システムと相互作用システムが相互に複雑性を循環させる関係を形成しており、学校組織のルースネスの根拠がここにあるとされる（水本2000、p.135）。学校という場において、この2つの関係が問題とされることが学校組織の特質であると論理的に説明がなされている（水本2000、p136）。これらの記述から、「本質（的）」・「特質」といった固有性に近い表現がなされていることがわかるが、果たしてこの捉え方は妥当なのであろうか。この特質は大体の学校組織に当てはまると考えられる。他方、ストリートレベルの官僚制（リプスキー1998）等の見解が示すように、脱官僚制を志向せずとも、組織成員が自律的に振舞う余地が存在していることが指摘されている。このことから、他の学校以外の組織体を見た場合でも、学校組織のルースネスは程度の問題ではなかろうかとも考えられる。逆に、教育経営学の知見で外的妥当性を有するものがあるとするならば、教育経営学における「固有性」がパラドキシカルなものになってしまうのである。

　そもそも研究者あるいは社会科学の研究というものは、できるだけ一般的であると同時に個別特定的であるべきというものを同時に希求するものであり、双方は支えあうべきものとの見方も存在する（G・キング、R・O・コヘイン、S・ヴァーバ2004、p.52）。その見方に沿って考えれば、教育経営学における「固有性」とは、「唯一」のものと捉えるというよりも、もっとトーンダウンして、「変わった」・「珍しい」といった程度の問題と捉える方が妥当となってしまうのかもしれない。

（3）今後の教育経営学における再現可能性の問題
　いずれにせよ、仮説や理論の強弱とは別に、仮説や理論そのものを産出し

9）学校組織に関するルースカップリングについては、佐古（1986）等を参照のこと。

ていくことは重要である。教育経営学においても、即座に"強い"理論の産出・構築を求めることはできそうにない。ゆえに、厳密さに欠けるとしても、その恣意性を逆手にとって、フレキシブルさとして活用し、多くの事象について考え、議論でき、仮説を構築していくことへとつなげていく作業が必要となる。ただし、こういった"弱い"理論による研究を続けつつも、その中に厳密なモデルを漸次取り入れることで議論を精緻化していくことが肝要となる（竹澤2018、p.51）。そのため、議論を精緻化していく際には、あたかも教育経営学的知見が固有のものであるかのような前提を置いていないかを、一度立ち止まって考える必要がある。

（波多江　俊介）

【参考文献】

池田功毅・平石界「心理学における再現可能性危機－問題の構造と解決策」『心理学評論』Vol.59、2016年、pp.3-14。

石井拓「シングルケースデザインの概要」『行動分析学研究』29、2015年、pp.188-199。

板倉宏昭・尾崎万枝「二次分析における再現可能性」『理論と方法』Vol.17、2002年、pp.41-51。

市川昭午『学校管理運営の組織論－現代教育の組織論的研究』明治図書、1966年。

伊藤公一朗『データ分析の力－因果関係に迫る思考法』光文社、2017年。

大久保街亜「帰無仮説検定と再現可能性」『心理学評論』Vol.59、2016年、pp.57-67。

大竹文雄『行動経済学の使い方』岩波書店、2019年。

岡本英生・梅垣佑介・加藤奈奈子・黒川嘉子・山根隆宏・伊藤美奈子「臨床心理学における実験法の意義と課題」『奈良女子大学心理臨床研究』第3号第1部、2016年、pp.55-63。

織田泰幸「我が国の学校組織論研究のレビュー」『日本教育経営学会紀要』54、2012年、pp.188-197。

倉持清美「幼稚園の中のものをめぐる子ども同士のいざこざ－いざこざで使用される方略と子ども同士の関係」『発達心理学研究』第3巻、1992年、pp.1-8。

古賀正義「録音素材から調べ構築するリアリティの重層性－インタビューのエスノグラフィーを実践する」『社会学評論』60（1）、2009年、pp.90-108。

小島康生「人間の観察研究における再現可能性の問題」『心理学評論』Vol.59、2016年、pp.108-113。

佐古秀一「学校組織に関するルース・カップリング論についての一考察」『大阪大学人間科

学部紀要』12、1986年、pp.35-154。

佐古秀一・久我直人・大河内裕幸・山口哲司・花田成文・荒川洋一・田中道介・渡瀬和明「省察と協働を支援する学校改善プログラムの開発的研究（２）」『鳴門教育大学研究紀要』18、2003年、pp.31-39。

澤幸祐・栗原彬「動物心理学における再現可能性の問題」『心理学評論』Vol.59、2016年、pp.46-56。

清水裕士「心理学におけるベイズ統計モデリング」『心理学評論』No.61、2018年、pp.22-41。

諏訪英広「教員社会におけるソーシャルサポートに関する研究－ポジティブ及びネガティブな側面の分析」『日本教育経営学会紀要』46、2004年、pp.78-92。

曽余田浩史「臨床的アプローチから見た教育経営学の現状と課題」『日本教育経営学会紀要』60、2018年、pp.42-56。

竹澤正哲「心理学におけるモデリングの必要性」『心理学評論』Vol.61、2018年、pp.42-54。

露口健司『学校組織のリーダーシップ』大学教育出版、2008年。

友永雅己・三浦麻子・針生悦子「心理学の再現可能性－我々はどこから来たのか我々は何者か　我々はどこへ行くのか」『心理学評論』Vol.59、2016年、pp.1- 2 。

中谷宇吉郎『科学の方法』岩波書店、1958年。

中室牧子・津川友介『「原因と結果」の経済学』ダイヤモンド社 、2017年。

橋野晶寛『現代の教育費をめぐる政治と政策』大学教育出版、2017年。

マイケル・リプスキー［著］、田尾雅彦［訳］『行政サービスのディレンマ－ストリート・レベルの官僚制』木鐸社、1998年。

三浦麻子「心理学研究の『常識』が変わる？－心理学界における再現可能性問題への取り組み」『心理学ワールド』68、2015年、pp.9-12。

水本徳明「学校の組織・運営の原理と構造」日本教育経営学会［編］『教育経営研究の理論と軌跡』玉川大学出版部、2000年、pp.132-148。

森俊郎・江澤隆輔『学校の時間対効果を見直す！－エビデンスで効果が上がる16の教育事例』学事出版、2019年。

森口佑介「発達科学が発達科学であるために－発達研究における再現性と頑健性」『心理学評論』Vol.59、2016年、pp.30-38。

山下絢「教育政策評価における経済学のアプローチ－米国のチャータースクールのインパクト評価を事例として」『日本教育政策学会年報』第25号、2018年、pp.45-59。

山田祐樹「認知心理学における再現可能性の認知心理学」『心理学評論』Vol.59、2016年、pp.15-29。

渡邊芳之「心理学のデータと再現可能性」『心理学評論』Vol.59、2016年、pp.98-107。

渡邊芳之「和文学会誌は再現性問題にどのように立ち向かうか」『基礎心理学研究』Vol.37、

2019年、pp.174-179。

Dobbie,W., Fryer,R., & Fryer Jr,G., "Are high-quality schools enough to increase achievement among the poor?". Applied Economics. 2011, 3(3), pp.158-187.

G.King, R.O.Keohane and S.Verba, *Desigining Social Inquiry: Scientific Inference in Qualitative Research*, Princeton Univ. Press, 1994.（G・キング、R・O・コヘイン、S・ヴァーバ［著］、真渕勝［監訳］『社会科学のリサーチ・デザイン－定性的研究における科学的推論』勁草書房、2004年。）

Gilles Deleuze. Difference et Repetiton, Universtaires de France.（G・ドゥルーズ［著］、財津理［訳］『差異と反復 上』河出書房新社、2007年。）

Heckman, J.J. 2006 Skill formation and the economics of investing in disadvantaged children. *Science, 312*, 1900-1902.

Open Science Collaboration. *Estimating the reproducibility of psychological science.* Science, 349, aac4716, 2015.

第 6 章

実践の学としての教育経営研究に 存する「価値」葛藤
—— オートエスノグラフィックな整理・検討を通じて ——

第1節　本稿の目的

　本稿の目的は、教育経営研究に存する「価値」に向き合い、そこに生じる 葛藤を整理することにある。

　1990年代以降進められる「学校の自律性改革」や昨今の教職大学院拡充と いった社会的・制度的影響を受け、教育経営研究には「実践の学」としての 役割が期待される傾向にある。そしてその期待に応えるべく、教育経営事象 の可視化が試みられ、「学校経営コンサルテーション」等が展開されてきた （元兼 2018）。

　しかし、「実践の学」としての教育経営研究を進めるうえで、研究者が価値 中立であることはできない。教育経営事象に迫る上では、「その子にとって望 ましい指導の在り方とは何なのか」（武井 2020：115）という問いに対峙する 必要があり、そこには「学校（実践）と研究者の間の一連の「闘い」」（臼 井 2020：122）が生じ、そうした中で研究者は、教育実践や教育現場へいか に向き合うかを必然的に考え続けなければならないからである。すなわち、 教育経営研究が「実践の学」たりうるためには、研究者が抱く「価値」の存 在に自覚的である必要があるといえるが、これまでこのことについては十分 な検討がなされてこなかった。

　そこで本稿では上記について、筆者自身の経験・実践を事例としながら、 省察的かつオートエスノグラフィックに整理・検討していきたい[1]。

76

第2節　教育経営研究者として追い求める研究上の「価値」

　近年、「実践の学」としての教育経営研究への期待が高まっているが、そもそも、「実践の学」をどのように捉えるべきなのだろうか。「実践」を研究対象とすれば、それは自然と「実践の学」になるのだろうか。あるいは、朴（1986）が述べるように、「教育経営実践の改善に直接寄与する」（朴1986：229）ことではじめて「実践の学」と呼べるのであろうか。この問いへの回答は容易ではないが、筆者は「学」へのこだわりを持つことが必要であると考える。ここでは敢えて、「学」を「理論産出」と置き換えたい。

　私たちの研究活動は「文章を書く」行為を伴うが、「文章を書く」ことを生業とするのは、例えば他にジャーナリストや小説家・作家など、研究者だけに限らない。では、彼／彼女らと私たち研究者の違いは何かと言えば、その一つには、理論産出への絶えざる挑戦があると考える。

　人の営みを対象とする社会科学において、当該事象の理論化を果たすことは困難を極めるが、その困難を引き受けたうえで、事例報告でもエッセイでもなく、何かしらの理論産出へ向け思考を巡らすことは私たち研究者の使命であろう。のちに取りあげる、Grounded Theory Approach（以下、GTA）を提唱したグレイザーとストラウスは、GTAを提唱した書籍の中で以下のように述べている。

　　本書のねらいは、社会学者だけがなしうる基本的な社会学的活動、すなわち、社会学理論の産出を前面に押し出すことにある。（中略）多くの社会学者は、学位論文や初期のモノグラフでは理論産出の可能性をもった巣立ちを見せたにせよ、熟練するにつれ、そうした可能性を顧みなくなる。彼ら

1）刊行された研究論文は基本的に、中立的・客観的な立場を装い記述されることが多く、論文執筆者が抱く「価値」が表明されることは少ない。ゆえに本稿が目的とする「研究者が抱く「価値」」を検討するにおいての現況は「対象を語るための、言葉の不在」（石原2020：70）状況にあるといえる。そこで本稿ではその方法として、「自分の研究プロジェクトを選択するに至った個人的な理由に沈黙したり隠したりするのではなく、個人的な経験や主観性を用いて研究をデザインする」（トニー・ステイシー・キャロリン著、松澤・佐藤訳：2022：28）という特徴をもつオートエスノグラフィーを参照し、論述していく。

は、調査とモノグラフの執筆をやめるかあまり行わなくなり、博識になること、そして他の社会学者の研究、特に社会学史上初期の「偉大なる先達」の理論に精通することへと転じるのである。実際、その地位と名声によって尊敬されているある学者は、最近の社会学会で次のように述べ、そうした傾向を助長していた。すなわち、年配の社会学者がモノグラフなどを書くのをやめ、次世代を担う学生の指導の心配をしはじめるのを見たいものだ、と。だがわれわれは、彼らがモノグラフを書き続けそして理論の産出を試みるよう強くお願いしておきたい！（グレイザー・ストラウス著、後藤・大出・水野訳 1996：8-10、下線部は報告者による）

このグレイザーとストラウスがいう「理論産出の試み」は、教育経営研究者としての私たちが追い求める研究上の「価値」の一つでもあるといえよう。

　では、教育経営研究における理論とはいかなるものか。この点について、先に取り上げた朴（1986）は、「教育経営事象を体系的な見解に基づいて説明する、統合的関連をもつ概念や命題の集合であり、教育経営に関する諸法則が条件的判断の形成で導き出される言明体系」、「要するに、「〜べきである」という形態の規範論でもなく、「〜すればよい」という形態の処方箋でもなく、「〜の条件下では〜となる」という条件的判断形式の言明であることで、理論的整合性、一般性と実践適用性を兼ね備える「中範囲の理論」となりうる」と、マートンを引きながら述べている（朴 1986：240-241）。

　筆者も同様の認識のもと理論産出に取り組んできた。具体的には、筆者はこれまで、教職員によってなされる学校経営上の様々な動きに着目し、その動きがもたらす「変化のプロセス」の理論化に取り組んできた（畑中 2012）。特に、自身の被教育経験や研究フィールドでの経験から、「変化のプロセス」におけるミドルリーダーの影響力の大きさを実感しており、ミドルリーダーの視点から教育経営プロセスを捉える研究を続けている。

　筆者がミドルリーダー研究を始めた2010年ごろ、すでに多数のミドルリーダー研究が蓄積されつつあった。しかし、その研究のほとんどは主任や主幹教諭といった職位・役割を担う人物を対象にしたものや、40代前後のいわゆる「中堅教員」を対象にしたものであり、そのような彼／彼女らが「担うべき役

割」が述べられるものばかりであった（畑中 2010）。しかし学校で行われる教育活動は時々刻々と変化し続けており、その一つひとつは当為論では容易に語ることのできない、複雑でドロドロとした現実・葛藤を伴う。また、その「現実」を織りなす一人ひとりには何らかの「合理性」があり（岸 2016）、そうした「現実」に迫るためには、学校経営に埋め込まれた複雑な文脈を理解する必要がある。それゆえ、筆者はそうした「現実」へ少しでも迫りたいと思い、学校や地域へ通い、教師や子ども、保護者、地域住民らとともに時間を過ごし、彼／彼女たちの話に耳を傾けるという質的なアプローチを取り続けてきた。

　だがたとえ質的なアプローチで「現実」に迫れたとして、その「現実」を研究者の視点から理論化することは果たして可能なのか、可能であるとすればいかなる方法を取りうるのかという壁に直面する。筆者がその打開策として見いだしたのが、前述の GTA であった。

　GTA は、看護社会学においてグレイザーとストラウスが提唱した研究方法論である。この GTA にはいくつかの立場が存在するが、筆者が用いた Modified Grounded Theory Approach（以下、M-GTA）では、「研究する人間」が特定の領域における人間行動に着目し、質的手法によって入手したデータと対話しながら当該人間行動を説明し、かつ予測を可能とする領域密着型の理論産出を目指す。その点で M-GTA によって産出される理論は、前述の「中範囲の理論」に通ずるともいえるが、加えて、M-GTA によって産出された理論は実践的活用を明確に意図されたものであり、実践での（実践者・援助者による）応用を通じて検証・修正され、さらに精緻化・最適化されていくという特徴をもつ（木下 2020）。

　筆者はこの M-GTA を拠り所とし、学校組織におけるミドルリーダーが、周囲の教職員等を巻き込み、新たなアイデアを創出・実現するプロセスの理論化を試みた。当該理論は教員らに活用されるとともに、筆者自身も当該理論をコミュニケーションツールとして活用しながら教員らと対話し、その作業を通じて理論の応用・修正を続けている（畑中 2018a）。しかし、本稿の主題にあげている「実践の学」として当該理論を応用するためには、より領域密着性が問われるであろうことも自覚している。例えば、筆者が暮らす長崎県の人口減少・転出は著しく、その影響は学校にも及んでおり、長崎県外の大

都市・大規模学校を対象に産出された理論を長崎の学校教育に応用することは難しい。また同じ長崎県であっても、離島に存する学校にはまた別の「現実」があり[2]、その「現実」に即した理論も産出できなければ、教育経営研究が「実践の学」を名乗ることは難しい。

第3節　教育経営研究者として追い求める実践上の「価値」

　前節では、「実践の学」としての教育経営研究において、私たち研究者が追い求める研究上の「価値」について言及してきた。先にも述べた通り、研究上の「価値」（理論産出）は私たち研究者が追い求める「価値」の一つであろうが、果たして、私たちが追い求めているのは理論産出だけであろうか。筆者はそうは思わない。なぜならば、私たちは大学等で行われる学生を対象とした講義や教職員への研修等において、自身が目指す「ありたい教育」へ向けことばを発しており、意図的／無意図的に、教育経営へ影響を及ぼし続けているからである。その意味で、私たちは教育経営研究者として、理論産出という研究上の「価値」だけでなく、「ありたい教育」の実現という実践上の「価値」をも追及していると言えるのではないか。例えば筆者の場合、研究フィールドの現状に問題意識を抱き、一人の教育経営研究者として、以下のような実践上の「価値」を追究している。

　筆者がフィールドワークを続けるＺ県は、筆者自身が生まれ育った地であり、また、現在、教員養成や教員研修等を通じて地域の教育経営に関わり続ける地でもある。ある年、この地の商業施設から高校3年生が転落し亡くなった。受験に悩んだすえの自殺であったという。同様のことは報道の有無はあるものの当該地域ではすくなからず起こっており、その原因として「難関大学（主に国公立大学）への合格者数を競い合う高校教育の実情」があると認識している高校教師もすくなくない。その結果として、「「点数で進学先を購入する」というような交換原理に傷ついている子ども」（西2019：45）

2）例えば、離島の学校には、人事・教員のキャリア上、多くの若手教員が着任する傾向が経験的に理解されており、そのような学校における「ミドルリーダー」は一般的に認識されたミドルリーダーとは異なる存在かもしれない。

80

が確かに存在するのであり、これは筆者が過ごした約20年前の高校時代も同様であった。そして現在もフィールドワークで当該地域の高校教師・生徒と接するたびその「現実」の一端を垣間見る場面に遭遇し続けており、筆者は当該地域の高校教育の実態を変えたいという「価値」を抱くようになった。

そして当時、筆者がフィールドワークを行っていたH高校校長の福田氏[3]もまた、上記のような事態を引き起こす学校教育に違和感を覚えていた。

福田氏：これまでの教育は、すごく多くの犠牲者を出してやってるわけですよね。声にならない、非教育的なことがいっぱいあったんじゃないかと思うね。進学校でも、「こんな指導をして難関大学に合格させました」って話をしてるけど、その裏にさ、多くの犠牲になった子どもや教員がいるわけですよ。それを変えることが「ちゃぶ台をひっくり返す」ということでさ。「生徒に高圧的に向き合ってでも大学に進学させるんだ」っていう考え方と、「意地でも生徒を切り捨ててはいけないんだ」っていう考え方は、どっちが正しいんでしょうね。「東大にたくさん合格させるんだ」って、「合格させるためにはいろんなものをそぎ落としてやるべきだ」っていうことに対して、「もっと人間教育しなきゃいけないだろう」って言うわけですよね。(2015年3月21日、ファミリーレストランにて)

そこで福田氏が取り組んだのが、すべての子どもの「学び」の保障を理念として据える「学びの共同体」を中核とした「学校改革」であった。偶然の出会いによって福田氏と関わりを持った筆者は、福田氏の教育観を理解するべくインタビュー調査を重ね、幾度となくH高校に赴いた。そしてそこで行われる授業や校内研修を参観し、生徒の声に耳を傾け続けた。例えば以下は、福田氏と筆者の当時の記録である。

3）福田氏は、関東の私立学校講師として2年、Z県私立学校教員として1年、Z県公立学校教員として33年の教職経験をもつ教員である。大学院時代は関東の国立大学にて国語科教育学を専攻した。また、福田氏はサッカー部顧問として在籍校のサッカー部を強豪校に育てた経験や、Z県高等学校文化連盟理事長等として高校文化の発展に寄与した経験ももち、特にZ県で開催された全国高等学校総合文化祭では、大会企画運営のキーパーソンとして活躍した（詳細は畑中・福田（2023）参照）。

福田氏：（「学校改革」の）キャッチフレーズとしてはどうなるかな。"こと
　　ば"は入れたいな。"ことば"と教育…安西高校はどうしてるのかな。
　　（スマートフォンで調べる）「平成19年からは、「安西の学び」として、コ
　　の字型に机を配置し、グループ学習を取り入れた「協同的な学び」に取り
　　組み、「学びを大切にする生徒」の育成を図っています。また、挨拶や言葉
　　遣いなどの対話の基礎を大切にし、お互いを尊重し協力して課題を解決で
　　きる「対話を大切にする生徒」の育成にも取り組んでいます。」
畑中：一言じゃないですね。「学び」と「対話」なんですね。
福田：いいじゃん、「学びと対話を大切にする教育」。いいね。「学び」なん
　　だ。そして「対話」というとコミュニケーション。"ことば"を出したい
　　けどなぁ。
畑中：「"ことば"を通して」とかですか。
福田：「"ことば"を通して、"学び"と"対話"を大切にする」。もう少し、
　　「"ことば"が全てだ！」みたいなことを言いたい…「"ことば"を磨き」
　　だったらどう？
畑中：「"ことば"を磨き、"学び"と"対話"を大切にする教育」。
福田："ことば"を磨くっていうのは、「心」を磨くっていうことにもなるか
　　ら。もっと大きな意味も含めて、「"ことば"を通して「心」を磨くんだ」
　　と。「心」を磨いて、"ことば"は「心」だから。"ことば"を磨いて、"学
　　び"と"対話"を大切にする教育を、我々の学校は実践していきます、と。
　　（中略）どういう人間を輩出するかというと、「平和で民主的な社会の形成
　　に有為な人間の育成」。平和で民主的な社会を作るためには、現状を変革し
　　ないといけない。
畑中：アクションですね。
福田：従順じゃなくて、創り上げるために。平和で民主的な社会・地域の形
　　成に有為な人間の育成を目指すんだ、と。（中略）「"ことば"を磨き」っ
　　ていうのは人間性を磨くんだと。「"ことば"を磨き、"学び"と"対話"
　　を大切にする教育」。いいじゃん。これでいこう。
　　「"ことば"を磨くとは何なのか」っていうことよね。「心を磨くことだろ
　　う」って。「心を磨くとは何なのか」って。「人のことを思いやることだろ

う」って。（中略）いいじゃん、これでいこう。できた。県教委にこれで
持っていく。うちの学校はこういうことをしたいんだと。目的はこういう
ことだと。だから、「学びの共同体」を入れる必要がある、と。そしたら言
いたいことが入る。"ことば"をとにかく大切にしたい。だから、勉強じゃ
なくて"ことば"なんだ、と。"対話"というコミュニケーション能力は、
心のコミュニケーション能力。いい心を磨いておかないと、コミュニケー
ション能力やチームワークはできない。そしてアクションする力を付けて
いく。（中略）安西高校をちょっともじってるけど、まあいいだろう。

畑中：先行事例を踏まえていくことは大切ですよ。ビジョンができました
　　　ね。これからいかにして共有していくか。

福田：面白いね。（中略）いいじゃん。やるね。やっぱり畑中師匠がいると。

畑中：ほとんど先生のアイデアですよ（笑）。

福田：いやいや、一緒じゃないとできない。
　　　命や人権も、「"ことば"を磨く」に入るね。人間性を磨くっていうので。
　　　「"ことば"を磨き、"学び"と"対話"を大切にする教育」と。

畑中：これ（"ことば"）が、人権だったり、命だったりする。

福田：そうそうそうそう。心、命、人権。学ぶんですよって。授業は勉強じゃ
　　　なくて学びなんですよって。そして、コミュニケーションでチームワーク
　　　をつくっていくんだって。人と人との関わりを育んでいくんだと。だから、
　　　対話をしましょうって。「"ことば"を磨き」っていうところに全てが入っ
　　　てくる。僕は国語科だからね、これは入れざるをえない。

畑中：根幹ですよね。「"ことば"を磨き」っていうのが。国語科でなくとも。
　　　教育の。

福田：根幹、根幹。人間尊重の精神に則っているから。「人間尊重に則り、
　　　"ことば"を磨き、"学び"と"対話"を大切にする教育実践」。これが本
　　　校の目標ですと。どんな子どもであっても、一人ひとりの子どもたちを大
　　　切に育てていきます、と。（後略）

（2014年10月25日、喫茶店にて）

当時、筆者がICレコーダーを回し福田氏へ行った上記のようなインタ

ビュー調査は100時間を超えた。そのほとんどは研究論文として使用されることはなかったが、筆者によるインタビューが福田氏の省察を促し、その省察がH高校における実践や「学校改革」につながっていった[4]。

　当時のH高校はいわゆる「周辺校」であり、H高校に通う多くの生徒、そこで働く多くの教員は「学び」に向かう意欲が欠如しており、また、H高校は地域住民からの信頼も薄く、H高校生徒及び教員の多くは自分自身に誇りを持てずにいた[5]。そのような中、福田氏が掲げた「"ことば"を磨き、"学び"と"対話"を大切にする教育」というビジョンと、その実現手段として導入された「学びの共同体」を通じ、全員とは言えずとも、一部の生徒や教師は認識を変え始めた[6]。

---

4) 福田氏はあるラジオ番組で以下の様に語っている。
　「H高校で校長をやっていたんですけど、従来の一斉授業と言いますか、先生が前に出て、ずっと話をして、生徒がただそれを、ただって言ったらいけないけど、ノートに写しながらそれを暗記して、試験を受けてというような形ではなくて。ちょうどその頃、アクティブ・ラーニングというのを文科省のほうでも言われておりましてですね、先生がある課題を出して、それをグループごとでですね、その難しい問いをみんなで相談しながら、考えながら深めていくと。そういう勉強の在り方、学習の在り方をですね、初めて全体で進めていったのが、H高校の学校改革だったんですけど。その在り方だとか、世界的な教育の動向だとかですね、それから具体的に教育方法がどういういい点があって、どういう価値があってというような、そういう教育方法論的なものをですね、(畑中に)相談したりしていたんですよ。」(2023年7月10日ラジオ番組「あの人この歌ああ人生」より抜粋)
　　筆者は福田氏及びH高校を対象とした調査を、Z県の現状理解と自身の実践上の「価値」を実現するべく行っていたのであるが、その調査が結果として福田氏及びH高校を対象とした「学校経営コンサルテーション」につながっていたのかもしれない。
5) 例えば、当時のH高校生A氏は、自身やH高校について以下のように語っていた。
　A氏：第一希望はH高校じゃなくて。中学校の時はバス通学に憧れていて。自宅から遠ければ遠いほどいいと思っていました。結局、受験をH高校にしようと思った時に、後輩に「あんな学校、私なら行かない」って言われて。「あー…」って思ったけど…。正直、勉強もそんなにしないでいいし。就職クラスで高校生活を普通に過ごして、で、就職するのかなって。あんまり、高校生活に期待はしていなかったです。(2018年8月10日、H高校にて)
6) H高校卒業生のB氏は、当時について以下のように振り返っている。
　B氏：「自分が変わりたい」って思いと、学校側の支援力、サポートする力が両方ないと。一方的に学校側が圧しつけるだけじゃ、あの時の俺は変われなかっただろうなって思ってて。当時の友達ともたまに話すんですけど、「中学校のときに自分が嫌だったから高校で頑張りたくて」みたいなことを言う友達も中にはいて。自分みたいな、落ちこぼれていた子たちこそ、もっと輝ける場所がH高校なのかなっていう風に思っています。当時は本当に「誰でも入れる高校」って言われていたので…自分みたいな生徒たちが入るところ。でもだからこそ、中にはそんな自分が嫌で、変わりたいっていう子は当然たくさんいると思うので、そこをH高校はサポートができた高校なのかなっていう風に。すごく、有難い場所でしたね。(2023年8月29日、Web会議システムを用いたインタビューにて)

　福田氏は2016年度にZ県立高校教員を定年退職し、H高校には2023年度、「学校改革」開始後5代目となる校長が着任している。この間、紆余曲折を経ながらも、福田氏の理念に共感したH高校教師の行動に支えられ、地域への発信と地域住民・保護者の巻き込みを含む「学校改革」は今なお進行している。筆者も、講義や研修においてH高校の「学校改革」から学んだ事実を受講者等へ伝えるとともに、福田氏を通じて出会った教師たちと授業研究会を立ち上げ、Z県内教員・教育行政職員・学生・保護者とともに、筆者自身が抱く実践上の「価値」を実現するべく、草の根的な実践を続けている。

第4節　二つの「価値」の狭間で

　上述した研究上の「価値」と実践上の「価値」を追究しながら、筆者は現在も研究・実践にあたっている。しかし、その両立は容易ではない。

　福田氏や筆者はZ県における高校教育の実態を疑問視しているが、一方でその疑問視する実態（＝難関公立大学合格へ向けた進路指導を至上とする実態）に対して「生徒の自己実現」という視点から意義を見いだし、日々の実践に邁進する教員も存在する（むしろそのような教員の方が多数である）。そして、そうした「現実」を織りなす人々の間にも何らかの「合理性」が存在し、この複雑な合理性を踏まえることなく安易な理論産出を図ることは難しく、当然そこには「現実」の徹底的な理解が求められる。そのうえで、福田氏や筆者自身の「価値」を主張するためには、そこに存在する「合理性」を「非合理」化する理論や実践が求められる。

　また、上述したような理論を産出するためには、「〜の条件下では〜となる」というマートンの「中範囲の理論」、あるいはM-GTAが提唱する領域密着理論の生成を前提としなければ、その理論は全ての事象に当てはまるような理論、あるいは誇大理論（Grand Theory）にもなりかねない。同時に、その理論の抽象度を考慮しなければ、研究対象とした事例（筆者の場合、H高校）にしか当てはまらないような実践記録になりかねないおそれもある。

　他方、理論化したとたん、複雑であったはずの「現実」が一気に陳腐化してしまう感覚も覚える。例えば、H高校に「学びの共同体」が導入され定着

に至る過程には、(研究倫理上においても) 文章化できない複雑な「現実」があった。その「現実」を知れば知るほど、安易な理論化は困難になる。また、そうした「現実」を描き理論化を図る取り組みに筆者も着手してはいるものの (例えば、永島・畑中 2019)、既存の研究論文 (さらにいえば、学会活動) の枠組みの中で複雑な「現実」を描き出すことは、質的にも量的にも容易でない (畑中 2018b)。

　また、日本教育経営学会2019年度課題研究報告の終盤で、「教育経営 (実践及び研究) のサイクルからは、本来、教育が目指すべきである子どもの「学び」や「育ち」といった力学やダイナミズムが零れ落ちてしまう現状があり、その点についても着目すべきではないか」との問題が提起され議論がなされたが (畑中 2020：132)、一人ひとりの子どもにはそれぞれの背景があり、その背景を踏まえなければ「力学やダイナミズム」を理論化することは困難なはずである。果たして私たち教育経営研究者は、そうした力学やダイナミズムをも理論化することが可能なのか。可能だとして、そこで語られる「子ども」とは一体だれなのか。「現実」を捨象した"のっぺらぼう"のような「子ども」を描いているだけではないか。もちろんそれは「子ども」に限らず、「教師」を描く際においても同様である。

　大衆演劇の劇団へ「南條まさき」として参入し、1年2か月を過ごしエスノグラフィーを書き上げた鵜飼 (1994) は書籍の「あとがき」の中で、以下のように述べている。

　それでも論文を書こうと試みる。キワモノあつかいされかねないテーマだからこそなおさら論文にまとめなければならないという強迫観念のようなものがあった。生みだされることばはしかし、どれも無残なぬけがらだ。現場からどんどん遠くなってゆく。何かがちがう、どこかがちがう、あのときの自分はどこへいってしまったんだ……。(中略) しかし、ある技法なり作法なり文法なりにのっとって、データを収集し、整理し、分析してゆきさえすれば、エスノグラフィーに到達できるのだろうか。マニュアル通りの作業を積み重ねれば、エスノグラフィーはバンバン量産できるものなのだろうか。マクドナルドのハンバーガーみたいに。たぶんそういうものではない、

そういうものであってほしくない、と私は思う。(鵜飼 1994：344-345)

筆者も鵜飼（1994）が吐露する上記心境と同様の思いを抱えている。

第5節　教育経営研究が「実践の学」たりうるために

　以上、筆者の実践や思考をオートエスノグラフィックに記述してきたが、以下では、これまでの教育経営学会の流れ、特に研究方法論に位置づけ再考したい。

　第2節で述べた「教育経営研究者として追い求める研究上の「価値」」は、学会紀要論文が代表するように、教育経営学会員のほとんど全員が追い求めるものであろう。また、これまでの教育経営学会においても、例えば、かつての研究推進委員会が取り組んだ「研究手法の開発」は教育経営事象の理論化を目指したものであり、当該「価値」に該当すると考えられる（藤原・露口・武井 2010）。個別具体の状況を超え教育経営事象の理論化がなされれば、「現実」に向き合い研究に取り組む教育経営研究者や、「現実」に向き合い続ける実践者による参照が可能になるだろう。だが一方で、上記藤原ら（2010）の取り組みに限らず、教育経営学会ではこれまでも様々な研究論文が量産されてきたが、それら教育経営研究の知見が研究者や実践者の新たな省察を生み出し、実践者に活用され、あるいは研究者・実践者間の対話の材料となり、その先に、朴（1986）が述べるような「教育経営実践の改善に寄与」するような現実を生んできたのかには疑問が残る。もちろん、研究成果のすべてがすぐに実践（改善）に役立つものばかりである必要はないと筆者は考えるが、しかし果たして、実践に寄与しない・参照されない理論化を繰り返すだけで、教育経営研究を「実践の学」ということができるのであろうか。それは「実践の学」としての教育経営研究に期待され産出された理論といえるのであろうか。

　そうした反省を踏まえなされたのが「臨床的アプローチ」の取り組みであろう（と筆者は考える）。当該アプローチは「研究と実践との関係において、継続性、相互交流性、および価値志向性を作り出す」、「学校経営実践にとって有

意味な「知＝理論」を生み出す」（浜田 2004：8）という問題意識のもと、それまでの「基礎（理論）→応用→実践」図式から脱却し、学校現場からの知の創造を目指したものであった（曽余田 2018）。この後、「臨床的アプローチ」ということばを使用する・しないは別としても、研究と実践との間の「継続性」と「相互交流性」を意識した研究は増加した。また、この臨床的アプローチの立ち位置は、教職大学院の拡充等を背景に、現職教員と研究者の共同研究が増加傾向にある現在においてより重要性を増すものといえるだろう。しかし、そうした一連の先行研究において生み出された研究成果に再現可能性があるかというと疑問が残る。当時の課題研究でも議論されていた「信頼性」と「妥当性」の問題である（藤原・小野 2003：206）。もちろん、個別具体の現象であり文脈以前性が強い教育経営事象を対象とした際、そこで生み出された何らかの知を別の場で「そっくりそのまま」再現することは不可能であろう。しかし、だからと言って、教育経営研究者である私たちが再現可能性、すなわち理論産出という「価値」を放棄することは許されないのではないだろうか。その「価値」を放棄したとき、それはただの「実践（記録）」となり、やはり教育経営研究を「実践の学」と呼ぶことはできない[7]。

　ではどうすればいいか。困難を承知の上で、「教育経営研究者として追い求める研究上の「価値」」と「教育経営研究者として追い求める実践上の「価値」」を両立させる、すなわち、狭義の意味での研究方法論（≒研究手法）にとどまらない、しかし、その研究手法も含む研究方法論を確立するしかないのではないだろうか。教育経営研究が「実践の学」たりうるためには、「中範囲の理論や領域密着理論を産出すべき」と「お題目」を繰り返すだけではなく、具体的な研究アプローチの開発が今まさに求められるのではないだろうか。その時には同時に、「実践の学」として教育経営研究が産出する「理論」とは何かについての再考、そして、産出された「理論」が実践者に開かれる可能性やその場を保障する議論も求められるように思う[8]。

（畑中　大路）

7）もちろん、筆者は実践記録に意味がないとは捉えていない。実践記録が実践者本人、そして研究者による研究・実践の省察を促し、次の実践につながることを筆者も実感している（例えば、畑中・池田・青木・野崎 2021）。

88

参考文献

- 石原真衣（2020）『〈沈黙〉の自伝的民族史 サイレント・アイヌの痛みと救済の物語』北海道大学出版会
- 臼井智美（2020）「教育経営実践の中での学校（実践）と研究者の関係性の再考」『日本教育経営学会紀要』62号、pp.117-124
- 鵜飼正樹（1994）『大衆演劇への旅 南條まさきの一年二ヵ月』未來社
- 岸政彦（2016）「質的調査とは何か」岸政彦・石岡丈昇・丸山里美『質的社会調査の方法 他者の合理性の理解社会学』有斐閣ストゥディア、pp.1-36
- 木下康仁（2020）『定本 M-GTA 実践の理論化をめざす質的研究方法論』医学書院
- グレイザー・ストラウス著、後藤隆・大出春江・水野節夫訳（1996）『データ対話型理論の発見 調査からいかに理論をうみだすか』新曜社
- 曽余田浩史（2018）「臨床的アプローチから見た教育経営学の現状と課題」『日本教育経営学会紀要』第60号、pp.42-56
- 武井哲郎（2020）「多様な子どもと向き合う教育経営実践を対象化することの困難さ」『日本教育経営学会紀要』62号、pp.112-117
- トニー・ステイシー・キャロリン著、松澤和正・佐藤美保訳（2022）『オートエスノグラフィー 質的研究を再考し、表現するための実践ガイド』新曜社
- 永島孝嗣・畑中大路（2019）「M-GTA を用いた高等学校における授業研究会の談話分析 ── 個人の葛藤と同僚性構築の視点から ──」『日本教育方法学会第55回大会要旨』p.86
- 西経一（2019）『君へ、そして君のお母さんへ 教育と家庭の絆』サンパウロ
- 朴聖雨（1986）「教育経営研究の科学化」日本教育経営学会編『教育経営研究の軌跡と展望』pp.229-243
- 畑中大路（2010）「ミドルリーダー研究の現状と課題 ── 研究対象と期待される役割の視点から ──」『教育経営学研究紀要』13号、pp.67-74
- 畑中大路（2012）「M-GTA を用いた学校経営分析の可能性 ── ミドル・アップダウン・

8）なお、「教育経営研究者として追い求める研究上の「価値」」と「教育経営研究者として追い求める実践上の「価値」」を両立させるための方法論として、筆者は「教師のホリスティックな理解」の必要性を認識し、その実践研究に着手している（畑中・福田 2023）。

　　教師によって展開される実践の背景には、その教師が歩んだ人生や教職生活で育まれた「哲学」が存在する。しかし、研究上の「価値」を追い求め、その「哲学」を切り取り理論の産出を図ろうとした途端、豊かな経験に裏打ちされていたはずの「哲学」は、無味乾燥なことばに置き換えられてしまう。それゆえ、まずは当該「哲学」を緻密に記録することから始める必要があるが、それは一般化を伴う理論産出というよりも、一事象を深く理解することによって到達可能となる「真理」の理解に近いのではないかと考える。そして同時に、そのような「真理」の理解が当該教師本人の省察や当該教師が取り組む実践、あるいはその「真理」に触れた他教師の省察を促し、結果としてそれが「学校経営コンサルテーション」につながる可能性を持つかもしれない。今後研究を継続することでその可能性を探っていきたい。

マネジメントを分析事例として ── 」『日本教育経営学会紀要』54号、pp.76-91
・畑中大路（2018a）『学校組織におけるミドル・アップダウン・マネジメント アイデアは
　いかにして生み出されるか（M-GTA モノグラフシリーズ 4 ）』ハーベスト社
・畑中大路（2018b）「教育経営学における研究方法の動向の描出と分析 ── 質的研究に着
　目して ── 」『日本教育経営学会紀要』第60号、2018年、pp.30-41
・畑中大路（2020）「討論のまとめ」『日本教育経営学会紀要』第62号、pp.131-132
・畑中大路・池田一幸・青木大祐・野崎晃由（2021）「ミドルリーダーの省察を促す方法の
　検討 ── 10年間のインタビューデータの共同分析を通じて ── 」『長崎大学教育学部紀
　要』85巻、pp.57-70
・畑中大路・福田鉄雄（2023）『学校改革としての口述史』花書院
・浜田博文（2004）「問題の所在」小野由美子・淵上克義・浜田博文・曽余田浩史編著『学
　校経営研究における臨床的アプローチの構築 研究−実践の新たな関係性を求めて』北
　大路書房、pp.1-10
・藤原文雄・小野由美子（2003）「総括」『日本教育経営学会紀要』第45号、pp.205-209
・藤原文雄・露口健司・武井敦史編著（2010）『学校組織調査法 デザイン・方法・技法』学
　事出版
・元兼正浩（2018）「教育経営学における実践と研究の関係」『教育経営における研究と実
　践』学文社、pp.2-13

第 7 章

教職大学院での学びと場を活用した
学校経営の相互コンサルテーションの試み
―― 管理職の「自己治癒力」の向上を目指して ――

第1節　はじめに

　本稿は、教職大学院での学びと場を活用して、学校管理職が互いに学校経営のコンサルテーションを行いうる方法を開発し、その試行と成果検証を目的とするものである。

　内発的で継続的な学校経営改革を果たすには、学校管理職が自ら学校組織の問題を解決していけるような「自己治癒力」を高めることが重要となる。ここでの「自己治癒力」とは、コンサルテーションの「医者−患者モデル」にみられる「診断−処方−診療−解決」のプロセスをたどる適応学習とは異なり、自ら問題を理解し、解決方法を考え実行に移せる力をつけることで、次に問題が起きたときにも自力で組織を改善していける学習能力のことを意図している（cf. E. H. シャイン2016）。

　筆者らによる試みは、管理職がこうした「自己治癒力」を高めることを目指して、教職大学院での学びを活かしつつ、教職大学院修了生（主に学校管理職）が年に1度、相互に学校経営のコンサルテーションを行う「場」を設けるものである。関連して学校心理学分野に「相互コンサルテーション」という概念がある。これは、子ども援助チームの話し合いにおいて各々の専門性や役割に基づきながら検討・方針を立てていく作戦会議を指す（石隈1999）。だが、本稿ではそうした厳密な意味では用いず、同概念の重要な特徴の一つであるコンサルタントとコンサルティの援助関係が一方向ではなく双方向性を持つことを重視して「相互」という語を使用している。「学校経営

コンサルテーション」では一般的には、コンサルティが管理職で、コンサルタントを教育学研究者が担うが、本事例では両方の役割を管理職自身が果たす。すなわち、対話を通じて課題解決への気づきを得るという点で互いに援助したり援助されたりするものである。教育学研究者（筆者ら）は、一部コンサルタントの役割を果たしつつも、主には相互コンサルテーション成立に向けた「場」の計画・運営と教職大学院での学びの創造等の役割を担う。

　実践対象は、長崎大学大学院教育学研究科教職実践専攻・管理職養成コースの修了生である。本学教職大学院は、これまでの学校教育におけるミドルリーダーの養成に加え、2018年度に管理職養成コースを新たに設置した。本コースは、長崎県内の学校・教育行政組織における管理職の大量定年退職を背景に、次世代を担う「地域リーダー」としての管理職の育成・確保を目的としたものである。修業期間は1年間である。2022年度末時点で4期33名の修了生を輩出し、2023年度は5期生9名の大学院生が在学している。

　以下では、まず学校経営の相互コンサルテーションの開発経緯と概要、および、その実現を支えている教職大学院での学びの特徴について整理する。次に、2022年度に実施した相互コンサルテーションの具体を説明し、その成果を参加した修了生への聞き取り調査の結果から検証する。

第2節　学校経営の相互コンサルテーションの場の開発

　学校経営の相互コンサルテーションは、同コース修了生を中心とした学校経営実践の「研究会」（名称「ながさき学校経営実践研究会」）という形で実施している。研究会が発足した当初は相互コンサルテーションを行う意図があったわけではなかった。だが、回を重ね、そのあり方を検討するなかで、こうした性格を持つ会へと成長・発展させていくことになった。そこで以下では、発足当初の目的および趣旨を確認したうえで、相互コンサルテーションとして実施するに至った経緯とその成立基盤について整理していく。

（1）「ながさき学校経営実践研究会」の目的および発足趣旨
　「ながさき学校経営実践研究会」は、長崎大学大学院教育学研究科・管理職

養成コースが、2020年 3 月に第 1 期生となる修了生10名を輩出した際に発足した。修了生が学校現場へ復帰するにあたり、修了後もそれぞれの学校経営実践について継続的に交流し、互いに高め合うことで長崎の教育をより良くしていくためのプラットフォームを設けたいと考えてのことであった。

　発足時に重視したことは、次の 2 点である。第一に会の性格として、「同窓会」ではなく「研究会」という位置づけにすることである。親睦のためだけでなく、参加者に「学び」がある会となることを重視した。第二に、研究会の方法として「対話」を重視することである。すなわち、互いの実践や教育について語り合い、そこからの気づきと学びを自校に持ち帰って活かしてほしいと考えた。いわば「対話と学びの場」にすること、それを各自の学校経営や長崎の教育に還元していくことを目指した。

　以上の目的のもと、これまでに計 4 回の研究会を開催した。学校の夏季休業期間中に約半日を使って実施している。各回、修了生、大学院生（コース外の院生も含む）、大学教員、その他関係者26〜38名が参加した（表 1 ）。

表 1 　「ながさき学校経営実践研究会」開催実績

回	日程	時間	参加者合計	参加者内訳		
			合計	修了生	院生	大学教員他
第 1 回	2020/ 8 /23	9 ：00〜12：00	26名	6 名	10名	10名
第 2 回	2021/ 8 /11	13：00〜17：00	26名	13名	6 名	7 名
第 3 回	2022/ 8 /11	13：00〜17：00	32名	16名	6 名	10名
第 4 回	2023/ 8 /11	13：00〜17：00	38名	21名	9 名	8 名

（2）「実践報告の場」から「省察の場」への転換

　毎年の研究会の内容や進め方については、修了生からの意見を参考にしつつ教育学研究者が提案し、実務家教員も交えて議論・確定する形をとっている。前述の通り回を重ねる中で、研究会の持ち方は変化することとなった。

　発足当初は、修了生が各自の実践を報告し、その内容について対話・検討する場にしていた（第 1 ・ 2 回）。そのため対話の時間を一定程度確保しつつも、ほぼすべての修了生が自身の実践を報告できるようプログラムを構成していた。だが、修了生が増えれば、時間的制約から実践報告者を絞らざるを

得ない。すると、実践報告をしない場合、他者の実践から多くを学べても、必ずしも自校の価値や課題を振り返る機会になるとは限らないという問題が生じてきた。他方で、実践報告となると「できた実践」を報告しようとしてしまい、現場での困難の共有が心理的に難しくなったり、「情報交換会に終始」してしまったりするとの声も聞かれた（修了生へのインタビューより）。

　そこで2022年度（第3回）からは、研究会を「実践報告の場」から「省察の場」へと変えるようプログラムを構成し直すこととした。具体的には、実践報告は代表者1名に絞り、その性格を「話題提供」と位置づけ直した。その上で、当該報告の柱となっているテーマ（例えば「人材育成」や「職場づくり」など）を切り口として、4～5名程度の小グループで自身の実践や困難を共有しながらじっくり対話する形式を取ることにした。そうすることで、グループ内で互いの悩みを聞き取り、省察につなげ、参加者全員が学校現場に戻ってから改善に向かうための力を獲得する機会になることを期待した。実践報告を完全になくさなかったのは、共通して有する情報があることにより対話が促されうると考えたためである。

　以上をコンサルテーションの観点から整理すると、当試みは参加者が各自の専門性と経験を活かしながら相互にコンサルテーションを行おうとするものである。小グループの対話では、メンバー全員がコンサルティでありコンサルタントともなる。ただし、単に対話の場を設けるだけでは、互いの実践の紹介に終始するなど、相互コンサルテーションが成立するとは限らない。すなわち、自身も気づいていない自校の価値や課題を発見したり、他者からそれを引き出したりすることにならない可能性がある。だが当試みでは、次の2点を通じて学校経営の相互コンサルテーションを成立させうると考えた。

　第一に、教育学研究者が「場」づくりをすることである。通常、コンサルタントの位置にある教育学研究者を、当試みでは主に「グループ編成や問いの作成などを通じたコンサルの場の設定を行う者」として位置づけた。事前に実践報告の内容を把握し、それを土台として報告者の現在の学校経営上の悩みも聞き取ることで、当日の相互コンサルテーションが活性化するような「論点」の設定やグループ編成を行う。詳細は後述するが、相互コンサルテーションの成立には、こうした丁寧な場づくりが欠かせないと考えた。

　第二に、研究会の参加者のほとんどが大学院在学時に、「学校組織マネジメント演習」という科目において経営学や教育経営学を学問的基盤とした組織開発や人材育成についての理論と実践について学びつつ、自身のこれまでの実践について胸襟を開いて対話・省察する経験をしてきていることである。こうした経験と一定の知識を共通に有しているからこそ、相互コンサルテーションが可能であるとの見通しを持った。次にこの点を詳しくみていく。

（3）成立基盤としての大学院での演習

　先に触れた通り、修了生は大学院在学時に必修科目として「学校組織マネジメント演習」（通年、4単位）を履修している。本演習は、文献講読を通じて組織開発や人材育成の知見を得るとともに、それに照らしながら受講生間の対話を通じてこれまでの自身の実践・経験を省察することをねらいとしている。担当教員は実務家教員2名、研究者教員2名（筆者ら）の計4名であるが、管理職養成コースに携わる教員に広く参加を呼びかけている。

　読解文献は担当教員で協議の上、基本的には「組織開発・人材育成」と「社会調査」にかかわる2種類の文献が含まれるように選定している（表2）[1]。「社会調査」関連文献を取り上げるのは、学校組織開発における適切な実態把握の重要性を鑑みてのことである[2]。なお、選択する文献は、現職教員が現場に戻ったときに公式的な調査（cf. 学力調査、学校評価）に限らず日常的なアセスメント場面で活かせる学びとなるよう、ハウツー的なものではなく、社会調査の考え方、実態把握の際の心構えや態度を学べるものを選択している。

　演習の進め方は次の通りである。1回の演習で概ね書籍1章分を扱い、全員が事前に該当章を精読しておく。当日は担当者が作成した要約レジュメをもとに10〜15分で内容を整理・報告した後、残り75〜80分で対話する。担当

1）2023年度は少子化・過疎化が深刻化する本県の実情も踏まえ、学校組織内の開発にとどまらず、地域づくりへも視野を広げるよう社会教育分野の書籍も1冊選定した。
2）実態把握の重要性は、文部科学省も教育公務員特例法22条改正に基づき、校長育成指標の策定指針として「これからの時代においては、特に、様々なデータや学校が置かれた内外環境に関する情報について収集・整理・分析し共有すること（アセスメント）…が求められる」と述べている（文部科学省2022、p.11）。本演習はこれを先取りする形で取り組んできたものといえる。

96

者は文献を読んで受講生と対話したいテーマを「議題案」として1〜2つ持ってくることになっている。ただし、通常は議題案に沿って形式的に対話を進めるというより、文献をもとに自身の実践に照らして考えたことや疑問、互いに聞きたいこと等を出し合いながら対話が進み、その流れで自然と議題案の内容に入ることが多い。入学直後は緊張もあり対話が上手く成立しないこともあるが、回を重ねるごとに次第にほぐれ、自身の経験を捉え直す契機になったり、他者の経験を引き出したりするような対話が生まれてくる。

　ここで重要なのは、当然ではあるが、文献を唯一の正解が書いてあるもの、あるいはそのまま学校現場への適用を目指すものという位置づけにはしないことである。受講生同士が共通の知識や概念を獲得しつつ、それに照らして自他の実践を振り返ることができるような「議論の糸口」となるよう扱う。

表2　「学校組織マネジメント演習」読解文献一覧

年度	組織開発・人材育成	社会調査
2019	・中原淳・中村和彦（2018）『組織開発の探求』ダイヤモンド社	・岸政彦・石岡丈昇・丸山里美（2016）『質的社会調査の方法』有斐閣
2020	・ピーター・M・センゲ（2014）『学習する学校』英治出版	・同上
2021	・中原淳・中村和彦（2018）前掲書	・同上
2022	・野中郁次郎・竹内弘高（2020）『ワイズカンパニー』東洋経済新報社	・同上
2023	・松尾睦（2021）『仕事のアンラーニング』同文館出版 ・石川淳（2016）『シェアド・リーダーシップ』中央経済社 ・荻野亮吾（2022）『地域社会のつくり方』勁草書房	・上野千鶴子（2018）『情報生産者になる』ちくま新書 ・佐藤郁哉（2015）『社会調査の考え方 上』東京大学出版会

　そして、文献読解が一通り終了した後、本科目の残り5回程度は、演習のまとめとして「学校組織の『開発』を考える」というテーマで文献講読とは異なる演習を行っている。これは、受講生が各自これまでに在籍した学校を具体的に取り上げ、学校ビジョンの実現に向けてどのような組織開発がなぜ

求められると考えるかを分析・提案するというものである。提案に際して
は、取り上げた学校の実態分析を入れることと、本演習における組織開発・
人材育成および社会調査にかかる学びを活かすことを必須としている。これ
により、単に自校の価値や課題を発見・理解するだけでなく、実行に移すこ
とを想定した解決方法まで考える力をつけることを目指している。

　これらを年間通して演習することで、対話を重ねながら自校に内在する価
値と課題を深く理解し、解決方法を自ら考えることと、自身の専門性や経験
に基づき相手からもそれを引き出すことの両方を経験することが期待できる。

　以上が学校経営の相互コンサルテーションの開発経緯と成立基盤である。

第3節　学校経営の相互コンサルテーションの試行と成果検証

　前節での「場」の開発を踏まえ、本節では、2022年度に実施した研究会の
具体を説明し、その成果を参加者への聞き取り調査の結果から検証していく。

(1) 研究会の具体的内容

1) 研究会のプログラム

　研究会は1回4時間程度で実施しており、2部構成としている（表3）。

表3　2022年度研究会のプログラム

時間	内容
13：00〜13：10	開会
13：10〜15：10 （120分）	セッションⅠ：学校経営の相互コンサルテーション ○Ｖ氏（Ｓ市立Ｎ中学校教頭）実践報告（20分）＋質疑応答 　（10分） ○小グループでの対話（90分）
15：10〜15：25	休憩
15：25〜16：45 （80分）	セッションⅡ：前年度修了生を中心とした座談会 ・大学院での学びがどう活かされているか ・自身のなかに新たに見えてきた強みや弱み ・「学校・教育・教師」の見方・考え方について、自身のなか 　に生じた変化、問い、戸惑いや迷い
16：45〜17：00	閉会・片付け

98

セッションⅠが主には前述した学校経営の相互コンサルテーションにあたり、セッションⅡは前年度の大学院修了生を中心とした座談会としている。セッションⅡでは表3に示す問いを事前に伝えた上で、現場での実践や自身を振り返りつつ、それを大学院での学びの成果と結び直す時間にしている。以下では本稿の目的に即して、セッションⅠの内容に絞って成果検証を行う。

2）実践報告の内容と論点の設定

2022年度のセッションⅠでは、中学校教頭2年目の修了生（V氏）に依頼し実践報告をしてもらった。勤務校の実態と教頭として大切にしていることや取り組んできた改革内容、他方で教職員の多忙感の軽減に課題があることが中心に話された。特に、教員を「育てる」ではなく仕事ができる人を「見つける」ことになってしまっており一部の教職員に業務が集中していること、その結果、疲弊・孤立する教職員がいること等が悩みとして挙げられた。

こうした実践報告を呼び水として、次に下記2つの「論点」に基づき小グループで対話をしてもらった。

1．これまでを振り返り、職員の力量形成・人材育成に向けて、私自身はどのような実践を行ってきたかについて開き合いましょう。困っていることがあれば共有し、意見を交流しましょう。（40分）

2．若手同士が学び合う組織になるために、管理職としてどのように働きかければよいか、どのようなことを大切にすべきかについて対話しましょう。（対話内容の全体共有まで含めて50分）

対話内容に入る前に、筆者らが相互コンサルテーションの活性化に向けて、どのように論点の設定とグループ編成を行ったのかについて整理しておく。

まず論点設定の仕方についてである。論点1はV氏の実践報告の柱となっている「職員の力量形成・人材育成」を取り上げて問いを作成した。学校経営上、どの管理職にも共通して重要な内容であることから、参加者全員が各自の実践や現状を開き合うことができ、自校に内在する価値や課題に気づく契機になりうると考えた。論点2は、先述の通り報告者への事前の聞き取りを行い、人材育成のなかでも特に若手育成に困り感を抱えていること、さらにV氏のなかに「若手教員が互いに学び合うようになって欲しい」という思

いがあることがわかったことから設定した。若手教員が少ない学校もあることから必ずしも全員が実践したり課題を抱えたりしているとは限らないが、大量採用が続く学校組織にとって今後いっそう重要になる問いであると考えた。また、論点2は特に実践報告をしてくれたV氏に対するコンサルテーションとして重要であることも設定理由のひとつである。

　次にグループ編成についてである。グループは立場・役割・専門性の異なる人と話ができるように編成した。そうすることで多様な意見や実践に触れ、既存の枠組みにとらわれずに「学びほぐし」（松尾2021）につながることを期待した。1グループ4～5名程度とし、それぞれ校種、職位、現在の所属（学校／行政／教職大学院）等が多様になるようバランスよく配置した。

（2）グループセッションにおける対話の実際

　以上の「場」の設定の下、実際にいかなる学校経営の相互コンサルテーションが行われたのかについて、V氏が属するグループAの対話に焦点をあててみていく。なお各グループの対話は参加者に許可を取って録音し、逐語録を作成した。グループAのメンバー構成は表4の通りである。

表4　グループAのメンバー構成

名前	所属・職位	備考
V氏	中学校・教頭	実践報告者
W氏	中学校・校長	
X氏	市教委・指導主事	小学校籍・教諭（※教頭格持ち）
Y氏	教職大学院・院生	小学校籍・教頭経験あり
Z氏	教職大学院・大学教員	実務家教員、中学校籍・校長経験あり

　以下、各論点の対話内容は紙幅の都合上すべてを取り上げることはできないため、中心的な話題を抜粋して確認していく。

1）論点1「職員の力量形成・人材育成」をめぐる対話の内容

　グループAでは各自の実践紹介から始まった。まず話題として挙がったのは、教職員が校務分掌の起案をする際に管理職がどう支援しているかであっ

た。だが、そのなかでＺ氏から「教員につけなきゃいけない力量ってそういうもんだろうか。…校務処理能力じゃなくて教育者としての力…私は、力量形成っていったときはそこ（ではないか）」との問いかけが出された。

　これをきっかけに授業力向上に話が展開し、Ｖ氏から年長者が自身の授業を若手に見せようとしないという悩みが吐露されていく。下記はＶ氏の悩みを受けての一連の対話を一部抜粋したものである。Ｖ氏の思いや改善の糸口が引き出されていく様子を示すため、やや長いが引用して示しておく。

論点１をめぐるグループＡでの対話（一部抜粋）

Ｖ　初任者の授業を年長者が見に行って、ああだこうだ言うことはよくある…でも逆だと（思う）…初任者に見せないと。他の先生方が…<u>授業見においでって何で言わないの</u>①って。

Ｚ　中学校は…二言目には教科の壁があるから…とか…言うんだけれども、まだ工夫は…できると思っていて…

Ｘ　…この人、この授業うまいのよねって魅力の部分があって…例えば…子どもの考えを待つ場面をつくりだしているから、この先生の授業はすごく魅力的っていうのは<u>教科を超えてもできる</u>②…

Ｖ　それ、きつい（難しい）なと思って。

Ｚ　そこを外しちゃいかんと思う…指導力ある教員が集まってるわけだから…それぞれの<u>持ち味</u>…<u>授業の良さを共有できれば自然と職員がつながり</u>、求心力とか勢い（がでてくる）。<u>授業研究とか校内研究は衰退させたらだめ</u>…仕掛けは難しいけどやりがいはあるよ。

Ｖ　（先生方に）<u>プライドがあるので</u>③。教諭時代も空き時間に子どもと一緒に授業受けようとしたけど、大体追い出されるんですよ。…<u>もっとオープンに誰が見に来てもいいとなるといいな</u>…

Ｚ　<u>最初は仕組みがいるよね</u>④。そういう考えを本当に理解してくれる…キーパーソンがいれば…

Ｖ　今、<u>不登校が結構多くて、別室に入っている子も一定数いるんです</u>…。<u>魅力ある授業をすることが一番、特効薬になる</u>んじゃないかなと思うんだけど…<u>分かってもらえなくて</u>、なかなか難しい。

Z　中学校、難しいよ。でも、今のままでいいってことは多分なかとですよね。それぞれが自分の授業を、今、一生懸命しよるわけね。

V　別室登校の子が頑張って授業行こうかなってときに…「(別室担当の先生が)付いていってくれるなら入れる」って言う…**かこつけて(私も)一緒に入って見てる**。そうしたらだんだん**授業者の先生も慣れてきて**、最近。しめたって。「この子のために入ってます」ってふりして、面白いなこの先生の授業と思って見てる。**そうやって慣れさせていこうかな**[5]。

W　**管理職は入りやすいけんね一番**[6]。他の先生たちやったら、「何で来たと?」ってなるけど…

Z　そっから始まってますよね。**開き合うなんて**…仕掛けの仕組みをいうとさ。**土壌をしっかりつくっておかないと**[7]、愚痴るだけで、ばらばらになってくるけん。教頭や校長しかできないっていうのは、まさに授業入っていって、授業を語り合うっていうこと…

　中学校では「教科の壁」もあり互いの授業から学び合うことになりにくい。だが小学校籍のX氏から、授業の良さや魅力の共有は教科を超えてもできるのではないかとの提案(②)が出される。それでも、プライドが邪魔して教師たちが抵抗感を持つ(③)というV氏に対して、Z氏から最初は仕組みが必要で、V氏の考えの理解者がいるといいのではとの発言があった(④)。

　この発言を受けてV氏は、不登校や別室登校の子どもが多いという学校の現状と、だからこそ魅力的な授業が必要との思いを語り始めた。その上で、現在、別室登校の子どもについて教室に入り、他の教師の授業を観察していることが語られた。恐らくはV氏も授業者の力量形成・人材育成を意図して行っていたわけではなさそうだが、この試みを続けるなかで教師たちを「慣れさせていこうかな」という発言(⑤)がV氏から引き出されている。中学校校長W氏からの「管理職は(授業に)入りやすい」という一言(⑥)もあり、Z氏からは授業を開き合うということは形を作ったからできるというものではなく、V氏がまさに試みているように管理職が授業に入り、語り合える「土壌づくり」をしてこそ成立するのではないかとの応答が続いた(⑦)。

2）論点2「若手同士が学び合う組織づくり」をめぐる対話の内容

　続いて論点2は、前述の通りV氏の困り感から設定したものである。

　ここまで論点1も含めて、対話のなかで「いかに教職員の実践を管理職が『意味づけ・価値づけ』しているか」がメンバーから語られていた。これに対し、それでは教職員のなかに管理職からの答えを待つような「受け身」の姿勢ができてしまい、若手同士で「学び合う」ことになっていかないのではないかとの問題提起がなされた。下記はその問いかけを受けての対話である。

論点2をめぐるグループAでの対話（一部抜粋）

Z　…意味づけ価値づけが頻繁に出てるけど…若手が自分たちで育つには…自分たちで困ってることを出し合ったり支えを求めたりして…解決できんときに経験をもとに語ってやるのが大事だと思う。意味づけを否定してるわけじゃないけど、逆に<u>受け身になってしまうとよ</u>…

Y　<u>どうすれば若手は…話をしてくれるのかなって</u>[①]。困ったときに、これ困ってますって。どうしても受け身な若い先生、最近というか…増えているからそう感じるのかな…

V　<u>教え過ぎなのかな</u>[②]って思う。<u>よかれと思って</u>、（若手教員がいる）学年集団の座席のこっち側に同教科の指導教官を置いて、反対側には相談できそうな方を置いてるんです。…だから、一聞けば十来るし、黙っても大丈夫って…よく語り合っていいなって…この座席配置ナイスやったって思ってたけど。<u>よく考えたらシャワーが多過ぎて、何も自分が出さなくても…周りの人が全部言ってくれる、お膳立てされてるようなことも確かに、今、思えばあるなって</u>[③]。

Z　メンターの方がしゃべっているのは、あまりよくないね。メンティーの方がしゃべって。…彼らを1年かけて、こういう力を付けたいなとか…そういう目で見てやらんばいかんし、それを校長、教頭とメンター…が…<u>急がんちゃよかよ、失敗いっぱいさせてねって</u>[④]…。

Y　研究授業がまさにそれじゃないですか。…大事な単元を失敗もせずにすっと通過してしまうんで。

Z　見せるための授業になってしまって。

Y　そうですね。それ、すごく思ってて。…「こうなったらどうするんですか？」って言われたりして。いいじゃん、失敗してって言うんですけど。全然、納得してくれない。話が先に進まない…

Z　**初任者も、答え求めるさね。それ1年かけて一緒に考えていくとよっていうスタンスでいないとね。**今すぐ答えられるようなもんじゃなかけんね。

Y　そうか、**焦らずに、ずっと話すこと**。…制限っていうか、**しゃべり過ぎないようにちょっと気を付けながら引き出すように関わっていく**⑤っていう感じ、姿勢ですね。

まずY氏から、若手に自ら困っていることを出してもらうにはどうすればよいのかという悩み（①）が出された。それに対してV氏は、自らを振り返り「教え過ぎ」なのではないかという（②）。良かれと思って、また一見よく語り合っているように見えても、若手はむしろ自分が意見を出さずに済むことになってしまっているのではないか（③）というのである。

そこでZ氏から、長い目で見て急がず、失敗させてもいいとの意識を管理職やメンターが持つことが必要なのではないかとの提案（④）があった。子どもたちを1年間かけて育てていくように、若手教師の主体性を大切にしながら1年間かけて一緒に考えていこうというスタンスである。

研究授業が「見せるための授業」になってしまい、事前に細かく対処法や答えを求める様子が若手に見られることに課題を感じていたY氏は、この対話から「焦らずに…話すこと。しゃべり過ぎないように…気を付けながら引き出すように関わっていく…姿勢ですね」（⑤）との新たな発想を得ている。

V氏の困り感から出発した論点だったが、V氏を含む他メンバーからの発言を通じて、共通の課題を抱えるY氏の気づきにつながる対話となっていた。

（3）相互コンサルテーションの成果検証

では以上のような実践報告と対話は、管理職の「自己治癒力の向上」にいかにつながったのか。本項では相互コンサルテーションの成果検証を行う。

　成果検証を行うにあたり、研究会の参加者であり実践報告も行ったV氏に対して2回の聞き取り調査を行った。1回目は研究会の直後（2022/8/19）に実施し、研究会で得たもの／得られなかったものと今後の学校改善の展望を尋ねた。2回目は年度末（2023/3/20）に行い、8月以降の実践を語ってもらった。インタビュー時間はいずれも45分程度で、V氏の勤務校で行った。

1）研究会で得られたこと

　まず実践報告をしたことで得られたこととして次の2点が挙げられた。

　第一に、実践報告の準備を通じて、自身が実践してきたことを「深掘り」することになったことである。深掘りは主に「言語化」を通じて行われ、それにより頭のなかで考えていたこと行動したことが「実物」になったと語る。つまり、実践を自らによって意味づけ、形にできた。そして、そのプロセスを通じて「なかなか自分もやってるな」と自信にもつながったようである。

　第二に、実践報告に対する参加者からの反応についてである。V氏は「どの学校も悩んでいる」ことを実感でき、それにより「安心感」が得られたという。他方、同じ学校課題に直面する参加者から「こうしていけばいいんだ」「持って帰ります」と声をかけられている。ここからは、実践報告によって参加者が自校の当面の課題解決に向けた手掛かりを得ていることもわかる。

　次に、実践報告だけでなくグループ対話を行うことによる成果についてである。V氏は上記「安心感」を超えて、学校改善に向けた気づきを得ている。

　まずV氏は「グループセッションは有意義」であったと語ってくれた。それは、みんなで悩みながら対話することで、互いが自身の実践の良さに気づき、それによって「次の一手がない…泥沼だって、ふさがっていたところ」に「着地点が見えて」きたからである。そして、議論が深まったのは、報告者と教育学研究者との事前の打ち合わせにより、「対話の柱（論点）」を設定しておいたことが大きく関係しているのではないかと語ってくれた。

　さらに、単純に解決策やその手掛かりを手に入れただけというより、V氏の場合、対話が刺激になり、自身の管理職としての姿勢を見直すことにつながっている。V氏は、他の参加者の話から「（職員に）やって欲しいならその一歩先を提案しないと…行きつかない…皆さんそこまで戦略的に考えて動か

れているんだな」と感じ、自身に「攻めの姿勢」が足りていなかったと語る。ここからは互いの実践について情報交換するだけでなく、その背後にある考えや意図までじっくりと交流することの重要性がみえてくる。

　では、こうした気づきをもとに、Ｖ氏はどのような学校改善に踏み出していったのか。以下では、8 ～ 3 月にかけてのＶ氏の実践を記述していきたい。

2）自校の課題への気づきと学校改善のプロセス

　Ｖ氏は 1 回目インタビュー時に、研究会以降の「攻め」の展開として、校内研修を組み立て直したいと語ってくれた。それは自校の校内研修が「自分たちの技を磨くため」ではなく「研究発表会のための会議」になっている現状があったからである。前述の通り、論点 1 の際にグループＡで話題になったのは、まさに「教職員の授業力をどう向上させていくか」であった。Ｖ氏の語りからは、グループ対話が自校を見直すきっかけになったことが読み取れた。

　その上で、改善の方向性として次のように述べている。

　　「『研修会は勉強会なんだ』っていう雰囲気に持っていきたい…子どもたちに還元できる研修会になっているのか。もちろん自分たちのスキルを上げる。そうすれば、それだけ…余裕ができるはず」

　ここからは、校内研修の見直しが、Ｖ氏の実践報告で悩みとして挙げられていた「教師の疲弊」への対処にもつながりうるものとして考えられていることがわかる。こうした研究会直後に聞いた計画はどう実践されたのか。年度末に行った 2 回目インタビューから整理・把握してみたい。

　まずＶ氏は 9 月に校内研究を担当する研究推進委員会の会議で、委員に「学ぶことが校内研修なんですよ」と伝え、研修スケジュールの組み直しをお願いしている。すると委員はすぐに職員に対し「何を学びたいか」「どんな困り感があるか」についてアンケートを取ってくれたという。他方、研究発表会前の会議では、やはり当日のリハーサルに終始しようとしたため、ここでも再度「終わった後のことも考えて下さいね」と念を押している。

　さて、上記アンケートの結果、最も学びたいこととして教職員から挙がっ

たのは「学力向上」であった。V氏の勤務校では研究発表会に向けて2年間、学力、特に読解力向上を柱に取り組んできたはずなのに「先生たちの実感としては身についていなかった」のである。V氏はこの結果にこそ、これまでの取組の課題が現れていると考えた。そこで研究推進委員会に主導してもらい、研究発表会後も取組を継続すること、そしてその授業を校内研修に関係なく、年度末まで全員が互いに見せ合うことにしたという。

　ここでは次の2点で研究会での対話が活きているように思われる。第一に、教員が互いに授業を見せ合うことで授業力向上を図ることを実行していることである。V氏は同教科だけでなく、他教科の授業を見る試みも活性化できたと語ってくれた。第二に、この試みをV氏が主導するのではなく、研究推進委員の意識を高め、自身の「理解者」となってもらい、その上で彼らに任せることで実行していることである。研究会の段階では、授業の見せ合いに対する教員側の抵抗感が課題として挙げられていたが、2回目インタビューでは研究主任が教員に対し、互いの授業を見せ合い良さを話し合うよう動き、それが実現されたことが語られた。

　V氏は以上を振り返り、やりたいこと全てができたわけではないが、「本来、校内研修…は…自分が持っているノウハウを皆さんに伝えあうものだということがわかってもらえたかな」という。実際に、校内研修への教職員の集まり方が早くなり、学びたがっていることが伝わってくるとも語ってくれた。こうしてV氏の学校では、教職員の意識改革が次第に進んでいっていると考えられる。

第4節　おわりに

　以上、教職大学院での学びと場を活用した学校経営の相互コンサルテーションの開発とその成果検証を行ってきた。最後に、管理職の「自己治癒力」の向上にとっての本事例の意義をまとめておきたい。

　本事例は相互コンサルテーションといっても同じ組織内の異なる専門家による援助関係ではなく、異なる学校間の管理職同士によるそれであった。現場を同じくしないがゆえに、具体的で直接的な解決策を導くものではない一

方で、論点 1 の対話にみられるように、現実的障壁に正対しつつも決して拘泥せず、理想を追求することを可能にしていた。V 氏が「攻めの姿勢」で学校改善プロセスに向かえたのも、対話を通じて管理職として大切にすべき軸を自身の中に再設定し、校内の課題だけでなく理解者となりうる教職員の存在にも気づけたことが大きいのではないか。ここに冒頭で述べた「適応学習」とは異なる「自己治癒力の向上」を見て取れる。

　ただし、異なる学校間の管理職同士による対話が即、こうした結果を導くわけではない。むしろ「自己治癒力」の向上につながらない情報交換に終始することもあるだろう。本事例の場合、教育学研究者による報告者への事前の聞き取りを含めた丁寧な「場」づくりと参加者の教職大学院での演習経験が、相互コンサルテーション成立の基盤となっていたと考えられる。ここに教職大学院での学びと場を活用した学校経営の相互コンサルテーションを行うことの意義を見いだせる。

　引き続き実践を続け、より良い学校経営の相互コンサルテーションの在り方を検討していきたい。

（榎　景子・畑中大路）

引用文献一覧

石隈利紀（1999）『学校心理学』誠信書房

E. H. シャイン（2016）『プロセス・コンサルテーション（稲葉元吉・小川丈一訳）』白桃書房

松尾睦（2021）『仕事のアンラーニング』同文館出版

文部科学省（2022）「公立の小学校等の校長及び教員としての資質の向上に関する指標の策定に関する指針」

第 8 章

「研究知の参照可能性」を意識した
コンサルテーションの実践
—— 生徒の探究学習の促進に取り組む教員集団への支援・伴走を事例として ——

第1節　はじめに

　本稿では、総合的な学習の時間においてプロジェクト型学習を通じた生徒の探究学習の促進に取り組む中学校に外部研究者として支援・伴走する機会を得た筆者が、探究学習の促進に取り組む教員集団に対して行った「研究知の参照可能性」を意識したコンサルテーションの実践事例について報告する。

　学校経営の分野におけるコンサルテーションに関する先行研究は数多く蓄積されている（水本、2008、2009；佐古ほか、2015；九州大学、2018、2021）。また、シャイン（Schein, E. H.）が提案しているようにコンサルテーションのモデルは多様である（E. H. シャイン、2002）。例えば、ドラッグストアで薬剤師から効き目のある薬を聞いて購入するようなイメージの「専門的知識提供－購入モデル」、診断－投薬治療、ないしは外科手術をしてもらうイメージの「医者－患者モデル」、コンサルティ自身の自己治癒力に期待していわば漢方治療するようなイメージの「プロセス・コンサルテーションモデル」などがある（E. H. シャイン、2002；九州大学、2018）。学校経営の分野における先行研究では、プロセス・コンサルテーションによる学校組織の改善や地域・家庭との連携・協働の促進等の成果が報告されている（水本、2009；九州大学、2018、2021）。本稿における実践事例でも、コンサルティである教育実践者自身の自己治癒力に期待したプロセス・コンサルテーションのスタイルを試みつつ、総合的な学習の時間におけるプロジェクト型学習

110

を通じた生徒の探究学習の促進に取り組む教員集団へのコンサルテーション
を行う。

　ところで、元兼（2022）は、コンサルテーションの具体的なプロセスにお
いて、コンサルティである教育実践者に自己治癒力があるとする仮定も、コ
ンサルタントである外部研究者との関係性の組み換えには貢献するが、実際
には教育実践者自身が教育実践の課題を的確に認識し言語化できていないこ
とも多くあると指摘している。そのため、外部研究者が教育実践者に彼らの
教育実践の異なった理解を獲得させる手助けをし、彼らの教育実践を異なっ
た理論的なレンズで違うように見せたり想像させたりすることは教育実践に
寄与するとしている。

　そこで、本稿ではコンサルテーションを通じて、コンサルティに学術研究
や実践研究によって産出された「研究知の参照可能性」に気づかせることで、
コンサルティ自身が内部・外部環境において生じている出来事のプロセスを
理解し、コンサルティが自ら問題状況を改善することができるようにするこ
とを目指す[1]。柴田（2004）は、「研究知の参照可能性」の捉え方について、
授業分析という文脈の中で「教育実践現場の問題解決には、大学などで研究
されている教育、学習、発達、授業等に関する諸理論が直接的に処方箋を提
供できるような構造にはない。問題解決の糸口は、授業の外側にある諸理論
の中にあるのではない。解決の糸口となる『可能性の芽』は、すでにその実
態の中に内包されているのである。（中略）授業の内側に潜んでいる可能性の
芽を探し出し、そこに授業をとりまく様々なリソースをうまく結びつけてい
くことによって、解決が図られていく」（p. 123）と述べている。また、柴田
（2007）は、様々なリソースの１つである理論の参照可能性を、実践に耐え
うるか、実践を切り開くかどうかは、専門家たる教育実践者によって参照に
足りうるものかどうかという意味で捉えるべきであるとしている。

　以上のことから、本稿では、コンサルタンである外部研究者のコンサル
テーションを通じて、コンサルティである教員が「研究知の参照可能性」に

1）「研究知の参照可能性」についての着想は、筆者が行った日本教育経営学会第60回大会の研究推
　進委員会課題研究報告「実践の学としての教育経営学研究の固有性を問う（２）」（米沢、2021）
　から得ている。

気づき、教員自身がプロジェクト型学習を通じた探究学習の実践において生じている出来事や課題のプロセスを理解し、教員が自ら問題状況を改善し、生徒の探究学習を促進できるようになることを目指している。

第 2 節　コンサルテーションの概要

1．対象校と経緯

　対象校は西日本のＡ県内北部に位置するＡ市立Ａ中学校である。Ａ中学校はＡ市の商工業等の中心として位置し、2023年度時点で設立53年目を迎え、生徒数は242名、教職員数は33名である。依頼者はＡ中学校の学校長である。経緯として、Ａ中学校では2022年度よりＡ市教育委員会の方針でプロジェクト型学習を通じた生徒の探究学習の促進に取り組んでいたが、学校長はプロジェクト型学習や探究学習に対する教員の理解が不足しており、伴走・支援する上で教員が不安を感じていると認識していた。そこで、2022年 7 月にＡ中学校とＡ中学校区内のＢ小学校・Ｃ小学校の教員を対象とした合同研修会の講師を筆者（外部研究者）に依頼した。筆者は教師教育学を専門とし、総合的な学習の時間における探究学習や特別活動における体験活動に関する実践研究も行っている研究者である。当初は単発の研修依頼であったが、その後、学校長より継続的な伴走・支援の依頼があり、2023年度 5 月よりコンサルテーションを行うこととなった。

2．対象と期間

　本稿では、コンサルタントである他の専門家（外部研究者）からコンサルテーションを受ける専門家である教員をコンサルティ、コンサルティから直接的に指導・支援を受ける生徒をクライエントと捉えている。学校経営分野におけるコンサルテーションの対象であるコンサルティは、学校組織や特定の課題を共有する教員集団、管理職あるいは教員個人など様々である（佐古ほか、2015）。本稿では、生徒の探究学習の促進という特定の課題を共有するＡ中学校の教員集団が中心的な対象である。コンサルテーションを行う期間は2023年 5 月から2025年 3 月までの 2 年間の予定であるが、本稿では

2023年 5 月から2023年12月までの期間（約 8 ヶ月）におけるコンサルテーションの取り組みを中心に報告する。

３．プロジェクト型学習、探究学習の定義

　プロジェクト型学習や探究学習について補足説明しておく。探究学習とは、日常生活や社会に生起する複雑な問題について、その本質を探って見極めようとする学習であり、①課題の設定（体験活動などを通して、課題を設定し課題意識をもつこと）→②情報の収集（必要な情報を取り出したり収集したりすること）→③整理・分析（収集した情報を、整理したり分析したりして思考すること）→④まとめ・表現（気付きや発見、自分の考えなどをまとめ、判断し、表現すること）という 4 つの問題解決的な活動が発展的かつスパイラルに繰り返されていく一連の学習活動である（文部科学省、2017）。我が国の学校教育では、総合的な学習の時間を中心に取り組まれている。また、この探究学習を促進する指導方法の 1 つとしてプロジェクト型学習があり、学級でテーマを共有し、何かしらのゴールを設定し、そのゴールに向けて、グループあるいは個人で具体的な課題を設定し、探究学習を実施する指導法である（稲垣、2020）。これらの点は A 中学校の学校長や教員と共有できている。

４．A 中学校のプロジェクト型学習、探究学習の概要

　A 中学校では、各学年の総合的な学習の時間において、プロジェクト型学習を通じた探究学習を展開している。第 1 学年は35時間、第 2 学年は25時間、第 3 学年は38時間を割り当てている。プロジェクト型学習を促進する校内体制として、学校長のリーダーシップのもと、教務主任と研究主任の他に、各学年にプロジェクト型学習担当教員（以下、担当教員）を配置している。研究主任は、第 2 学年の担当教員も兼任している。例えば、第 3 学年では「自分の興味・関心を追求しよう」という単元名で、「単元の活動を通して、自分の好きなことや興味があることについて追求し、学習の仕方を学ぶとともに、課題帰結に向けて粘り強く取り組むことができる。」という目標を設定してプロジェクト型学習を展開している。実際の学習活動では、【課題の設定の

段階】：自分の興味・関心に基づいて探究するテーマ（問い）を設定し、【情報の収集の段階】：本やインターネット等を使って関連する情報を収集するとともに、【整理・分析の段階】：設定したテーマに沿った内容に整理・分析し、【表現・まとめの段階】：スライドにまとめて学級内でプレゼンテーション形式によって発表するなど、探究学習の過程を踏まえて実践している。

第3節　コンサルテーションの内容と展開

　本稿では、コンサルテーションを通じてコンサルティである教員が「研究知の参照可能性」に気づき、生徒の探究学習の促進を実現することを目指している。学校経営分野におけるコンサルテーションでは、いわゆる面談やインタビュー、教員研修、授業研究での指導・助言などの方法も採用されている（佐古ほか、2015；九州大学、2018）。本稿でもこれらの方法を多用し、A中学校の教員集団に対して次のような内容でコンサルテーションを展開した（表1）。

表1　コンサルテーションの概要

時期	内容	対象
5月上旬	・プロジェクト型学習を通じた探究学習に関する各学年の授業観察 ・プロジェクト型学習や探究学習に関する定義や理論、教師の役割についての教員研修会 ・プロジェクト型学習や探究学習に対する認識の共有と指導計画の確認についての面談	A中学校全教員、学校長、教務主任、研究主任、各学年の担当教員
7月上旬	・プロジェクト型学習を通じた探究学習の実践における課題の明確化についての面談	学校長、教務主任、研究主任
8月上旬	・プロジェクト型学習を通じた探究学習の実践における課題の明確化についての教員研修会 ・プロジェクト型学習を通じた探究学習の実践における課題の明確化についての面談	A中学校全教員、学校長、教務主任、研究主任
9月下旬	・プロジェクト型学習を通じた探究学習に関する各学年の授業観察 ・プロジェクト型学習を通じた探究学習の実践における課題の明確化と解決に向けた授業計画についての面談	学校長、教務主任、研究主任、各学年の担当教員
10月上旬	・課題の解決に向けた授業計画についての面談	研究主任、各学年の担当教員
10月中旬	・課題の解決に向けて共同開発した授業の実践	各学年の担当教員
12月中旬	・課題の解決に向けて共同開発した授業実践の成果の確認についての面談	学校長、教務主任、研究主任、各学年の担当教員

１．プロジェクト型学習や探究学習に対する認識の共有とプロジェクト型学習や探究学習に関する指導計画の確認

　5月上旬にＡ中学校において各学年のプロジェクト型学習を通じた探究学習に関する授業観察及び教員を対象とした校内研修会を行った。研修の内容は、「研究知の参照可能性」に気づいてもらうために、プロジェクト型学習や探究学習に関する定義や理論、プロジェクト型学習や探究学習を推進する上での教師の役割などについて確認するとともに、生徒が探究学習を通じて「どのような学習内容を学ぶのか」だけではなく「どのような学び方（探究の仕方）を学ぶのか」という２つの視点に基づいて計画・実践することが大切であることについて理解を深めた。この他に、思考ツール（黒上ほか、2012；後藤ほか、2014）を用いた課題設定に関する指導方法の研修をワークショップ形式で実施した。

　さらに、研修会終了後にコンサルティである学校長・教務主任・研究主任・各学年の担当教員と面談を行った。面談では、コンサルティから2023年度の総合的な学習の時間の全体計画や各学年の年間指導計画をもとに、プロジェクト型学習（探究学習）の目標（ねらい）、探究学習を通して目指す生徒の姿（評価規準）、学習内容・学習活動などについて説明があった。コンサルタントからは、コンサルティに対して全教職員でプロジェクト型学習及び探究学習に関する定義や指導計画について共通認識をもつことが重要であることを伝えた。プロジェクト型学習担当教員には、「どのような学習内容を学ぶのか」と「どのような学び方を学ぶのか」の２つの視点に基づいて実践することが重要であることを伝えた。これらの点についてはコンサルティも重要であると認識しており、コンサルタントとコンサルティの間でプロジェクト型学習や探究学習に関する認識や指導計画を共有・確認した上で、Ａ中学校ではプロジェクト型学習を通じた探究学習の実践に取り組んだ。

２．プロジェクト型学習を通じた探究学習の実践における課題の明確化

　7月上旬にＡ中学校の学校長・教務主任・研究主任と面談を行い、1学期に取り組んだことを踏まえて、探究学習の実践における課題を明確化する研修会を8月上旬に行うこととなった。なお、この研修会はＡ中学校とＡ中学校

区内の B 小学校・C 小学校の教員を対象とした合同研修会として実施した。研修の前半では、「研究知の参照可能性」に気づいてもらうために、探究学習（課題の設定情報収集、整理・分析、まとめ・表現）の指導方法や評価方法に関する内容などをワークショップ形式で実施した。研修の後半では、3 校の教員が 4 〜 5 名程度のグループになり、ワークシートを用いて、プロジェクト型学習を通じた探究学習の実践における課題や解決策の明確化をワークショップ形式で実施した。ワークショップでは、作業①では課題を明確化するために何が問題かを考えること、作業②では目標を設定するためにどうしたいのかを考えること、作業③ではグループ内で作業②において設定した目標を達成するための方法をできる限り考えること、作業④では作業③で考えた解決法を実際に行ったときの結果を予想し、どの方法がよいか考えること、作業⑤では最もよい方法の実施計画について考えることを行った。なお、③〜⑤の作業では「研究知の参照可能性」に気づいてもらうために、研修前半の探究学習に関する指導方法や評価方法を参考にするように助言した。

　さらに、合同研修会終了後にコンサルティである A 中学校の学校長・教務主任・研究主任と面談を行った。コンサルタントからは今回の研修内容やワークショップを踏まえて、プロジェクト型学習を通じた探究学習の実践における課題を明確にするように依頼した。その後、A 中学校では研究主任と各学年の担当教員が中心となり、各学年の教員集団で探究学習の実践を通じた課題を明確にするための協議が行われ、9 月中旬にコンサルティからコンサルタントへ明確化された各学年の課題について報告があった。それらの課題は、情報収集の段階や整理・分析の段階における学び方に関することが中心であった。例えば、第 3 学年では、生徒の実態として、整理・分析の段階で収集した情報の信憑性を確認せず、そのまま、まとめてしまうという課題が明確になった。

　A 中学校からの課題の報告を受け、コンサルタントは 9 月下旬にプロジェクト型学習を通じた探究学習に関する各学年の授業観察及び、学校長・教務主任・研究主任・各学年の担当教員との面談を行った。授業観察やコンサルティとの面談を通じて、各学年において情報収集の段階や整理・分析の段階における学び方に関することが課題であることをコンサルタントとコンサル

ティの間で共有した。

３．探究学習の実践における課題の解決に向けた授業の共同開発と成果の確認

　上述の９月下旬に行われたコンサルティとの面談では、課題の共有だけではなく、課題の解決に向けた協議も行った。その中で、コンサルティである研究主任と各学年の担当教員から、これらの研修内容を踏まえて、思考ツール（黒上ほか、2012；後藤ほか、2014）などを用いた情報収集の段階や整理・分析の段階における学び方に関する授業を計画・実施したいとの提案があった。コンサルタントもその提案に賛同し、探究学習の実践における課題の解決に向けた授業を開発することを決定し、各学年において探究学習の実践における課題の解決に向けて、情報収集の段階や整理・分析の段階における学び方に関する授業の共同開発に取り組んだ。

　以下では、第３学年を例に、９月下旬から10月中旬にかけて行った探究学習の実践における課題の解決に向けた授業の共同開発のプロセスについて説明する。第３学年の課題は「生徒が整理・分析の段階で収集した情報の信憑性を確認せず、そのまま、まとめてしまうこと」であった。上述の９月下旬の面談の際、「研究知の参照可能性」に気づいてもらうために、コンサルタントからはコンサルティである第３学年の担当教員に対して、中学校社会科においてWeb情報に対する信頼性等を評価するための「Web情報評価シート」を用いて生徒のメディア・リテラシーの育成を図った佐藤ほか（2022）の実践研究を参考モデルとして提案し、担当教員を中心に第３学年の教員集団で授業計画について検討してもらった。

　10月上旬には、コンサルタントとコンサルティで授業計画について検討する面談を行った。第３学年の探究学習の段階が収集した情報を整理・分析し、その内容をスライドにまとめる段階であったため、生徒が参考にしたWebサイトとスライドにまとめた情報をチェックできるようにワークシートを修正することや、情報を評価する視点や方法を用いてスライド作りで参照したWeb情報の信憑性をチェックすることを通して、自分のスライドの質を高めることを目指した授業計画にすることをコンサルタントとコンサルティ

で確認した。

　その後、メールや電話による打合せも複数回行い、授業計画を完成させ、10月中旬には、第3学年の全学級で授業を実践した。授業の成果を確認するために、授業後に生徒（回答者62名）を対象としたアンケートを実施した。その結果、「今回の探究学習の授業は、インターネットの情報を確認するときやスライドを作成するときに役立つと思いますか」の項目では回答者の49名（79％）が、「今回使った『Web&スライド情報チェックシート』は、自分がインターネットの情報を確認するときやスライドを作成するときに役立つと思いますか」の項目では46名（74％）の回答者が、「自分がインターネットの情報を確認するときやスライドを作成するときに，今回の探究学習の授業で学んだことを活用してみようと思いますか」の項目では回答者の41名（66％）が「そう思う」あるいは「とてもそう思う」と肯定的に回答した。以上の結果から、今回の実践を通じて第3学年の課題解決と探究学習の促進に対して一定の効果がみられた。

　上記の結果については、12月中旬にコンサルタントと学校長・教務主任・研究主任・各学年の担当教員で面談を行い、コンサルタントとコンサルティの両者でその成果を確認するとともに、継続的にプロジェクト型学習を通じて、探究学習を推進していくことを共有した。さらに、年度末までに教員を対象とした校内研修会を実施し、今年度の成果と課題について振り返りを行い、それらの内容を踏まえた次年度の計画の見直しを行うことを決定した。なお、この面談時にここまでのコンサルテーションの成果と課題を把握するために、コンサルティを対象としたインタビュー調査も実施した。この内容については次節で述べる。

第4節　コンサルテーションと探究学習の促進に関する教育実践や教員の意識の変容との関連

　本節では、「研究知の参照可能性」を意識したコンサルテーションと生徒の探究学習の促進に関する教育実践や教員の意識の変容との関連について検討する。そのため、コンサルティであるA中学校の教員集団の中で、コンサル

118

タントである筆者とかかわる機会が多く、キーパーソンと思われる第1学年のプロジェクト型学習担当教員のX教諭、研究主任兼第2学年のプロジェクト型学習担当教員のY教諭、第3学年のプロジェクト型学習担当教員のZ教諭の3名を対象に約60分間のインタビュー調査を行った（表2）。インタビューの内容は、①今年度のプロジェクト型学習を通じた探究学習の実践や教員自身の成長、②外部研究者によるコンサルテーション（教員研修会や面談による支援・伴走など）に関することである。以下では、コンサルテーションと探究学習の促進に関する実践や教員の意識の変容との関連について、コンサルティ3名の特徴的な語りを引用しつつ考察する[2]。

表2　調査対象者の基本情報

調査対象	調査対象の属性	調査時間
X教諭	・25歳、男性 ・教職経験3年 ・A中学校が初任校で着任3年目 ・プロジェクト型学習担当教員、学級担任、理科	約60分
Y教諭	・33歳、男性 ・教職経験10年 ・これまで6校で勤務 ・A中学校着任3年目 ・研究主任、プロジェクト型学習担当教員、学級担任、音楽科	約65分
Z教諭	・32歳、男性 ・教職経験9年 ・これまで3校で勤務 ・A中学校着任5年目 ・進路指導主事、プロジェクト型学習担当教員、学年主任、数学科	約50分

1．「研究知の参照可能性」への気づきと探究学習の促進の手応え

　まず、3名はインタビュー内容①に対する回答の中で、「研究知の参照可能性」への気づきや生徒の探究学習の促進に関する教育実践の手応えについて次のように語っている。

2）以降のインタビュー調査で得られた会話データはゲバ取りを行い、斜体で記載し、筆者の補足のための加筆は（　）で記載している。

X 教諭：いろんな研修や打合せをやった上で、基本的にはいろんな先生方（A 中学校の他の教員）のやり方というか、こういうのがいいんじゃないんかなっていうところとか、他の先生方（A 中学校の他の教員）の意見を取り入れながら、自分なりにそれを調整しながら進めていく。それを形にしていくっていう形で、パワーポイントを作成してみたり、ワークシート（思考ツール）とかも工夫してみたりっていう感じで進めて、それを繰り返しながら提案して、また意見もらって、修正していきながらっていうふうな進め方で、進めさせてもらっていましたね。

Y 教諭：実際に（第 2 学年の教員で明確にした）課題を踏まえた授業をして、ですけども、正しい情報とは何かだったりとか、情報収集の進め方っていうところで、実際に自分たち（生徒）の調べた（Web）サイトだったり、提示された（Web）サイトが信憑性の高いものであるかどうかっていうところについては、この情報の中で生きている今の子どもたちにとっては、とても新鮮で、またリアルなものであったかなというふうには思っています。あと、子どもたちにとって、インターネットで調べることっていうのは常態化していて、（中略）そこに関して、本当にそのサイトは信憑性の高いものであるのかとか、もっと効率のいい調べ方があるんじゃないかというところに関して、子どもたちが認識できたっていうところが、1 つ大きな成果だったかなというふうに思います。

Z 教諭：これは教員側の伝え方がまずかったところもあるんですけど、1 年目も情報収集のところでの課題があって、2 年目になっても同じようなところがあり、それを途中で先生（筆者）や同僚と一緒に授業を考えてやってみて、教員側、私だけかもしれませんけれども、私はなるほど、こうやってそういうふうに授業したらいいのだなというのに気付き、学ばせてもらってから、それを生徒に還元していくというようなこともありました。（中略）あとですね。生徒に還元できたというところでは、1 年目より 2 年目のほうが、（生徒の）探究学習の内容についても、すごく深まったものになったというふうに思っています。

今回のコンサルテーションでは、コンサルティである教員に「研究知の参

照可能性」に気づいてもらうために、教員研修や面談、探究学習の実践における課題の解決に向けた授業の共同開発のプロセスの中で、プロジェクト型学習や探究学習に関する理論や指導方法などをワークショップ形式で行い、それらを教員自身が実践してきた。その中で研究知が専門家たる教員によって教育実践に耐えうるものであり、新たな教育実践を切り開くものとして参照に足りうると認識され、コンサルティ自身がプロジェクト型学習を通じた探究学習の実践において生じた出来事や課題のプロセスを理解し、教員自ら生徒の探究学習の促進に取り組んだと考えられる。

２．探究学習を推進する上での教員間の連携の高まり

　さらに、Y教諭とZ教諭の２名はインタビュー内容①に対する回答、X教諭はインタビュー内容②に対する回答の中で、探究学習を推進する上でのA中学校内での教員間の連携の高まりについて語っている。

　X教諭：今年度、プロジェクト型学習をやってみて、いろんな研修や打合せもやった上で、こちら（教員）側の探究学習への意識、イメージっていうのがある程度固まってきたっていうのが、それがまず大事かなというふうには思うんです。それが固まった上で、１年生、２年生、３年生って上がっていく中で、系統的に探究学習を進めていくっていうのは、すごく大切なんだなって思って。研修や打合せもさせてもらったりして、そこの大切さっていうのはあるし、１年で全部やり切るっていうのは難しいし、やっぱりある程度、（各学年で）テーマを決めて学年ごとに方向性しっかり定めてから進めていく。組織的に進めていくっていうのは、改めてすごく大事だなっていうところに気付けて。

　Y教諭：研究主任という立場でなんですけど、今年度、１学年、３学年の取り組みだったりとか、２学年で行った授業とかのデータ、そして成果や課題を基に、しっかり次年度につなげていけるような方向性だったりとかっていうのを、今年度のうちに示していかないといけないかなというふうに思います。また、今の２年生が実質の２年目で、丸々３年間やるのはこの子たちが初めてなので、そういうところでもビジョンだったりとか、年次ごとでの取り組みだっ

たり、年次ごとのゴールだったりとかっていうところは、今後定めていって、全職員がここまでできとったら、子どもたちに力が付いたと言えるだったりとか、評価の仕方だったりっていうところは共通でもてるような作業をしていきたいなというふうには思っています。

Z教諭：具体的には、もう進め方というよりも、生徒の反応ですかね。生徒の反応をみて1時間進めるということで、A（組）、B（組）、C（組）、統一してやってるんですけど、生徒がこういうふうなリアクションでしたっていうのを、他の組の教員から聞くと、こっちがこうやって進めていこうと思ってても、生徒が付いてこないと、それは学びにならないので、そういったことを随時、情報連携しながら、じゃあ、今日ははこういったところまでにしておこうとかですね。もちろん生徒によって違うんですけれども、アドバイスの出し方だったり、思考ツールの用い方じゃないですけれども、そういったところは、他の組の教員と協議をしてやってきたつもりです。

今回のコンサルテーションでは、コンサルタントから教員間の連携や組織体制づくりに関する直接的な働きかけは行っていない。よって、教員間の連携の高まりにコンサルテーションのプロセスが直接的に関連したとは考えにくい。しかし、そのプロセスにおける面談等では、コンサルタントとコンサルティでプロジェクト型学習や探究学習に対する認識の共有と指導計画の確認を行うとともに、探究学習の実践における課題の明確化やその解決に向けた授業の開発の過程においてはコンサルタントからコンサルティに担当教員間や各学年の教員団で連携して進めるように働きかけたことから、探究学習の推進を通じた教員間の連携の高まりに間接的に関連していたと推察される。

3．他の教育実践への転移

この他に、興味深いことに3名はインタビュー内容①に対する回答の中で、プロジェクト型学習を通じて探究学習を実践する中で学んだことを自身の担当する他の教科の授業と関連づけて、教育実践に生かそうとしていると語っている。

X教諭：僕らが今やってる、自由にテーマ決めて、それをやっていくっていうの
は、探究の中では一番レベルの高いことをしているっていうので、それをいき
なり子どもらにやらせてるっていうのはかなり難しいことで、そりゃわから
ん子どもも多いし、こっちも指導が大変なのも、そりゃ当たり前だっていうの
を聞いて、確かになって思って。（中略）ある程度、探究をする基盤っていう
のは、日頃から育てていかんといけんっていうところで、総合（的な学習の時
間）以外の部分ですね。（中略）例えばテーマを立てる段階を、ちょっと教科
で位置付けておくとか、仮説を立てるとか、情報収集をどういう調べ方でして
いくのかっていうところを、教科でしっかり位置付けながらやった上で、総合
（的な学習の時間）の探究学習で、ある程度自由なテーマを立てて進めてい
くっていう、その基盤を他の教科で育てながら進めていくっていうのが、すご
い大事っていうところを学ばさせてもらって、確かになっていうふうに思っ
て。

Y教諭：全部が全部、探究学習につながってるかどうかは分かんないんですけ
ど、自分の音楽科の授業の中では、講義的な授業をやめたというか、体験的な
活動を通して、知識の定着ができるような授業づくりっていうのをやってい
て、振り返りのシートを作るんですけど、今までだったら単元学習課題をその
都度書き写して、それに対しての振り返りをしてたんですけど、もう学習課題
をあらかじめ単元を通して提示することによって、（生徒）自身が見通しを持
ちながら、班活動や個人活動を通して、知識・技能を定着していくっていうふ
うな、生徒がより主体的になるような授業づくりは心掛けるようになったと
いうふうに思います。

Z教諭：そうですね。私自身も数学が好きなので、（探究学習で）生徒のスライ
ド作成とかを見ると、こういうふうな形でスライドを作ると、相手（生徒）に
伝わりやすいのかと考えるようになりました。生徒自身が伝わりやすいと
思ってるから、そのようにスライドに整理・分析、まとめをしていると思いま
すので、それを数学の授業の最初の導入において、前時の復習でありますと
か、前時の復習からのズレを、本時の課題設定とする場合については、そう
いった生徒のものを参考にしながら組み立てたりすることもありました。

　上述したように、教員研修や面談、探究学習の実践における課題解決に向けた授業の共同開発のプロセスを通じて、コンサルティである教員がプロジェクト型学習や探究学習に関する研究知の参照可能性に気づいたことで、生徒の探究学習の促進に向けた実践に取り組む中で得たことを、自身の担当する他の教科の授業と関連づけて、コンサルティ自ら他の教育実践へと転移させていることが指摘できる。

第5節　おわりに

　本稿では、コンサルタントである外部研究者のコンサルテーションを通じて、コンサルティである教員が研究知の参照可能性に気づき、教員自身がプロジェクト型学習を通じた探究学習の実践において生じている出来事のプロセスを理解し、教員が自ら問題状況を改善し、生徒の探究学習を促進できるようになることを目指した。その結果、プロジェクト型学習や探究学習に関する認識の共有や、探究学習の実践における課題の明確化、課題の解決に向けた授業の開発等のプロセスを通じて、教員自身が研究知の参照可能性への気づきや探究学習の促進の手応えを感じるとともに、探究学習を推進する上での教員間の連携の高まりや他の教育実践への転移について語っていた。これらのことから、「研究知の参照可能性」を意識したコンサルテーションが生徒の探究学習の促進に取り組む教員集団への探究学習の促進に取り組む教員集団の自己治癒力の向上に一定の寄与があったと思われる。

　最後に、本稿におけるコンサルテーションの課題と今後の展開を述べ、まとめとしたい。本稿におけるコンサルテーションでは、教育実践者自身の自己治癒力に期待したプロセス・コンサルテーションのスタイルを試みた。しかしながら、実際のコンサルテーションのプロセスでは、元兼（2022）が指摘するように、A中学校の教員自身が探究学習における教育実践の課題を的確に認識あるいは言語化できていないこともあった。そのため、専門的知識提供−購入モデルや医者−患者モデル（E. H. シャイン、2002；九州大学、2018）による支援や伴走を行うこともあった。例えば、探究学習の実践における課題の解決に向けた授業の共同開発のプロセスにおけるコンサルタント

124

からの参考モデルの提案は専門的知識提供−購入モデルのコンサルテーションと考えられる。シャインは、コンサルテーションを実施する場合には、常にプロセス・コンサルテーションでスタートしなければならないが、コンサルタントはコンサルティが直面している問題の特性を見極めて一瞬一瞬にどのモデルや役割を用いるかを判断すべきとしている（E. H. シャイン、2002）。元兼（2022）も、コンサルタントが自身のもつ価値を自覚しながら、よい教育実践とは何かといった本質的な意味をコンサルティ、クライエント、さらには学校関係者との「学びの公共圏」というアリーナにおける討議や闘技を通して、関係者の納得と合意を問い続けることの重要性を指摘している。本事例は、A中学校の教員集団の単位ではあるが、コンサルタントである筆者が自身のもつ価値を自覚しながら、よい教育実践とは何かといった本質的な意味をコンサルティやクライエントとの討議や闘技を通して、関係者間で納得と合意を問い続けながら、コンサルテーションを継続していく必要があるだろう。

（米沢　崇）

謝辞

　本稿の作成にあたり多大なご協力を頂きましたA中学校の皆様に心より感謝申し上げます。また、インタビューや資料整理において支援を頂きました広島大学大学院博士課程前期の馬越夕梛さんにお礼申し上げます。

引用・参考文献

・E. H. シャイン著、稲葉元吉・尾川丈一訳（2002）『プロセス・コンサルテーション――援助関係を築くこと――』白桃書房。
・後藤芳文・伊藤史織・登本洋子（2014）『学びの技――14歳からの探究・論文・プレゼンテーション――』玉川大学出版。
・稲垣忠（2020）『探究する学びをデザインする！――情報活用型プロジェクト学習ガイドブック――』明治図書。
・黒上晴夫・小島亜華里・泰山裕（2012）『シンキングツール（短縮版）――考えることを教えたい――』NPO法人学習創造フォーラム。
・九州大学（2018）『新任・若手教員の学校組織マネジメント力育成のための学校コンサル

テーション』（平成30年度文部科学省受託研究成果報告書）。

・九州大学（2021）『OJT と Off-JT を繋ぐ学校経営コンサルテーションの推進 ―― 学校組織マネジメント力量形成に焦点をあてて ――』（令和２年度独立行政法人教職員支援機構委嘱事業教員の資質向上のための研修プログラム開発・実施支援事業報告書）。

・水本徳明（2008）「学校経営コンサルテーションの意義と課題 ―― 第１回実践フォーラムでの議論を中心に ――」日本教育経営学会『日本教育経営学会紀要』第50号、pp. 206-215。

・水本徳明（2009）『学校経営に関わるコンサルテーションのニーズ・手法・理論に関する研究』（科学研究費補助金研究成果報告書）。

・文部科学省（2018）『中学校学習指導要領解説 総合的な学習の時間編』、東山書房。

・元兼正浩（2022）「実践科学としての教育経営学を構想するために」日本教育経営学会『日本教育経営学会紀要』第64号、pp. 120-126。

・佐古秀一・垣内守男・松岡聖士・久保田美和（2015）「学校組織マネジメントを支援するコンサルテーションの実践と成果（Ⅰ）―― 高知県教育委員会と鳴門教育大学のチームコンサルテーションに関するアクション・リサーチ ――」鳴門教育大学『鳴門教育大学研究紀要』第30巻、pp. 147-167。

・佐藤真大・榊原範久（2022）「Web 情報に対する評価を用いてメディア・リテラシーを育成する学習教材の開発と評価 ―― 中学校社会科歴史的分野を事例に ――」日本教育工学会『日本教育工学会論文誌』第46巻２号、pp. 325-337。

・柴田好章（2004）「問題解決指向の協同的教育実践研究のあり方」的場正美・柴田好章・山川法子・安達仁美『教育実践問題の協同的研究体制の構築 ―― 名古屋大学と東海市教育委員会の連携 ――』名古屋大学『名古屋大学大学院教育発達科学研究科紀要（教育科学）』第50巻２号、pp. 109-128。

・柴田好章（2007）「教育学研究における知的生産としての授業分析の可能性 ―― 重松鷹泰・日比裕の授業分析の方法を手がかりに ――」日本教育学会『教育学研究』第74巻２号、pp. 189-202。

・米沢崇（2021）「教育経営学研究によって産出された研究知の参照可能性」日本教育経営学会『日本教育経営学会紀要』第63号、pp. 153-158。

第 9 章

非営利型民間フリースクールを対象とした調査研究の意義と課題

── 実践家との共同研究を振り返って ──

第1節　問題の所在

　子どもたちの背後にある多様な特性や背景に対する顧慮が求められるようになったことは、教育経営をめぐる実践や研究に少なからぬ影響を与えている。「障害」を一つの例として考えてみれば、2006年（特殊教育から特別支援教育への移行がなされた前年）と比較して、特別支援学校に在籍する幼児児童生徒の数は1.4倍に、特別支援学級に在籍する児童生徒の数は3.1倍に、通級による指導を利用する児童生徒の数は4.0倍にまで、2021年の時点で増加した[1]。障害の種別や程度にあわせた「個別最適」な学びが提供できるよう、全国の教育委員会が特別支援学校・学級の増設あるいは通級による指導の拡充に取り組んできた結果として、これを捉えることはできる。各学校においても、2013年に制定された「障害を理由とする差別の解消の推進に関する法律」の趣旨をふまえ、本人および保護者との合意形成を図りながら合理的配慮の提供に努めてきたはずだ。「個別最適」な学びを実現するために必要となる人的なリソースが不足するなかにあって、組織としてどのように「専門性」を高めていくのかという課題など、研究面で深めるべきポイントも多岐に渡る。

　しかし、すでに武井（2020）で述べたように、障害のある子どもに対して

---

1 ）文部科学省のホームページ（https://www.mext.go.jp/a_menu/shotou/tokubetu/1343888.htm、最終アクセス日：2023年9月30日）に公開されている「特別支援教育資料」の平成18年度版と令和3年度版より。通級による指導を利用する児童生徒の2021年のデータだけは3月31日時点の数値で、それ以外は5月1日時点の数値となっていた。

どのような学びの場を提供すべきなのかは、論争的な問題でもある。個別の教育的ニーズに応答するための多様な学びの場を整備することが望ましいという考え方に対しては、障害のある子どもと障害のない子どもが通常の学級で共に学ぶことを原則に据えようとする側から、強い批判が加えられてきた。両者の対立は1970年代頃からはじまり、現在も「インクルーシブ教育」の定義をめぐって異なる見解を示している。障害のある子どもへの対応をめぐる教育経営実践のリアリティを描き出そうとすれば、フィールドに参与する研究者もこの対立の渦に身を置かざるを得ない。同一性や共通性を重視してきた日本の公教育制度が多様性に開かれるようになれば（大桃 2020）、研究者自身の価値判断が問われる局面も増えるだろう。

　そこで本稿においては、研究者自身の価値判断が問われやすいテーマとして、民間の教育事業を取り上げたい。かつて学習塾や予備校が受験競争を煽ってきたことも影響してか、教育学における議論を振り返ると、民間の教育事業がポジティブに評価されてきたとは言い難い面がある。現代においても、「営利」を主たる目的とした事業者がオンラインの学習ツールを介して公教育を侵食する可能性など（児美川 2021）、警戒すべき点があることは確かだ。ただ、生活困窮世帯やひとり親世帯の子どもを対象とした学習・生活支援、学校に行かない・行けない子どもを対象とした居場所づくり、過疎地域を中心に設置が進む公設の学習塾など、セーフティネットとしての役割を果たす民間の事業者が存在することも見逃してはならない。一条校という枠の外で活動する「非営利」の事業者が公教育の一翼を担いつつあるのだとすれば、研究としてそれを対象化することにどのような意義と課題があるのかについて、検討を試みる必要が出てくるだろう。

第2節　対象と方法

　本稿で取り上げるのは、民間のフリースクールを運営する実践家とともに、筆者自身が行った調査研究についてである。これは、日本生命財団の助成を受けながら2020年10月から行ったもので、研究者5名と実践家3名が参画した。実践家3名はいずれも近畿圏で10年以上に渡ってフリースクールの

運営を続けていて、収支のバランスをとるのに苦労する団体が多いなかにあって、それぞれに工夫をこらしながら財政基盤を確立してきた点に特徴が見られる。フリースクールの持続可能な運営のあり方を探索するという目的を掲げて研究はスタートし、コロナ禍のなか主としてオンラインのミーティングで分析・考察を重ねた。助成期間は2021年12月までだったが、その後もミーティングを継続するなどしながら、研究のまとめとして武井ほか（2022）や武井・矢野・橋本編著（2022）を発表している。

　本稿執筆に際しては、実践家とともに進めた共同研究の意義や課題を（自戒を込めながら）振り返るべく、矢野良晃氏へのインタビューも行った。矢野氏は、1997年に兵庫県神戸市に設立されたフリースクール For Life へ、大学卒業後の2003年に入職した。For Life の運営も決して順調ではなく、矢野氏自身もアルバイト等を掛け持ちしながらの生活とならざるを得ない時期を経験しているが、20年以上に渡ってその運営に携わり、現在は同フリースクールを運営する NPO 法人の副理事長も務めている。矢野氏へのフォーマルなインタビューは2023年 8 月 9 日におよそ 1 時間行ったのみであるが、インフォーマルなものを含めて断続的にやりとりを重ねてきたことから、その過程で得られた情報についても活用している。矢野氏には、実名での掲載について許可を得ている[2]。

第 3 節　フリースクールの運営について問うということ

　実践家とともに進めた共同研究の意義や課題を振り返る前に、そもそもなぜフリースクールの持続可能な運営のあり方を探索するという目的を掲げたか、簡単に述べておきたい。不登校の子どもに居場所を提供するというフリースクールの活動がいくら崇高な理念のもとで行われていたとしても、民間の組織である以上、基本的に利用者から納められる会費をもとに家賃、光熱費、人件費といった諸経費を賄わねばならない。運営資金がショートするのを避けるべく収入を増やそうと考えれば、会費の額を上げるのが効率的か

---

2 ）文中に登場する《　》内はインタビューにおける矢野氏の発言からの引用である。また、引用文中の（　）内は筆者による補足である。

もしれないが、「良心的な」フリースクールほどそこに二の足を踏む可能性が高い。なぜならば、会費の額を上げれば厳しい経済状況にある家庭の子どもは通えなくなることが懸念されるからだ。また、利用者の数を増やすという方法も考えられるが、それにはまず、子どもたちが安心して過ごせる環境づくりに必要なスタッフを確保することが求められる。現状より多くのスタッフを雇用するのであればそれに見合った資金力が必要で、人件費支出の増大に耐えられなければスタッフの生活保障が難しくなるだろう。フリースクールの多くは財政基盤が脆弱で、運営の持続可能性という点に課題を有してきた。

　そこで共同研究においては、10年以上に渡ってフリースクールの運営を続けてきた団体を対象として、その戦略の類型化を試みた。全国のフリースクールを対象としたわけではなく、雪だるま式のサンプリングで少数の事例を分析しているだけなので、武井・矢野・橋本編著（2022）で示した「事業多角化」、「事業精選化」、「拠点拡充化」という三つの戦略は、あくまで暫定的なものに過ぎない。よって、得られた知見の限定性については自覚する必要があり、今後は理論的なサンプリングを行うことが課題となる。ただ、知見の限定性と並んで留意しなければならなかったのは、フリースクールの持続可能な運営のあり方を探索するという研究目的そのものの妥当性だ。

　財政基盤の脆弱さをどう補えるかを問うということは、フリースクールの存在を筆者が肯定的に評価しているからに他ならない。もともとフリースクールは、学校に行かない・行けないことに対して社会が厳しいまなざしを向けていた1980-90年代に設立が相次いだもので、子ども本人やその保護者が悩んだり苦しんだりすることを防ぐという役割を有してきた。また、学校のみならず家庭にも居場所を見出せずにいる子どもが孤立を深めることのないよう、コロナ禍の全国一斉休校期間中（2020年）もあえて開所した団体も一部に見られる（武井 2022）。こうした経緯・事例をふまえ、フリースクールを利用するという選択が誰にでも保障されることは教育的にも福祉的にも意義のあることだと、筆者自身は判断している。

　しかし一方で、フリースクールの利用が当たり前になればなるほど、個々のニーズにあわせて学びの場を分ける方が望ましいという理解が主流になるだろう。それは「個別最適」といったトレンドにも親和的なのだが、通常の

学校や学級は何も変わらないまま、そこに「合わない」とされた子を都合よく〈排除〉する結果につながる危険性もある。平日の昼間に安心して過ごせる場を提供してきたフリースクールの実践が、学校に行かない／行けない子どもの〈包摂〉に寄与してきたことは疑いないとしても、その背後で〈排除〉が起こっているとしたら、慎重な評価が必要となることは確かだ。実際にこの点は、「義務教育の段階における普通教育に相当する教育の機会の確保等に関する法律」が成立するまでの過程で、法制化に慎重な立場をとっていた側が懸念していた問題でもある（高山 2019）。利用者が安定して集まることはフリースクールの運営だけを考えれば喜ばしいことかもしれないが、本来はその要因にまで目を向けなければならない。

第 4 節　フリースクールの運営を問うたことの影響

（1）とりこぼしてきたニーズへの応答

　さて、共同研究では10年以上に渡ってフリースクールの運営を続けてきた団体の収支内訳やその推移、相談の問い合わせ件数や体験入学者・在籍者の変遷について、まずデータ化を行った。団体ごとの特徴を比較するための基礎的な作業であったが、矢野氏によるとこれが自団体の今後の活動について検討するためのきっかけになったという。

　かつて For Life は居場所を必要とする子ども・若者であれば基本的に誰でも受け入れていたが、年齢層が広がれば広がるほど限られたスタッフ数で十分な支援体制を組むことが難しくなるという問題を抱えていた。そこで、集団での活動に参加可能な小学校高学年〜中学生を主たる利用者とすることを、2015年に決めた。ターゲットを明確にしたことで在籍者数は増加し、収支の改善やスタッフの増員につながったことを、武井・矢野・橋本編著（2022）でも述べている。しかし、同書の出版に前後して、状況は一変した。コロナ禍で新規の問い合わせが伸び悩み、それが利用者の減少を招くことになったという。

　こうしたなか「ふぉーらいふ」[3）]では、小学校低・中学年の子どもを対象とする居場所「あかでみあ」を2022年に新規開設した。小学校低・中学年の

132

子どもを持つ保護者からの相談が増加傾向にあることを、問い合わせ件数の経年変化をデータ化するなかで改めて認識したからだと、矢野氏は述べる。従来であれば、小学校低・中学年の子どもは原則として受け入れが難しいことを伝えるだけであったのが、「あかでみあ」の活動を紹介できるようになった。小学校段階の子どもが不登校になるケースが目立つ状況にあることも影響してか、「あかでみあ」の在籍者数はわずか一年で従来からあるフリースクールと同程度までになっている。

「あかでみあ」はまだ試行的な事業で週に一日しか開所していないため、団体の収入にもたらす影響は限定的だ。ただ、「あかでみあ」の利用者が順調に増えているということは、居場所を必要とする子どもたちのニーズにふぉーらいふが的確に応えられていることを意味する。もちろん今後それが団体としての収支の改善に寄与する可能性もあるわけだが、過去のデータを紐解くなかで自団体がこれまで受け止めきれていなかったニーズを可視化し、それへの応答を試みたことにも、一定の意義があると言えるだろう。

（2）地域に根ざした活動の再構築

コロナ禍は For Life の運営にもう一つ打撃を与えている。それは、子ども・若者らが地域で学ぶ機会の減少である。For Life はこれまで地域で行われるイベントへ積極的に参加してきた。たとえば、あるイベントでは一回100円で「スライムづくり」を体験できるブースを出店するのが恒例となっていた。①出店に向けた企画をあらかじめ立てたうえで、②当日は呼び込みや接客を行い、③来場する子どもたちにスライムの作り方を教え、④売り上げを管理し、⑤その使いみちを皆で決める、という一連の活動は、実社会とのつながりを持つという点でも貴重な学びの場になっていたという。しかし、コロナ禍を経てこのイベント自体が無くなってしまった。For Life では、子ども・若者が自分のペースで活動することを重視しているので、「スライムづくり」に参加するかどうかも本人の判断に任されてはきた。ただ、《地域で

3）フリースクール For Life を運営するのが、NPO 法人ふぉーらいふである。「あかでみあ」の設置を決めたのは法人としてで、For Life とは別の部門として位置づけられていることから、ここでは「ふぉーらいふ」の名称を使っている。

のいろんな仕事体験とか、実践的な学びというものがあったものが、もう半分とか3分の1ぐらいに減ってしまっている》ことについては対策を講じなければならないと、矢野氏は指摘する。

　では、なぜFor Lifeはコロナ禍を契機として別の領域（たとえばオンラインによる学習支援）へと足場を移すのではなく、あくまで地域に根ざした活動を再構築しようと試みているのか。その背景を理解するために、次の矢野氏の言葉に注目したい。

　　（共同研究でご一緒した）「みなも」さんと「ここ」さんと比べてっていうふうなことにたぶんなるんだろうなと思うんですけど、地域の多様な主体とつながりが強いなというところと、今よく「地域コミュニティ」って言われますけど、地域とコミュニティは別だっていう考え方もあるってまちづくり（関係）の方がよくおっしゃるんですけど、まさにそうだなと思いながら、地域という切り取り方をしてもコミュニティという切り取り方をしても、どちらにもそれぞれネットワークがあるな、というのは結構私たちの強みかな、と。

　筆者らが行った共同研究では、For Lifeと同じく10年以上に渡ってフリースクールの運営を続けてきた「みなも」と「ここ」の理事長（実践家）も、メンバーに加わっていた。For Lifeを加えた三団体の間でそれぞれの運営の歩みを振り返るなかで、矢野氏は自団体の《強み》を《地域》と《コミュニティ》の双方にネットワークを持っている点にあると認識した。ここで言う《地域》とはいわゆる地縁的なつながりを、《コミュニティ》とは同じ目的を共有する組織・団体同士のつながりを意味するが、確かにFor Lifeは双方に目を向けながらこれまで活動を続けてきたと言える。たとえば武井ほか（2022）でも述べたように、For Lifeでは所在する自治体（神戸市垂水区）の社会福祉協議会からの委託を受けて、矢野氏が週に一日、同協議会へと出向して勤務を行っている[4]。また、現行の職員体制のもとでは受け入れが困難な特性や背景を持った子ども・若者から利用相談が来た時には、近隣にある

4）2023年度からはさらに垂水区役所にも矢野氏が出向しているという。

134

民間の福祉施設や SST（ソーシャル・スキル・トレーニング）の専門家を紹介するなどしてきた。創設から25年以上かけて培ってきたネットワークを活用し、実社会とつながりながら学ぶ機会を設けることが、For Life を利用する子ども・若者にとってプラスになるという判断を見て取ることができよう。

第5節　総合考察

　本稿では、民間のフリースクールを調査研究の対象に据えることの意義と課題について考察することを目的としていた。まず確認したいのは、（月並みではあるが）共同研究を経て For Life が新たな活動に足を踏み出そうとしている点である。不登校児童の数が急増していることを考えれば、遅かれ早かれ「あかでみあ」の開設は行われたかもしれない。また、地域とのつながりを活かした学びの機会を再構築せざるを得なくなったのは、コロナ禍の影響が大きい。どちらも共同研究が直接の契機となったものではないはずだが、自団体が現状では取り組めていないことや他団体にはない強みを可視化・言語化したことに、少しばかり実践的な意義はあったのかもしれない。筆者は以前に「『何をもって〈包摂〉が果たされたと考えるのか』という参照点を置くことは」「"省察性"を機能させ〈排除〉の論理が駆動するのを防ぐ」ことにつながると述べていたが（武井 2020：116）、For Life がこれまで受け止めきれていなかった小学校低・中学年の不登校の子どもに居場所を提供しようと試みていることは、まさにその一例と言える。また、自らの「弱み」に目を向けるばかりでなく「強み」をいかすことも"省察性"を機能させるうえでは重要になることが、地域に根ざした活動を再構築しようとする For Life の姿から示唆される。

　他方で、よほど批判的な分析を行うのでない限り、民間のフリースクールを調査の対象に据えることが、一条校とは異なる学びの場に対する研究者のポジティブな評価を意味するという点には、注意しなければならないだろう。量か質かを問わずどのような調査であっても、質問の構成や事例の選択に研究者の価値判断が影響を与える面はある。ただ、冒頭でも述べたように、子どもたちが抱える教育的ニーズにどう応答すべきなのかという問題は、日

本の公教育制度に転換を迫るもので、より一層、研究者の価値判断が問われやすい。ましてそこに民間の団体が参入するとなれば、慎重な検討が求められることは確かだ。「フリースクール」を名乗る団体の中に、特定分野に特異な才能を持つ子どもたちだけをターゲットとするところや、より良い教育を選ぼうとする保護者の欲求を刺激するようなマーケティングを展開するところが登場した時に、（筆者を含め）研究者はそれらをどのように評価するのか。フリースクールやその利用者に対して公費が助成されるのと引き換えに、一条校の維持・運営のために使われる予算が削減されたとしても、そこに問題はないのか。フリースクールをはじめ一条校とは異なる学びの場を研究対象に据える者が答えていくべき課題は、まだまだ多く残されている。

（武井　哲郎）

【文献】

○大桃敏行（2020）「学校教育の供給主体の多様化と日本型公教育の変容」大桃敏行・背戸博史編『日本型公教育の再検討──自由、保障、責任から考える』岩波書店、15-38頁

○児美川孝一郎（2021）「侵食する教育産業、溶解する公教育─攻防の現段階とゆくえ」『経済』No.315、新日本出版社、101-111頁

○高山龍太郎（2019）「教育機会確保法の成立過程とその論点──ニーズ対応型教育課程という観点から」永田佳之編『変容する世界と日本のオルタナティブ教育──生を優先する多様性の方へ』世織書房、135-171頁

○武井哲郎（2020）「多様な子どもと向き合う教育経営実践を対象化することの困難さ」『日本教育経営学会紀要』第62号、112-117頁

○武井哲郎（2022）「コロナ禍における不登校とフリースクール──官／民および教育／福祉の境界がゆらぐなかで」『日本教育行政学会年報』No.48、196-200頁

○武井哲郎・矢野良晃・橋本あかね編著（2022）『不登校の子どもとフリースクール──持続可能な居場所づくりのために』晃洋書房

○武井哲郎・矢野良晃・橋本あかね・竹中烈・宋美蘭（2022）「拡張する教育空間における民間事業者の位置──セーフティネットとしてのフリースクールに着目して」『日本教育政策学会』第29号、53-66頁

【付記】

本稿には、JSPS科研費21H00820、22K02244の成果が含まれる。

第10章

学校評価を通した教育関係者と
研究者の「交流」

── 事例検討を通した学校経営コンサルテーションの方法探究 ──

第1節　本章の目的

　本章の目的は、学校評価システムの構築及び実施に取り組んだ自治体における教育関係者（学校教職員、教育委員会事務局）と研究者との「交流」に焦点を当てて、両者の関係を記述していくことである。特に本章は、対象事例の教育委員会事務局（以降、教委事務局）は研究者をどのように位置付け、教育関係者と研究者たちはどのように交流を進めたのか。また、研究者は自身の立場をどのように認識して学校評価及び評価後の取り組みを進めたのかについて記述していく。

　本章における「交流」は、教育関係者と研究者による学校評価、学校経営への取り組み、両者の議論や対話を想定している。本章の取り組みを通して、学校評価及び学校経営に関わる研究者の立場、第三者評価を通した学校の組織体制整備、学校経営コンサルテーションの方法探究に接続する知見を得る。

　これまで教育経営研究者が学校現場とどのようにして関わるのか、或いは学校経営のコンサルテーション、学校支援をどのように行うのかについて検討がなされてきた（例えば九州大学学校経営コンサルテーション室編 2018, 福本みちよ 2018等）。特に、実際の学校経営に研究者が関わった事例も幾つか紹介されており、『日本教育経営学会紀要』における「教育経営の実践事例」で幾つか取り上げられている。例えば、押田他（2011）は、家庭・地域との連携を進める学校の取り組みを支援しており、その際のエピソードを基に学校──家庭・地域の連携を深化させていくための方策について考察して

いる。「学校協議会」に研究者が学校に関わっていく中で、継続的な学校訪問や関係者とのやり取り、事務局の設置を通した教職員集団の主体的な動きの引き出し、生徒中心のワークショップの組織を通した保護者・地域住民のコミットメントを高めることで、学校の課題の言語化・共有化を行い、新たな実践の創出に貢献している。他方で屋敷（2010）は、学校運営協議会長として、自らが関わった中学校の学校運営協議会について年度毎に活動報告をするとともに、学校運営協議会の活動の成果についてデータを基に詳細に報告している。会長を務める研究者が学校運営協議会の取り組みを詳細に紹介している点は興味深い。しかし、屋敷は保護者 OB としての立場で学校運営協議会に参加しており、屋敷自身が研究者という立場でどのような役割を果たしたのかについては、詳細に触れられていない。そして、諏訪他（2011）では、矢掛町において、研究者が学校評価における第三者評価システムの開発、並びに第三者評価に関わった際の内容を取り上げている。

　以上の論稿は、教育経営の実践事例として、研究者が「当事者」として学校経営について何らかのかたちで教育現場と関わり、作業をともにしている点は興味深く、重要な知見である。しかし、学校との関係が作られていく過程や取り組みの詳細は重要だが、研究者自身が当事者として論稿を記述せざるを得ないため、内容の客観性に課題が残る。また、研究者による学校経営コンサルテーションが実施された事例に関する論稿も、研究者側がコンサルタント ── コンサルティの様子を描いている（九州大学大学院学校コンサルテーション室編 2018）。

　そこで本章では、これまでの研究者と学校現場とともに進めた教育経営の動向、学校経営コンサルテーションの動向を踏まえて、学校評価における教育関係者と研究者による交流過程について諸資料の検討、当事者達へのインタビュー調査等を通して記述していく。特に本章で取り上げるのは矢掛町である。矢掛町は平成18年度から文部科学省委託研究として、学校評価システム構築に向けた研究を開始した。同町の学校評価システムにおいて特徴的であり、且つ、積極的に取り組まれているのは研究者等が評価者を務める第三者評価（専門評価）である。矢掛町に関して取り上げている論稿は多く、同町の学校評価システム構築に関わった教育関係者、研究者等が作成した書籍

が発刊されており、文部科学省委託研究報告書も複数公表される等、同町関係者の意欲及び活動量が窺い知れる。本章では、当事者達が記した豊富な資料、同町の学校評価を取り上げてきた各種論稿を手掛かりにしながら、筆者が行った関係者へのインタビューデータを基にしながら記述を進める。

　本章の構成は、まず、対象事例の概要について確認し（第2節）、矢掛町の学校評価システムの概要を確認しながら（第3節）、同町における教育関係者と研究者の交流過程を記述する（第4節）。最後に、本章で確認した内容を基に、教育関係者と研究者の関係、教育現場への研究者の関与可能性について提示する（第5節）。

第2節　対象事例・方法

（1）対象事例の概要と選定理由

　対象事例の矢掛町は岡山県南部に位置しており、人口は14,000人程で、学校数は小学校が7校、中学校が1校設置されている。矢掛町を選定した理由は、主に4点である。

　第1に、学校評価システムの構築及び学校評価実施に力を入れており、特に教育経営、教育行政研究者が第三者評価者・専門評価者として長期的に関わってきた点である。

　第2に、現在も同町において学校評価が継続して行われており、年に1度、教育委員会事務局、学校（管理職）、町内各校で学校評価、学校運営協議会委員として関わっている研究者達による「矢掛町三者協議会」が開かれ、町全体の学校評価、学校運営協議会の方向性について議論されている点が挙げられる。

　第3に、矢掛町教委事務局が発行した資料、同町に関連した論稿が豊富な点である。矢掛町全体の取り組みや各校の取り組みを報告した資料が複数発行されており、特に、矢掛町第三者評価研究委員会・第三者評価委員会編集(2011)『「学校力」を培う学校評価 ── 持続可能な第三者評価・専門評価の在り方を探る ──』のように、第三者評価・専門評価を担当する研究者自身が、評価の取り組みそのものを研究者も含めた当事者が紹介している。しかし、紙幅に限りがあるせいか、各校を担当した研究者による第三者評価・専門評

価の流れの説明、評価システム整備の研究に関する言及が多い。そのため、第三者評価・専門評価の際に研究者自身が意識したこと、評価後の学校との関わりや取り組みの変化、当事者の細かな意識等について、あまり多く記述されていない点は留意すべきである。

第4に、同町で実践された学校評価結果を基に教育実践の見直し、学校運営の改善が進められている点である。詳しくは後述するが、同町の教育委員会は設置者として学校評価の結果を学校施設の整備等も含めた条件整備にも活用していることから、学校と教育委員会が学校評価を一定程度重視している事が推察される。福本昌之（2013）においても、同町の学校評価システムの実現にあたり、教育委員会が主体となることの重要性を指摘するとともに、学校評価システムが有効に機能するための条件・要件について記す等されている。

（2）方法

本章では、主に2点のデータを用いて記述していく。第1に、矢掛町発行資料及び同町に関連する論稿である。第2に、インタビューデータである。主にインタビューでは、同町の教委事務局関係者（同町立学校勤務経験者）、学校評価システム構築に関わった研究者（第三者評価・専門評価も経験）にインタビューを行った。インタビュー調査対象者の選定理由は、研究者A氏は学校評価システム構築の取り組みに当初から関わっている点、教委事務局

表10-1　調査概要（筆者作成）[1]

インタビュー調査対象者	調査日	場所	インタビュー時間
研究者A氏	2022年11月2日	筆者所属先研究室	126分
教育委員会事務局元指導主事B氏	2022年11月15日	教育委員会事務局会議室	78分
研究者C氏	2023年1月20日	C氏所属先研究室	62分

1）インタビューデータは、文字化した後に調査対象者の確認を受けたものを使用している。また、本章は矢掛町教育委員会、調査対象者から原稿内容の確認、自治体名の記載許可を得ている。

元指導主事 B 氏は、教諭、学校管理職、指導主事という３つの立場で同町の学校評価に関わっていた点が挙げられる。また、研究者 C 氏においても、学校評価システムの構築から現在に至るまで関わっていることから、同町の取り組みを経時的に記述するのに適した３名を選定した。インタビューを引用する際は文意を損ねない程度に加除、修正している。

第３節　矢掛町の学校評価（第三者評価）システムの概要

　教育関係者と研究者の交流について記述する前に、矢掛町の学校評価システムについて概要を整理する。

　同町の学校評価の目的は、「各学校が行う教育活動その他の学校運営の状況について評価し、学校に対してその取組を評価したり、具体的な改善策を示したりすることにより、組織的・継続的な改善を図ることを目的とする」とされている[2]。同町の学校評価のコンセプトは、①学校改善につながる学校評価、②負担感の少ない学校評価、③地域に根ざした学校評価である（小山 2011）。

　同町の学校評価システムは、自己評価、学校関係者評価、第三者評価で構成されている。特に、学校評価システム構築にあたり、第三者評価（専門評価）に注力してきた。平成22年度には大学関係者７名、教育行政関係者５名、地域関係者２名、小中学校長８名、教頭２名の計24名で評価研究委員会を構成して、矢掛町に適した学校評価システムの構築に向けた研究を進めてきた（岡野 2011: 8）。なお、今回は本章の目的に適う第三者評価の方法について詳細に紹介する。

　第三者評価の基本的な考え方として、「評価者の専門性や客観性を生かす評価」（岡野 2011b:28）が象徴的である。第三者評価者（現在の同町では専門評価委員）は、大学関係者、元校長、教育行政関係者、地域関係者の中から委嘱しており、令和５年度時点の専門評価委員は10名で、評価者達は町内の学校で学校運営協議会委員を兼務しているケースが多い。

　第三者評価の方法は、事前に学校から評価者に対して、関係書類（学校評

表10-2　矢掛町における学校評価事業の取り組みの主な流れ

年	内容
2006〜2008年	（文部科学省委託研究）「義務教育の質の保証に資する学校評価システム構築事業」
2008〜2009年	（文部科学省委託研究）「都道府県・市区町村が主体となる学校の第三者評価に関する調査研究」
2009〜2010年	（文部科学省委託研究）「第三者評価ガイドラインの策定に向けた実地検証（地方実務型）」
2010〜2011年	（文部科学省委託研究）「学校評価・情報提供の充実・改善等に向けた取組──学校評価の充実・改善等に有益な取組についての実践研究──」
2011年	『学校評価──やかげバージョン──』完成 梶田叡一監修、武泰稔編著『「学校力」を培う学校評価〜矢掛町のチャレンジ〜』三省堂　発刊

（小山 2011:15から抜粋し、筆者が加筆修正して掲載）

価書、学校要覧、評価当日の時間割および時程表）が提出される（岡野2011b:30）。評価は1日かけて行うかたちである。午前中は登校観察、職員への挨拶、教室巡回（朝の活動）、授業観察、保健室観察を行い、校長、教頭、教職員、保護者のそれぞれと面談、児童・生徒と給食を共にして、午後は掃除観察、授業観察、教職員、校長・教頭との面談、職員会議等の観察を実施する（岡野2010）。特徴的なのが、同町の評価フォーマットは文章表記を中心とした記述方法を採り入れている点である。評価項目・指標は、矢掛町の実態に合ったもの、簡潔でわかりやすいものという観点で作成されており、学校が様々な基準を満たしているかどうかよりも、学校の取り組みで評価できる点や課題、改善策について詳細な情報を提供することが期待されているためである（岡野2011b:28-30）。評価委員は、評価項目や評価基準に沿って評価し、評価報告書作成に向けての資料の提出、意見を述べたりして、評価委員は各委員の資料や意見を反映した評価報告書を作成する（岡野2011a: 7-8）。評価実施後は、事務局で評価報告書の内容について事実誤認等の点検、評価報告書について各評価委員の点検・確認を受けた後、評価リーダーが学校を訪問し、学校に手交する（岡野2011a: 8）。矢掛町の第三者評価の特徴の1つはこの手交であり、手交の際には学校によっては評価結果を全ての教

表10-3　矢掛町学校評価書様式（令和 3 年度版）[3]

3 ）フォーマットのデータは矢掛町教委事務局から提供を受けて、掲載の許可を得た。

144

職員に説明し、質疑応答・意見交換を行う場が設定されている（高瀬2011）。

第4節　教育関係者──研究者の交流

　本節では、前節で整理した矢掛町の学校評価システムが教育関係者と研究者の交流によってどのように構築され、現在にまで至っているのかについて記述していく。

（1）教育長による学校評価システム構築の発案

　矢掛町において学校評価システム構築の取り組みが開始された主な理由は、第1に、当時の教育長（武泰稔氏）による発案とリーダーシップである。同町が学校評価システム構築に関する研究を始めた頃に当時の教育長が声をかけたのが、研究者のA氏である。教育長とA氏は某県の教育委員会関連の仕事で知り合い、教育長がA氏に「一緒にやりませんか」と声をかけたところから、学校評価を通した教育現場と研究者の交流が開始した。この他にも、当時の教育長のリーダーシップによって様々な動きが生み出されていく。

　第2の理由は、矢掛町教育行政の規模である。矢掛町は既述の通り、学校数は小・中学校で8校であるため、他自治体と比して関係者間のコミュニケーションが取りやすいことが当事者達から語られている。当時の教育長は、A氏に対して、「全国レベルよりも身の丈に合った、背伸びをしないで出来る範囲での学校評価、評価のための評価ではなくて、役に立つ学校評価にしてください」という主旨の要望をしていた。この点については、後に立ち上げられる研究委員会に対しても、「学校運営の改善に役立つものであること」、「被評価者にも評価者にも負担感が少なく、有用感が大きいものであること」（武2011a: 5）として要望している。

　A氏は学校評価システム構築にあたって、「これから学校評価の時代を迎えるということで、1つは研究面で興味があった。タイミング的に、今ここで、矢掛で、日本でも先駆的な実践をやっていこうじゃないか。」（A氏）という意識で、教育長の意欲、国内でも数少ない事例になるため、先駆的且つ実践的研究に取り組む意欲を持つこととなる。

　他方で研究者のＣ氏は、同町の教育総合審議会が立ち上がった際に、他の研究者を介して副会長に就くように矢掛町から依頼があったところから、同町と関わり始めた。また、同町は、ほぼ同時期に学校評価に関する試行事業を国から受けており、事業の研究評価委員長のＡ氏は先導役、Ｃ氏は事業をより機動的に動かす役回りを教育長から依頼されている。

　　私自身がまずは学校評価とはどのような営みであり、どのような意味とか目的とか、そこに付随する課題とか問題があるのかなということを、私自身が研究者としてしっかりと理解をしていくっていうことを、まず自分自身に旨として捉えました。（Ｃ氏）

　他方でＣ氏は、当時、全国的にもあまり見られない取り組みを進めるにあたり、下記のような意識も同時に持っていた。

　　同時に、それは恐らく全国の初めての試行事業だったと思いますので、関係者の方々も不安でしかないだろうと。<u>「何のためなの、これは」ということは当然思われるでしょうから一緒に学ぶつもりで。</u>
　　（中略）教育長が最初から言われていたように、学校を元気にする、役に立つ、負担感のない矢掛独自の学校評価をつくっていこうというスローガンに非常に私も共鳴しまして、それを皆さんで共有する、それが実現できるような学校評価という仕組みを関係者皆でつくっていきたいというのが基本姿勢でありました。（Ｃ氏）（下線部筆者）

　また、Ｃ氏は、教育現場関係者と作業を進めるにあたって、自らの関わり方を下記のように意識していた。

　　これは私個人の性格、特性なのかもしれませんけれども、一緒に共同作業をやっていく上で、やっぱりコミュニケーションが大事だろうと。私も若かったんですが、それでも皆さんは<u>研究者ということで、何か難しいことを言うんじゃないかとか、あるべき姿に自分たちが引っ張られるんじゃ</u>

*ないかといったような不安もあったんですね、正直言って。なので、私も
矢掛に適した学校評価をつくるための同じメンバーですよといったこと
で、日ごろから公的なことや私的なことも含めてさまざまな話をたくさん
していったということです。（C氏）（下線部筆者）*

全国的にも例の少ない取り組みであったとともに、教育現場と研究者の交
流を円滑に進めるために研究者としての自身の関わり方を上記のように定め
ていることが窺える。

（2）学校評価システム導入後から第三者評価（専門評価）に至るまで

学校評価システム導入開始後、A氏が実際に学校評価に関する業務で訪れ
た際に、校内を歩き、児童らと給食を共にした際に気付いた点を評価書に盛
り込み、学校に提出した際に、学校評価システム構築当初の心情が反映され
ている。

*　私の印象に残っているのは、例えば、ある小学校に学校評議員として出
向くと、玄関を上がるときに、正面の階段横のクロスがペロッと剥がれて
いるんです。「先生方、あそこのクロスが剥がれているんですけど、玄関に
入って何とも思いませんか」と言うと、先生は、「いや、もう見慣れている
と、あれも（学校の）一部になって全然気になりません」と。そういうと
ころに対して、やはり学校評価として、「玄関を入って目の前にあるクロス
が剥がれているのは直したほうがいいんじゃないか」ということを言った
ら、次の年に直っているんです。（中略）
　「おお、学校評価って役に立つんだな」と、そういう声があったりしまし
てね。また、子どもと給食を食べたりしますよね。そうすると、「今日のメ
ニュー何？と聞くと、今日カレーうどん。ええな、カレーうどん好きじゃ
し」と言ったら、寒い時期で、スープとかが冷えているんです。子どもた
ちは震えながら。「このうどん冷たいね、確かに」と。でも先生は「残さず
食べましょう」言うわけ。でも子どもは震えながら食べるので、これ
ちょっと何とかならないかなと。*

　この件を尋ねると、「いや、あれは地域給食センターから配送されていますので、この小学校は一番遠い所なので幾ら保温をきっちりしても届くと冷めてしまうんです」と。そこで、「何とかならないですか？」って言うと、これも工夫してもらいまして、給食が着いたときに温めるような設備を導入して、温かいうどんを食べられるようになりました。そうすると「おお、学校評価って役に立つんだ」と先生方に喜ばれて、学校評価が役に立つというのが実践で目に見えた。（A氏）

　上記のA氏のエピソードは細かな例かもしれない。しかし、学校評価及び評価書に評価者が指摘した事項が、学校運営に反映された点に教員や評価者である研究者が一定程度の成果認識を持っている点が推察される。評価書は学校側に渡されるものだが、同時に学校の設置者である教育委員会にも渡ることで、実際の学校運営の改善にあたり、設置者としての対応や学校への支援が必要となる。この点についてA氏は学校評価を通して学校に向けて指摘、意見を述べることで町内の学校が、教育委員会に対する意識が変わったとしている。

　学校評価の結果を設置者に報告する義務があります。また、設置者の義務は、評価書の内容を見て、やはりここは改善しないといけないという点は、設置者の責任なので、設置者が対応してくれる。この点が学校側に広がっていったというのは大きいと思いますね。そうすると、今まで単に報告書を出せばいいんだと、毎年ルーティンで、この時期になったら作文して評価書を出すと。評価書を出して、「ここが課題だ」、「ここが壊れている」、「屋根が雨漏り」と書いても、反応はないというところが多いんですけども。もちろん予算枠がありますので、できることとできないことがあるんですが、大体設置者は対応してくれるんです。そういうところが、学校評価に関わってよかったなと思いました。（A氏）

　学校教職員側から設置者に対して条件整備要求をするだけでなく、学校評価を通して評価者の側からも学校内の課題について指摘することで、設置者

を動かしたことが推察される。他方でC氏は、矢掛町の特性である可能性を述べながらも、教育関係者とのフラットな議論を通して取り組んだ事を述懐している。

　やはりこれは矢掛町の特性によると思うんですけれども、田舎で小規模で先生方の関係性も中学校も含めて良好でした。保護者の方とか地域の方々も総じて非常に友好的な関係がありましたので。例えば、聞き取りのために学校に入るとか、学校の授業を観察させてもらう時にも、先生方の内面の本心は分かりませんけども、比較的肯定的に向き合って、いろんな話を率直にしていただけたのかなと思っています。
　私が、それも含めて肝だと思うのは、資料にも報告書にも書いてありますけども、<u>教育委員会の幹部の方や校長先生や研究者が決めて、それを学校はやりなさいというスタイルを取らなかったんですよ。</u>実際、ワーキングのメンバーに各学校の教頭先生や、場合によっては教務主任の先生が入っていただいて、その方々の感覚というか、願いとか思いといったものがすごく率直に語られて、そこで徹底して議論をしたんですよ。(C氏)(下線部筆者)

また、C氏は研究者としての自身が教育関係者と関わる上で、どういう意識で関わっているのかを、言葉や態度といった姿勢で示すことの必要性を下記のように述べている。

　ただ、私のことは一般化することももちろんできないんですけれども。場はどうであれ、いかに研究者が建前だけではなく本音で話をするとか、本当に自分がその学校や地域やCに対して、こういう思いで関わっているっていうことを直接、間接ではなく、直接的に言葉として伝えていく、態度で、行動で示していくと、さまざまな情報が、有形無形の情報が、結果として得られるのかなということですね。(C氏)

C氏においても教育関係者と関わりを持ち始めた当初は「外部者」として

の性質が強かった。しかし、前述のような教育関係者と作業をして、町外の
先進事例の視察を行い、徐々に行動や作業を共にしていくことによって「内
部者」になっていくプロセスを経ていったようである。

　ここまでは研究者が語ったエピソードに触れる事で、学校評価システム構
築の開始当初から様々な点で学校評価の効果が垣間見えてきた。しかし、評
価を受ける学校側は、必ずしも開始当初から学校評価システムそのものを前
向きに捉えていなかったことが、B氏のエピソードから窺える（※B氏の学
校はA氏が訪問した学校とは異なる）。

　　第三者評価が近づくと、これだけの資料を送ってくれっていうのが言わ
　れますが、ものすごい量の資料だったんです。私は当時研究主任として、
　研究関係の資料を作れという指示が来まして。自分なりにまとめたものを
　校長、教頭に出したんですけれども、校長、教頭の点検を受けて、いくら
　か手直しをしてそれを学校として送りましたが、追加資料がまた求められ
　て。更に資料作成にかなり時間がかかり、やっと送りました。なので、評
　価チームが来るまでにかなり自分の中で徒労感があって、評価ってしんど
　いなっていうのが私の評価に対する第一印象でした。それが、その後に教
　委事務局に入って学校評価を進める中で自分の中に「しんどい評価だけは
　やっちゃいけんっていう」のがもうバイブルのようにたたき込まれたんで
　す。ほんとにしんどかったので。自分の日頃の業務をこなしつつ、資料を
　そろえるのは。（中略）
　　資料の内容は、研究主題設定の理由決定のために先生方にとった事前ア
　ンケート、前年度の子どもたちの実態のアンケートとか、そういうものも
　全部添付して、研究の理論の部分、研究組織をこういう組織にしたとか、
　仮説をこう立てたとか、1年間の研究計画をどうしているかとか。一般的
　にあるどんな学校もしているような校内研究の理論の部分に関係資料を添
　付して送ったんです。（B氏）（下線部筆者）

上記以外にもB氏は、学校評価の実施日に研究主任という立場で評価者か
ら45分間のヒアリングを受けている。

150

B氏：質問の中には、それはもう事前に送ってる資料の中にきちんと明記
　してあることなんだけれどなっていうことも聞かれたりとか。半分ぐら
　いの質問は「なるほど」と思う質問で、私も勉強になったんですけれど
　も、そうでない質問もあったりして・・・（中略）。
　　学校評価の全日程が終わり、忘れたころにこんな分厚い評価報告書が
　郵送されてきました。
筆者：そんなに分厚かったんですね。
B氏：分厚かったです。かなり分厚かったです。ところが、めくれどめく
　れど、「特記事項なし」とか「問題なし」みたいなところにチェックが
　入ってるぐらいで、なんら改善にも結びつかなければ、やる気にも結び
　つかなければ。私達って、3日間かけてあれだけの資料を送って、ヒア
　リングを受けて、授業見られて・・・。終わったらこんな分厚い評価報
　告書が来たから「やったかいがあった」って思って見たら、「問題なし」、
　「問題なし」で。何カ所かはちょっとコメントみたいなのが2〜3行書い
　てあったんですけど、ほとんどそうだったんです。

（中略）

B氏：アンケート調査から、昨年度の子どもたちの見取りのことから、そ
　れらを基にこういうふうな主題設定をしましたみたいなことも、結構詳
　しく書いたものを事前に送っていたのに、それを聞かれるっていうこと
　は、私が間違ったことを言わないかっていうことを試しておられるのか、
　読んでおられないのか、なんなんだろうかなと思いながら。一応お答え
　はしましたけど、そうしたら「なるほど」みたいに初めて聞かれるよう
　な感じでうなずかれるのも？でした。
筆者：確認したかったんでしょうかね。
B氏：確認のレベルなのか、なんなのかなと思って。そこのあたりも要は
　ずっと？が頭から離れないような試行の第三者評価を受けました。

　B氏は、ヒアリングの中でも事前に送付している資料の中身について尋ね
られたことについて上記のように述懐している。その後B氏は学校から同町
教委事務局に指導主事として異動し、研究者であるC氏から学校評価に関し

てのアドバイスを受けながら、同町の学校評価システムの整備を進めていくことになる。

　　C先生と連絡を取って、いろいろ教えていただいたように思います。こ
　れから矢掛町が学校評価をシステムとして導入するにあたって、どんなこ
　とに気を付けてというか、どういうふうに考えていったらいいのか、ほん
　とに全く分からなかったので。(B氏)(下線部筆者)

　上記のように、B氏は学校評価システムについて不明な点が多かったため、教育経営研究者であるC氏の助言を参考にしていく。こうした点は、教育行政機構から新規の政策や制度が学校に導入されるにあたり、研究者による制度解説や実務的な支援・参画等が学校現場に一定の貢献を及ぼす点が推察される。また、当時の教育長からは、C氏以外の同町近隣の高等教育機関に所属する研究者達にもコンタクトを取るように指示が出されており、同町と研究者の関係拡大に繋がっていることが窺える。

　他方で、研究者側も学校評価を進めていく中で改善点に気付く。学校評価システム構築の研究を開始して2～3年後に、評価書を校長に手渡す「手交」を行い、評価書の記載内容を教員の前で説明するように方法が変更される。A氏は、「なぜ、ここがいけなかったか」、「ここを改善する必要があるんです」ということを全教職員の前で報告することで、一部の教職員だけが関わっているのではなく、全校的な取り組みになるようにしている点が特徴と述べる。手交開始当初、A氏は学校の雰囲気を下記のように感じ取っている。

　　校長先生に手交を始めた時は、学校全体まで学校評価の考え方が共有さ
　れていないなと感じました。最初の頃は「何かやってるわ」みたいな感じ
　で。小規模校が多いですので、各先生に学校評価のアンケートとかの分担
　が来るんです。そういうアンケートが大変だとか、「分析が大変だ」とか、
　「目の前の子どもに向き合いたいのに、何でこんなアンケート集計とかを
　しないといけないのか」という声は、直接ではないですけど間接的にあり
　まして。授業の準備とか、本当にいい授業、授業で勝負しないといけない

んで、そのためにやっているのに、アンケートを取ってそれを分析して、割り当てられた学校評価書の自分がここの担当だから文章を書かないといけないとか。それが、何年かするうちに、学校評価の改善が目に見えるようになって、それで少し矢掛町の場合は反応が違ってきたかなという印象は持っています。(A氏)(下線部筆者)

また、第三者評価を行うにあたり、学校個別の課題に対応する必要性が生じてきた。このため、学校課題に適したメンバーの選定・紹介等、第三者評価システムの実務上の修正が研究者側でもなされていく。

　第三者評価でいろんな分野の教員が必要になりました。例えば、ある小学校は、今度、第三者評価してくださるなら、特別支援に関する先生にいろいろ指導していただきたいという要望があったので、我々の専門は教育経営とかですから、「○○大学にこういう特別支援の先生がおられるよ」、じゃあメンバーになってもらおうとか、いろんな分野の先生をメンバーに加えたと。
　これまでの大学関係者は教育経営を専門にしている人が中心だったので、もっともっと学校の需要、今学校が困っているところに対応した大学教員をメンバーに加えようということで、声を掛けて広げていったということです。(A氏)

上記以外にも、例えば授業実践面においてモジュール学習等、教育方法についてコメントする評価者がいたため、評価先の学校からも好評を得ていたとA氏は述べる。また、第三者評価を行った立場として、下記のような手応えも感じている。

　専門評価(第三者評価)はチームでやりますから、いろんな分野のいろんな角度から助言ができる。評価者同士も勉強になりますね。「ああ、こういう見方もあったのか」と。分野が違う研究者が話し合いをしますので、そういう意味では、いろいろ知見とか視野が広がるという効果はあったと

いうように思います。（A 氏）

　また、第三者評価等の経験を経た後に、研究者が学校評価に関わることの
意味合いについて、自身の立ち位置を下記のように述べている。

　おそらく学校関係者評価のメンバーだと、その地域の方は、学校のこと
に詳しくて、そこのことはよく知っているけれど、他の学校の様子は分か
らなかったりするというのが多いのですが、その分大学関係者や研究者
は、ほかの学校の情報とかが分かりますから、そういう意味でアドバイス
ができる。それが、果たすべき大学関係者としての評価のあり方ではない
かと思います。（A 氏）

　上記の意識は、研究者が客観的、俯瞰的に対象事例を見ながら様々な研究
知見や情報の提供、指摘等を通して評価活動を行い、学校と関わろうとして
いることが推察される。
　C 氏は、A 氏とは少し異なり、同町の学校評価に関わってきた自身の取り
組みについて、変わらずに持ち続けている意識があり、ワーキンググループ
の活動をしていた頃から現在の立場に至るまでの文脈で語っている。

　私自身が、学校評価試行事業が狙いとする学校の良さ、そして学校課題
を適切に把握し改善策のヒントを提供する。コンサルテーションっていう
つもりではなかったんですけど、学校課題をちゃんと授業で見取る、生徒
指導とか特別支援とか保護者との連携、地域との連携とか、全方位的に私
が見立てるというか、その力があるのかなっていう不安は常に自覚的にと
いうか省察的と言いますか、そういうのは持っていたのは今もはっきりと
覚えています。現在もそうですけれども。（C 氏）

　C 氏は、言わば「控えめ」に自身の立場や取り組みを捉えようとしており、
学校評価を通して学校の改善策の提供等を当初から現在に至るまで変わらず
に意識している様子が窺える。

　そして、教員としてB氏が負担感を感じた学校評価システムもC氏をはじめとした研究者と教育現場関係者の間で修正が図られていき、平成20年に第三者評価システムの本格導入が進められ、同町の学校評価システムが大きく変化した。特に具体的な修正点は、文章記述による評価方法の導入である。この時の事をB氏は、「学校は最初は構えた」としていたが、徐々に評価書等を文字化することで職員室の方向性が揃い始めたと感じており、教職員から前に進んでいる感覚が得られる旨の自由記述等が見受けられたと述べる。この後、作業部会等、各種部会を編成等してメンバーの入れ替えを行いながら学校の評価に関する負担感を減らす修正がなされていった。

　同町の第三者評価は数年にわたって構築されていったが、最終的には、学校評価政策の動向が自己評価と関係者評価にシフトしていった。しかし、同町は研究者による評価を受けて「手応え」を感じていたため、第三者評価を残すことを選ぶ。その際に、第三者評価は、教育を専門とする者、地域の事を専門とする者が評価を行う「専門評価」として再定位された。自己評価と関係者評価の実施が中心になることから、専門評価は約3年に1度、1人の校長が在任中に1度は専門評価が巡ってくるサイクルが考案されていくこととなる。

（3）学校・教育委員会事務局・研究者による「矢掛町三者協議会」の実施
——「みる・みられる」関係から施策づくり・実践づくりのアリーナへ——

　前項までに記述してきたように矢掛町で学校評価に関する取り組みが長年にわたって継続されてきた。また、矢掛町で特筆すべき点として、現在、学校・教委事務局・研究者による「矢掛町三者協議会」（以降、三者協議会）が年1回開催されている点である。同会を実施する理由は、学校評価システムの運用の状況、学校運営協議会の取り組みについて確認、方向性の共有、修正をしていくためである[4]。三者協議会の参加メンバーは、校長（又は教頭）、研究者（専門評価委員）、教委事務局で構成されている。また、同会の特色として挙げられるのが、第1に、研究者による同町の学校評価システムに関する説明がなされる点である。特に、学校評価システムの基礎的な理解、学校評価の利用の仕方について解説されており、年度に1回、評価委員、校長等、人事異動もあることから三者協議会のプログラムに組み込まれてい

る。過去に屋敷（前掲）は、学校運営協議会活動の課題として、新しく異動してきた教職員に対して、地域運営学校であることや活動実績の理解を促すには校内の研修だけでは不十分だとして、教育委員会が研修の役割を担う必要性を指摘している⁵⁾。この点で、研修対象として町内の学校管理職が含まれている事、研究者がシステムの説明、議論のファシリテーターを務めながら研修と今後の協議を進める同町の取り組みは興味深い。

　第2に、グループ協議である。複数校の関係者と委員が1つのテーブルに座り、研究者がファシリテーターをしながら、着席している学校の評価方法、内容の改善、学校運営協議会の内容報告等を通して議論を深めていく。

　しかし、三者協議会の開始当初は、教委事務局による大学訪問（主に専門評価委員に学校評価に関するヒアリングを行う）の報告、各校の関係者が成果と課題を、研究者も加わって一言ずつ発言していくかたちで運営されていた。その後、B氏は研究者達と、参加者がグループに分かれて協議するかたちを考案し、学校評価システム構築に関わっている研究者にファシリテーター役を依頼するとともに、学校評価に関わる関係者が同じ方向を向くために、他の研究者に学校評価システムに関するプレゼンテーションを依頼している。グループは学校規模が同等又は近しいもので作ったり、行政順にグループをつくったりすることで、グループ協議の目的に応じて参加者間の気付きを促すかたちになっている。

　また、三者協議会も現在のような開催方式になる前は、グループ協議も導入されておらず、加えて、教育現場関係者は下記のような認識で大学教員

4）過去には「大学訪問」というかたちで学校評価を担当している大学教員の元に教委事務局が訪れて、個別にヒアリングを行っていた。現在は各校の学校運営協議会前等にヒアリングを行い、個と組織全体で学校運営協議会や学校評価システムに関する意見集約を行っている。
　なお、矢掛町の三者協議会は全国的にも珍しい取り組みだが、例えば京都市では「学校運営協議会及び学校評価に関する検証委員会」が開かれており、「第三者的な視点により、本市の学校評価（自己評価・学校関係者評価）の実施状況や学校評価システムの客観性・信頼性の検証及び学校運営協議会の運営についての評価を行うことを通して、本市の学校教育の質の向上を目指す。」とされている。しかし、研究者は委員だが、学校管理職は委員として含まれておらず、公募委員、民間企業関係者等が含まれている点が確認できる。https://www.city.kyoto.lg.jp/templates/shingikai/kyoiku/0000212270.html（確認日：2023年5月7日）。
5）屋敷（2010）において、学校から教育委員会に対して回答書を求める意見・要望書の提出が、教育行政の意識改革につながる可能性について触れられている。この点で本章は、学校評価に関する事例を取り上げ、設置者である町教委の対応について若干触れている。

156

（研究者）を捉えていた。

> 　三者協議会をするにあたっても、やっぱり現場からすると大学って名前が付くだけで、ちょっと上に見ているんです。教授とか付くと、雲の上の人みたいな感じで。だいぶ考えてから物を言わないといけないのかなみたいな。自分が初めて第三者評価を学校で受けた時のような、ちょっと偉い人みたいな感じがあって。三者協議会がそれまでもなんとなく大学の先生方に「教えてください」みたいな、すごく位置関係が偉い人に教えを請う会みたいな空気感があって・・・。*(後略)(B氏)*

　上記のような三者協議会の雰囲気に対して、大学教員の中からも学校をより良くするという点で同じ立場であり、水平的立場でなければ意味をなさないという意見も出され、こうした意向も関係者に度々伝えられ、三者協議会も工夫が凝らされていく。
　学校評価システム構築に注力した同町の教育関係者と研究者達だったが、システム構築に留まらず、システムの見直しのための協議の場を設けて、加えて同町の学校運営協議会制度の運用状況についても定期的に確認する等して、自治体の教育経営を進めているのである。

第5節　まとめにかえて

　本章の目的は、学校評価システムの構築及び実施に取り組んだ教育関係者と第三者評価の担当でもある研究者との「交流」に焦点をあてて、両者の関係を記述していくことであった。本章の内容から主に3点を指摘したい。
　第1に、研究者による学校経営コンサルテーションツールとしての学校評価の運用可能性である。学校評価システム研究を発案した当時の教育長の武氏は、「コンサルティング的な学校評価」（武 2011:186）の存在の必要性について言及しており、同町の取り組みでも学校のアカウンタビリティための学校評価ではなく、学校経営を支援していくためのツールの1つとして活用されていた。実際に同町の学校は研究者との綿密な連携を進めており、研究者

自身も教育現場の支援というスタンスも確認され、また、フラットな立場で学校評価を進めながら諸課題に対応してきたことが推察される。このため、第三者評価（専門評価）において研究者がコンサルティングの意識を持って学校評価を行うことで、学校経営に貢献できる可能性が考えられる。

　第2に、学校・教委事務局・研究者による教育施策や学校経営に関する意見交流を行う重要性である。矢掛町の三者協議会の取り組みは、三者協議会というオープンな場で町内の教育関係者と研究者が定期的に学校経営、教育実践について評価、実践内容の共有、課題共有や解決を目指して交流していた。学校評価は個別の学校の取り組みについて振り返る機会だが、矢掛町は学校評価制度の導入当初の立脚点に立ち戻り、導入施策の評価及び修正に向けた議論、また、学校教職員の人事異動や委員の交代等、人材の流動性も考慮した上で町全体として成果と課題の共有等を進めていた。これらの取り組みは、各校の学校経営状況の共有、自治体レベルの施策ビジョン、教育ビジョンの修正につながるとともに、各関係者が議論を共にするため、「評価のための評価」の脱却、自治体の教育経営の整備に接続する取り組みである。

　第3に、学校経営のコンサルテーションを通してその後の自治体の教育施策の立案、形成に影響を及ぼす可能性である。A氏が学校評価を通して設置者が「動く」事の重要性について言及していた。このため、研究者が自身の「眼前」の学校に対してコンサルテーションを行うのみならず、学校の設置者である教育行政も見据えてコンサルテーションを行う必要についても指摘しておきたい。特に小規模自治体であれば、4節の冒頭で記した「機動力」を活かして、自治体内の全校で実施も可能かもしれない。しかし、小規模自治体であるため誤った施策運用にミスリードしてしまうと自治体の教育全体に負の影響を与える可能性があるため、研究者は慎重に関与していく必要があるだろう。

　最後に本章の課題を述べる。本章が取り上げた矢掛町の取り組みは、研究者と教育現場との関係、学校経営コンサルテーションも含めて様々な示唆を与える事例である。但し、「町の実状やリーダーシップのあり方、研究者の関わり方などについてはどこでも普遍的に適用できる条件ではないかもしれない」（福本昌之 前掲:188）との指摘もあるため、引き続き慎重に検討してい

158

く必要がある。加えて、本章では少数の関係者にしか調査を行うことができ
ていない。

　今後は大規模自治体をはじめとして他の自治体や学校で同様の取り組みが
可能なのか、先行研究が指摘するように知見を適用するための条件を検討し
なければならない。これに加えて、他の自治体で教育関係者と研究者がオー
プンな場で、対等に学校の取り組みを評価・交流・議論する等して自治体の
教育（施策）、学校経営の改善、発展を考える機会をどのように設定し、議論
を進めるのかについても視野を広げながら検討していきたい。

（小林　昇光）

引用・参考文献

・岡野浩美（2010）「2 研究の目的・内容・経過 矢掛町が主体となる学校の第三者評価に
　　ついて」、矢掛町第三者評価研究委員会・第三者評価委員会編集『「学校力」を培う学
　　校評価 ── 矢掛町の第三者評価 ──』、pp.4-11。
・岡野浩美（2011a）「2 研究の目的・内容・経過 ── 矢掛町に適した学校評価システムの
　　構築 ──」、矢掛町第三者評価研究委員会・第三者評価委員会編集（2011）『「学校力」
　　を培う学校評価 ── 持続可能な第三者評価・専門評価の在り方を探る ──』、pp.8-14。
・岡野浩美（2011b）「2 学校評価システムづくりの過程 ── 自己評価・学校関係者評価・
　　第三者評価 ──」、武泰稔編著『「学校力」を培う学校評価 ── 矢掛町の挑戦 ──』三省
　　堂、pp.22-31。
・押田貴久、仲田康一、武井哲郎、村上純一（2011）「学校 - 家庭・地域の連携に向けた研
　　究者の支援 ── 志木市立志木第二中学校における学校協議会の実践 ──（教育経営の
　　実践事例)」『日本教育経営学会紀要』第53号、pp.92-101。
・梶田叡一監修、武泰稔編著（2011）『「学校力」を培う学校評価 ── 矢掛町の挑戦 ──』三
　　省堂。
・小山悦司（2010）「学校改善につながる学校評価の実践 ── 矢掛町での5年間の学校評価
　　事業を終えて ──」『国際教育研究所紀要』第21号、pp.21-31。
・福本昌之（2013）「第9章　教育委員会・学校・専門家の協働による学校評価システム
　　── 岡山県矢掛町 ──」、福本みちよ編著『学校評価システムの展開に関する実証的研
　　究』玉川大学出版部、pp.165-192。
・九州大学大学院学校コンサルテーション室編（2018）『(平成29年度文部科学省受託研究)
　　「学校コンサルテーションによる OJT 型管理職育成の試行」研究成果報告書』。
・福本みちよ（2018）「第14章 学校改善における『支援』の意義」、日本教育経営学会編
　　『講座 現代の教育経営3 教育経営学の研究動向』学文社、pp.220-230。

・諏訪英広、福本昌之、小山悦司、岡野浩美、高瀬淳（2011）「学校改善を促す第三者評価システムの開発プロセスと実践 ── 矢掛町における取組事例 ──（教育経営の実践事例）」『日本教育経営学会紀要』第53号、pp.102-112。
・諏訪英広・岡野浩美（2020）「実践例3 コミュニティ・スクールにおける学校評価」『教職研修』2020年2月号、pp.32-34。
・高瀬淳（2011）「5 第三者評価の概要と特色」、梶田叡一監修、武泰稔編著（2011）『「学校力」を培う学校評価 ── 矢掛町の挑戦 ──』三省堂、pp.52-61。
・武泰稔（2011a）「はじめに」、梶田叡一監修、武泰稔編著（2011）『「学校力」を培う学校評価 ── 矢掛町の挑戦 ──』三省堂、pp.5-7。
・武泰稔（2011b）「おわりに」、梶田叡一監修、武泰稔編著（2011）『「学校力」を培う学校評価 ── 矢掛町の挑戦 ──』三省堂、p.186。
・矢掛町教育委員会（2006）『平成18年度義務教育の質保証に資する学校評価システム構築事業研究報告』。
・矢掛町第三者評価研究委員会・第三者評価委員会編集（2009）『学校運営の改善を図る矢掛町の第三者評価の試み』。
・矢掛町第三者評価研究委員会・第三者評価委員会編集（2010）『学校力」を培う学校評価 〜矢掛町の第三者評価〜』。
・矢掛町第三者評価研究委員会・第三者評価委員会編集（2011）『「学校力」を培う学校評価 ── 持続可能な第三者評価・専門評価の在り方を探る ──』。
・矢掛町教育委員会（2011）『学校評価 ── やかげバージョン ──』。
・屋敷和佳（2010）「（教育経営の実践事例）学校運営協議会活動の模索と成果・課題 ── 杉並区立向陽中学校における6年間 ──」『日本教育経営学会紀要』第53号、pp.124-133。

【謝辞】
　本章の作成にご協力いただいたインタビュー協力者の皆様、矢掛町教育委員会の皆様、研究者の皆様に心より御礼申し上げます。

【付記】
　本章はJSPS科研費（21H00820）の成果の一部である。

第11章

高校魅力化推進過程における学校経営の課題と展望
—— 熊本県を事例にして ——

はじめに

　「高校魅力化」が今日の政策的キャッチフレーズとして定着して久しい。近年の高校教育をめぐっては人口減少や過疎の深刻化に伴う定員割れが拡大し、かつ社会全体の産業構造の急激な変化も相まって、高校の存在意義が問われている。高校魅力化はこれら諸問題への対策の一環として取り組まれるようになった[1]。高校魅力化は内閣府主導で実施されている地方創生政策の一翼を担いながら積極的な展開をみせている。同時に、教育の側からもその可能性が言及されている。中央教育審議会答申「『令和の日本型学校教育』の構築を目指して —— 全ての子供たちの可能性を引き出す、個別最適な学びと、協働的な学びの実現 ——」（2021年1月26日）においても「高校生の学習意欲を喚起し、可能性及び能力を最大限に伸長するための各高等学校の特色化・魅力化」という節が立てられ、地方創生とともに高校教育の観点からもその重要性が主張されてきた。

　地域社会の維持・活性化と子どもたちへの教育的意義が結びついていることから「高校魅力化」概念の含意は一気に拡大していると言ってよい。樋田（2021）は高校魅力化を「地域が高校存続のために介入する際のマジックワード」であり、「高校が地域による支援を受け入れやすくするマジックワード」だと指摘している（p.71）。さらに、今日では産官学一体の取組が模索・

1）なお、この問題が政策的な論点になる前から「高校魅力化プロジェクト」と称して島根県隠岐島前が県立隠岐島前高校と協働して取り組んでいることは周知の事実であろう。

実施されており、高等学校の立場からみれば地域社会の願いに加えて産業界の要望、教育行政による方向づけなど外的な環境動態を受け止めながら学校経営を展開しなければならず、高等学校はこれまで以上に難しいかじ取りを迫られていると推察される。すなわち、各高等学校が教育活動を計画・実行する際、産官の期待や願い、ニーズ等に対して管理職を含めた教職員は時として混乱や葛藤、希望や可能性など様々な受け止め方をしながら「魅力化」に向き合っているのではないだろうか。

　そこで本章では、高校魅力化の名の下で進められている種々の施策を各学校がどのように受け止めているのか熊本県内の公立高等学校を事例に検討するものである。事例の分析は主としてインタビューデータと当該学校資料に基づいて実施するが、その考察にあたっては学校経営コンサルテーションの視点から教職員や子どもたちの変容まで射程に入れることを試みる。

第1節　高校魅力化に関する政策動向

　周知の通り、今日の日本において人口減少を起点とする諸問題への対応は喫緊の課題である。人口減少はこれまでの日本が経験したことのない事態であり、有効な打開策が見いだせないまま危機感だけが共有されている状況にある。例えば、国内需要や経済規模の縮小とともに、労働力の不足も生じることで産業界に大きな影響をもたらすだろうし、高齢化等による社会保障費の増加も見込まれるため地方財政のさらなる逼迫化も相まって、福祉機能の低下をも懸念されよう。もちろん教育分野においても同様で、学校の統廃合が進めば進むほど子育て世代の転出に拍車がかかるだろう。最終的には地域社会そのものの消滅も十分に考えられる。これへの対応として国は「地方創生」を掲げ、地域社会の維持・活性化を目指すために種々の政策を検討・展開している段階にある。

　まち・ひと・しごと創生法では「我が国における急速な少子高齢化の進展に的確に対応し、人口の減少に歯止めをかけるとともに、（中略）それぞれの地域で住みよい環境を確保して、将来にわたって活力ある日本社会を維持していくため」に「地域社会を担う個性豊かで多様な人材の確保及び地域にお

ける魅力ある多様な就業の機会の創出を一体的に推進すること」を地方創生の目的背景として謳っている（第1条）。地方創生の具体的な取組として、「コンテナ広場を核とした商店街活性化のまちづくり」（佐賀県佐賀市）による地域活性化や、「霧島酒造株式会社による地域に根差し、地域とともに発展する焼酎づくり」（宮崎県都城市）による第6次産業化を通じた新たな安定した雇用創出等が挙げられる[2]。その他、地方への新しい人の流れを作ることや若い世代の結婚・出産・子育ての希望を実現するための取組が試行錯誤を重ねながらそれぞれの地方自治体で推進されている。

　高校魅力化は地方創生政策の一翼を担うものとして位置づけられている。それは、第2期「まち・ひと・しごと創生総合戦略」（2019年12月20日閣議決定）[3]における基本目標2「地方とのつながりを築き、地方への新しいひとの流れをつくる」の下位項目に「高等学校の機能強化等」が挙げられていることからも裏付けられる。上記総合戦略では、独立行政法人労働政策研究・研修機構による調査結果を引きながら、高校時代までに地元企業を知っていた者は将来的にUターンを希望する割合が高い傾向にあるとして、「高等学校の段階で地域を知り、親しむ機会を創出すること」の重要性を主張している（p.55）。

　地方創生の方針を踏まえ文部科学省は、「地域との協働による高等学校教育改革の推進事業」（以下、地域協働推進事業）や次世代地域産業人材育成刷新事業（以下、マイスター・ハイスクール）、COREハイスクール・ネットワーク事業等を実施している。地域協働推進事業では、高等学校を「プロフェッショナル型」、「地域魅力型」、「グローバル型」の3つのタイプに指定することで、地域振興の核としての高等学校の機能強化を図っている。「プロフェッショナル型」は、地域の産業界等との連携・協働による実践的な職業教育を推進する高校を指定するものである。同じように「地域魅力型」は、地域課題の解決等を通じた学習カリキュラムを構築し、地域ならではの新しい価値

2）内閣官房まち・ひと・しごと創生本部事務局・内閣府地方創生推進事務局「地方創生　事例集」（平成28年12月14日）（https://www.chisou.go.jp/sousei/data/case_index.html：最終アクセス2023年12月11日）
3）内閣官房・内閣府総合サイト「地方創生」ホームページ（https://www.chisou.go.jp/sousei/info/index.html：最終アクセス2024年1月24日）

を創造する人材を育成する高校を、また「グローカル型」は、グローバルな視点を持って地域を支えるリーダーを育成する高校を指定する。なお、令和２年度は全国で14校が指定されている[4]。

　また、専門高校を主たる対象に置いたマイスター・ハイスクール事業も地方創生や高校魅力化の一翼を担っていると言える。この事業は令和３年度からスタートした取組で、「職業教育を主とする学科を置く高等学校及び中等教育学校の後期課程等と成長産業化に向けた革新を図る産業界等が一体となり、地域の持続的な成長を牽引し、絶えず進化する最先端の職業人材育成を推進し、成果モデルを示すことで、全国各地で地域特性を踏まえた取組を加速化させることを」目的としている（下線部筆者）[5]。例えば、山梨県では山梨県甲斐市（地方自治体）・甲斐市商工会（産業界）・山梨県立農林高等学校（学校）による「山梨ワイン発展のための協働と若手技術者の育成 ── ワイン醸造学習を中心としたワイン県やまなしの地域資源活用、地域活性化、新たな価値を創造する職業人材の育成を目指して ──」が令和３年度に採択されている。各自治体の特色や地元に根づいている産業を地方創生の一手として取り組んでいることが窺える。

　その他、地域を知る（地域課題の発見・解決）機会として高等学校では「総合的な探究の時間」が設けられており、「探究の見方・考え方を働かせ、横断的・総合的な学習を行うことを通して、自己の在り方生き方を考えながら、よりよく課題を発見し解決していくための資質・能力」の育成を目指している[6]。自己のキャリア形成とともに期待されている社会参画の機会が「総合的な探究の時間」には準備されていることから、高校魅力化が目指す「地域を知ること」や「親しむ機会を創出すること」と親和性は高く、実際に「総合的な探究の時間」において自治体や企業・地域住民との協働のもと地域課題の発見とその解決策を検討するPBL型の授業に取り組む高校は増えてき

4）プロフェッショナル型：４校、地域魅力型：６校、グローカル型：４校。令和元年の指定校は全51校。文部科学省HP「地域との協働による高等学校教育改革の推進」（https://www.mext.go.jp/a_menu/shotou/kaikaku/1407659.htm：最終アクセス2023年12月11日）

5）「マイスター・ハイスクール事業実施要項」（令和３年１月14日文部科学大臣決定：令和５年１月12日改正）

6）文部科学省『高等学校学習指導要領（平成30年告示）解説：総合的な探究の時間編』（平成30年７月）、p.8

ている。

　文部科学省以外の取組として、厚生労働省が地方の企業を知る機会の提供、早い段階からの職業意識形成する手段として「若者雇用促進総合サイト」を開設しているし、経済産業省による「未来の教室」も地方創生に向けた取組の一部である。このように各省庁も地方創生の一つの起爆剤として「高等学校」を積極的に位置づけていると言える。その理由は、繰り返しになるが人口減少に伴う地域社会消滅への危機感が挙げられる。地元から高校が消えれば当然子育て世代は転出を決断し、過疎に一層の拍車がかかるわけである。文部科学省「令和3年度　公立小中学校等における廃校施設及び余裕教室の活用状況について」（令和4年3月30日）を確認すれば、平成14年度から令和2年度に発生した廃校の延べ数は8,580校に上り[7]、公立高等学校等は1,181校となっている。また、都道府県別で廃校発生数が多い順に、北海道（858校）、東京都（322校）、岩手県（311校）、熊本県（304校）、新潟県（290校）となっている[8]。

　各自治体は国による地方創生政策を踏まえ、それぞれの地域性（特色や課題等）を念頭に置いた魅力化政策を展開している。九州地方は全国的にみても人口減少及び少子化率は高く、高等学校の魅力化は喫緊の課題である。そこで以下では熊本県を事例にして高校魅力化の具体的な様相の一端を捉えたい。

第2節　熊本県における「高校魅力化」の取組

　周知の通り、熊本県は九州中部に位置づく県である。東西に143キロ、南北に127キロの距離があり、面積は約7405平方キロで全国15位の広さを有する。県域は一般的に、熊本地方（北西部・中部）、阿蘇地方（北東部）、天草・葦北地方（南西部）、球磨地方（南東部）の4つに整理される。熊本地方には2012年4月に全国で20番目となる政令指定都市となった熊本市が位置して

7）調査対象は、全国の公立の小学校、中学校、義務教育学校、高等学校、中等教育学校、特別支援学校である。調査時点は令和3年5月1日現在。（https://www.mext.go.jp/b_menu/houdou/2021/mext_00975.html：最終アクセス2023年12月11日）

8）上記調査対象すべての数。

おり、九州では福岡県に次ぐ2番目の都市として熊本県は認識されている。

　しかしながら、広大な面積を有する熊本県は、熊本地方を除く阿蘇、天草・葦北、球磨地方の過疎化は深刻であり、熊本県全体としても急速な人口減少を辿っている。国立社会保障・人口問題研究所（2018）『日本の地域別将来推計人口（2018年推計）』によれば、0−14歳人口について2015年を100としたとき、2030年の熊本県は86.8と推計されており、約15％の子ども（学齢児童生徒相当）が減少することを示している。これまでの熊本県総人口の推移においても、2022年度の熊本県推計人口調査によれば2年連続で1万人超の規模で減少が進行している[9]。また、令和元年度時点で熊本県は「公立高等学校の立地が0ないし1である市区町村」の割合が80％以上であり、九州の中で一番高いことが示された[10]。それゆえに、熊本市を除くほぼすべての市町村が存続の危機に見舞われているといっても過言ではない。

　熊本県にとって地域活性化や過疎地域等の振興は喫緊の行政課題となっている。そのため「熊本県人口ビジョン」（平成27年10月：令和3年3月改訂）を公開し、新たな雇用の創出や安心して暮らし続けることができる地域づくりなど今後目指すべき将来の方向性を示している。地方創生における高校の役割の重要性に鑑み、熊本県教育委員会は「県立高等学校再編整備等基本計画」（平成19年10月策定）に基づいて県立高校の再編とともに特色ある学校づくりを展開してきた。高校の再編状況は、学校規模の維持の観点から平成19年度から平成29年度の間で全11校を減らす選択を取った。結果として、学校規模を一定程度維持することができたため、生徒の興味関心に応じた多様な科目の選択履修が可能になり、美術工芸コースを継承し学校設定科目「窯業」開設を維持できた学校もある（県立高等学校あり方検討会2021）。なお、2023年度現在、県立高校は全50校となっている。県北エリア14校、県央エリア17校、県南エリア19校である。

　しかしながら、止まらない少子化に伴う定員割れの状況が進行していること

───────────────

9）熊本県HP「令和4年（2022年）熊本県の人口と世帯数（年報）」（https://www.pref.kumamoto.jp/soshiki/20/158282.html：最終アクセス2023年12月27日）

10）文部科学省HP「各高等学校の特色化・魅力化」概要内「高等学校を取り巻く状況について」、p.4（https://www.mext.go.jp/a_menu/shotou/kaikaku/1358056_00001.htm：最終アクセス2023年9月28日）

等から「県立高等学校あり方検討会」を設置し、2020年度末に県立高等学校あり方検討会による提言「県立高等学校のあり方と今後の方向性について ―― 新しい時代に対応した魅力ある学校づくりへ―― 」（2021年３月30日：以下、あり方提言）がまとめられたところである。あり方提言では、すべての高校生が夢に挑戦できる魅力ある３つの県立高校像を次のように示している（p.47）。

1．「夢を実現する力」を育む学校
2．地域で夢を拡げ、地域の未来を支える人材を育てる学校
3．夢への挑戦を支える学校

　2で示された「地域の未来を支える人材」はまさに地方創生政策が目指すベクトルと軌を一にするものだと言える。しかしながら、第３節や４節で後述する通り、地域課題の解決策を地元自治体・地域産業界等と協働して取り組めば取り組むほど、子どもたちは「主体的」にその地域から離れていく可能性も考えられる。地域の未来を支える人材を確かに育成するためには、その地域での新たな雇用の創出とセットで検討すべき論点であり、高等学校に勤務する教員の立場に立てば、やや負担感の高い高校像かもしれない。

　また、あり方提言では上記３つの県立高校像を実現するために７つの取組の方向性が示されている（p.52）。

1．各学校の特色や強みを活かした取組を重点的に推進
2．高校間連携や多様なパートナーとの連携による取組を推進
3．地域の期待に応える魅力ある学校づくりの推進
4．ICT の活用による学びの保障、教育の充実（ICT 教育日本一）
5．小規模な学校の活性化
6．グローバルに活躍する人材の育成（英語教育日本一）
7．取組を推進するための環境整備

「6．グローバルに活躍する人材の育成（英語教育日本一）」では「国際バカロレア認定校」の導入に向けた検討を示しており、第３節で検討する県立八代高等学校・八代中学校で実施できるよう具体的に動いている段階にある。また、「2．高校間連携や多様なパートナーとの連携による取組を推進」や「3．地域の期待に応える魅力ある学校づくりの推進」を具体化した取組が第４節で検討する県立高森高等学校となる。

　このように熊本県では行政主導で積極的に高校の魅力化を展開していることが窺える。しかし、昨今の教職員の労働環境問題に象徴されるように学校現場で勤務する多忙な教職員は高校魅力化の施策動向をどのように捉えているのだろうか。また、高校魅力化の文脈において地域や産業界は協力してくれることが当たり前の前提で議論されていないだろうか。地域や産業界等との連携交渉が各高校にゆだねられているとしたら、大きな負担が学校に向かっている可能性がある。「絵に描いた餅」にならないよう、真に高校魅力化が図られるためには高校現場からの視点を把握する必要があるだろう。そこで以下では、熊本県を事例にすることで、これからの地域教育経営を検討していくための示唆を得たい。

第3節　県立八代高等学校のIB教育導入過程

　本節では「英語教育日本一」を掲げる熊本県の期待を一身に受け「国際バカロレア認定校」として認定されるための種々の取組を展開している県立八代高校・八代中学校（以下、八代高等学校）に焦点を当て、国際バカロレア（以下、IB）や魅力化をどのように受け止めているのか検討したい。

　熊本県立八代高等学校は、明治29年に熊本県尋常中学済々黌八代分黌として創立され、今年128年目を迎えたいわば伝統校である。平成21年度から熊本県内初の併設型の中高一貫教育を展開していくため熊本県立八代中学校が開校し、県南地域の中核を担っている。後述する通り、IBの認定校として県立八代高等学校・八代中学校が申請することになった理由の一つが併設型中高一貫教育校であったためである。

　そもそも熊本県がIB教育に対して積極的である背景には、蒲島郁夫・熊本県知事（当時）の方針（マニフェスト）がある。蒲島郁夫熊本県知事は、2020年4月16日から4期目の任期をスタートさせる際のマニフェストの中で「約束④『夢』を育む教育を推進！！」を掲げ、「海外に通用するグローバルな人材を育成」の一環としてIB導入に言及したわけである[11]。いわば政治的背景

のもと、熊本県はIB教育の導入を模索することになる。IB教育導入に向け各種委員会・会議を経て、県内のいくつかの学校を候補として選定し、最終的に県立八代高等学校がIB認定校を目指す学校として指定を受けた。その理由は、「探究活動を核とする国際バカロレア教育」の教育効果を活かすため、中高一貫教育校を対象に検討」をしたためであり、その中で「外部検討委員会（４名）から意見を聴取し、学力、グローバル人材育成や探究活動の状況、生徒確保の可能性」等々の評価項目において妥当と判断されたためだという。また、「八代市は『やつしろ国際化推進ビジョン』を策定し、南九州の物流拠点で世界最大級のクルーズ船の受入れ港でもある八代港を活用した観光・経済戦略、国際交流の拡充を展開する施策等の後押しとなることが期待できる」点も挙げられていた[12]。IB教育に親和的であろう中高一貫教育校であったことだけでなく、八代市の持つポテンシャル（≒地方創生の観点）から八代高等学校が選ばれたと言える。

　それでは、IB導入を目指す八代高等学校の内部ではIBや高校魅力化の動きをどのように受け止めているのだろうか。以下では、2023年７月14日（金）に県立八代高等学校にて実施したA氏へのインタビュー調査（13時から約２時間実施した）からその一端を明らかにしたい。A氏はIB教育導入を目指して八代高校内外で種々の取組を主導する立場にある。なお、筆者はこれまで熊本県教育委員会が主催する国際バカロレア啓発セミナーに参加しているとともに、折を見て八代高等学校・校長（令和５年度現在）とインフォーマルな意見交換を実施している関係にある。

　インタビュー調査からみえてきたのは、A氏が八代高等学校と中学校の２つの組織を取りまとめていく中でいくつかの課題に直面していることであった。それは「教職員の意識の醸成」と「IBと高校魅力化の関係」の２点についてである。以下で詳しく述べていきたい。

（1）教職員の意識の醸成

　まず「教職員の意識の醸成」である。既述の通り、IBの導入は県の政治的な方針の中から進められているもの──いわばトップダウン型の施策であ

12）県立八代中学校・高等学校「国際バカロレアの導入に向けて」（令和４年４月28日）内部資料

り、IBに対する教職員の意識にグラデーションがあると推察される。この点についてA氏は端的に「二極化しているのが正直なところ」だと回答している。すなわち、「授業等の改善に積極的な先生方からはIBをポジティブに評価している」一方で、「先生は生徒に（一方向的に：筆者注）教えるものだ」との価値観を有している教員や、今日の多忙化問題の文脈と重なり新しい取組の導入によって「さらなる負担（感）を避けたい」と思う教員も確かに存在しているようだ。

　このやり取りの中でA氏は「先生は生徒に教えるもの」という価値をめぐる悩みを打ち明ける。いわば「教える」と「学ぶ」の関係をめぐる悩みと言ってよいだろう。基礎としての知識を教えることと、応用としての探究（≒学び）の「バランスというのが正直悩みどころ」だと述べる（A氏）。もちろん「基礎的な素養は『探究』しながら形成されていく」と考えているものの、時々それが「できていない授業」に出会うこともあり、「探究」が目的化されすぎるとその土台としての「知識」の獲得や体系化が疎かになるのではないか、という難しさを感じている。むろん、ほぼ無限にある「知識」を身に付けた上でのみ「探究」が可能になるわけではないが、「やはりその知識の部分と、いわゆる探究の部分のバランスは難しいと感じている教職員は多い」と述べる（A氏）。A氏は教職員の意識差を単に「組織の問題」としてのみ位置づけるのではなく、それを「授業観・教育観の問題」として教育の本質に迫るような問いへと昇華させつつあると言えよう。

　教職員の授業・教育「観」の変容を促すことは一朝一夕とはいかない。A氏は教職員の意識差への対応としてIBを周知するポスターを校内に掲示している。その理由として、A氏がIBのワークショップに参加した際、他のIB認定校の校長が教職員の意識を変える一つの効果的な手段として実施していたことから、「校外への周知や広報だけでなく、校内にも必要なんだ」（A氏発言）と感じたことが契機となっている。その結果、教職員への直接的な周知が成功したというよりも、意外にも「学校内で子どもたちが教職員に対して『今度バカロレア（の啓発セミナー：筆者注）があるんですね』と話しかけること」が先生方への周知につながっているという実感を得ているようであった（A氏発言）。しかしながら、IB教育の中でもMYP（中学校で導入す

るプログラム）を先行して実施することを目指している関係上[13]、中学校教員の MYP に対する「やる気はみなぎっている」反面、DP（高等学校で導入するプログラム）への意識の高まりに課題があるようである（A 氏発言）。主に MYP プログラムを受講した教員から「従来通りの定期試験で学力を図るより日頃の学習の成果物で評価する体制のほうが良いですよね」といった発言が多くなってきていることに触れ、A 氏は「IB の考え方が少しずつ浸透しつつある」と感じている。A 氏によればポスターをはじめとする校内での広報はもとより、IB によるワークショップ（研修）への参加が教職員の意識の醸成に大きく影響していると指摘する。また、令和 6 年度試行に向けて令和 3 年度から教職員への研修を先行して始めており、この準備にかける時間（3 年間）のゆとりが教職員の意識醸成に一役買っていると言える。

　しかし、DP のワークショップは今年度（2023年度）より順次受講していくスケジュールとなっているため、MYP と DP に対する意識の差が生じていると思われる。DP のワークショップを時間をかけて実施していくことで意識を高めていくことが可能であると思われる。ワークショップ受講のメンバーを知った教員から「どうやってワークショップを受ける人を選んだのか」や「私選ばれていないのですが・・」といった質問や問い合わせがあり、A 氏は驚きながらも多少なりとも関心が高まっていることを実感したと述べている。IB 認定を受けるまでのスケジュールに時間的なゆとりを持たせることが教職員の意識の醸成につながっているとすれば、種々の施策を効果的に学校に展開していく際、そのスケジュール感がポイントになってくると言えよう。

（2）IB と高校魅力化の関係

　熊本県の方針の一つにグローバル人材の育成が掲げられ、その手段としてIB の導入を目指している八代高等学校であるが、IB を効果的に実施していくにあたり、A 氏はそもそも「グローバル」という概念をどう理解（定義）するか考える必要性を指摘する。その背景には、A 氏が地元の学校等に IB 紹

13）八代高等学校では MYP（ミドル・イヤーズ・プログラム）を令和 6 年度より試行し、令和 9 年度から高等学校において DP（ディプロマ・プログラム）の導入を目指している。

172

介で回った際、「また英語ですか」という反応があり、「IB＝英語」や「グローバル教育＝英語教育」とイメージされていることに気づかされたことによる。「国際理解」や「異文化理解」という類似の概念も学習指導要領やバカロレア機構に頻出するが、これら概念をどう理解し、それを教職員や地域といかに共有できるかがIB教育の成否を握っているということである。

　他方で、八代高等学校でIB導入を目指す動きに対して、まだ準備段階であるにもかかわらず肯定的な反応を確認できたとのことである。例えば、「八代市から『八代高等学校にIBが導入されるなら引っ越したい』という電話があったことが知らされた」ことや県外からの問い合わせの際、「『公立中高一貫のIB校はとても魅力です』と言っていただいた」とのことである（A氏発言）。地方創生の文脈から高校魅力化を捉える際、IB教育を通じたグローバル人材を育成することは、ややもすれば八代市から若い世代が流出してしまう懸念も考えられるが、その点についてA氏は次のように意義を見出している。A氏は「（生徒たちは将来：筆者注）海外を経験してもいいし、都会を経験してもいいと思う」と述べたのち、「その逆で、日本・熊本・八代にいても、全国あるいは世界を相手に今は仕事ができる時代」であるがゆえに、八代や熊本に住んでいてもグローバル人材になり得ると指摘する。要は、上述の「グローバル」を単に「英語」や「海外」と理解するのではなく、地方創生に資する概念として位置づけていこうという考えを看取できる。A氏は地方創生や高校魅力化という政策文脈をそのまま受け入れるのではなく、自身の教育観や八代高等学校が置かれている地域性と照らし合わせることで自分自身の「答え」を紡いでいるのである。なお、IB教育のプログラム自体も「概念整理」に力を入れているが、それを実施する教職員も概念をどう自分なりに捉えていくかが重要になってくると言える。

　「概念整理」をはじめ探究活動を主軸に据えたIBは「総合的な探究の時間」との親和性が高い。八代中学校では「八代学」として総合的な学習の時間を実施しており、八代高等学校ではすでに「地域とも上手に結びついている」段階にある（A氏発言）。現在の探究活動では教科横断的なアプローチは採りつつも「ただ調べるだけ」で終わったり、仮にある課題に気づいたとしてもその解決策を提示するに留まっている傾向にあり、それをA氏は課題として

捉えている。そのため、IB が導入された際には「その課題の解決策を実際に
やってみましょう」という IB で言う「Service as Action」（SA）のフェーズに
まで昇華させる構想を持っており、それによって中高 6 年間の探究の集大成
が明確になることの思いを述べられた。例えば、新たにボランティア活動を
立ち上げたり、八代市の行政に直接提案する場を設けたりすることで、地域
課題に接近するとともに、その解決を目指し、自己の生き方を考えていく
「総合的な探究の時間」の目標にもつなげたい考えである。「まち・ひと・し
ごと創生総合戦略」（2019年12月20日閣議決定）において地域を知り親しむ
機会が重要視されており、「交流人口」や「関係人口」というような関わり方
が拡大すれば、まさにグローバル人材の育成と高校魅力化・地方創生は両立
し得るものだと言えるだろう。

　既述の通り、八代高等学校ではまだ IB 教育は導入されていないものの、新
たな人口創出につながる動きだけでなく、校内における教職員の意識の醸成
の変容も看取されている。教員の労働環境問題が取りざたされている中、教
職員の負担感を軽減しながら IB 教育の理念と高校魅力化の意義をいかに浸
透させていくかが学校経営としての今後の課題となろう。少なくとも A 氏は
様々なセミナーへの参加や今回のインタビューを通じて、自身の教育観を紡
ぎなおし、IB 教育の意義を見いだそうとする一端を垣間見ることができた。
今後 A 氏がプロセス・コンサルテーション上の「コンサルタント」として教
職員にどう向き合っていくのか継続的に観察していきたい。

　その他、公立学校教員は異動があるため、異動で新たに着任する教職員に
対してどのように IB に関する理解を図っていくべきか検討すべき事項は多
い。しかしながら、IB 導入にかかる地域社会への周知活動が地域との繋がり
を再確認できる機会になっており、高校魅力化を推進していくに際して、積
極的に高校が学校をひらくとともに、地域との繋がりを積極的に求めていく
ことが必要であろう。

第 4 節　県立高森高等学校の学科再編過程

　本節では熊本県立高森高等学校の学科再編過程において、新たに設置した

174

マンガ学科や普通科を改組し「グローカル探究コース」を設けたことが高校
魅力化とどのように関わっており、高森高等学校がそれをどのように受け止
めているのか検討していく。後述する通り、高森高校は全国の公立高等学校
では初めてのマンガ学科を創設したばかりであり、新しい挑戦を重ねる中で
種々の学校経営上の課題が生じていくと思われる。学校経営のリアリティに
迫るための十分な分析・考察には継続的な関わりが欠かせないため、本節は
その継続的な関わりの最初の一歩であり、経過報告的な考察に留まっている
ことを予め断っておく。

　熊本県立高森高等学校は昭和23年4月に熊本県立阿蘇高等学校高森分
校・白水分校（定時制）として発足し、2023年度で創立76年目を迎える「阿
蘇南部地域の教育、文化の中心的な役割」を担っている高等学校である。後
述する通り、令和5年度に公立高等学校では初めてとなる「マンガ学科」を
創設し、全国的も一躍有名になったばかりである。「マンガ学科」創設の背景
には、無論、熊本県による高校魅力化が挙げられるが、それを強く後押しし
た存在として高森町がある。

　そのためまず、高森町の概要を以下に整理しておく。高森町は熊本県の最
東端に位置しており、人口6,266人（令和2年11月現在）の小さな町であ
る[14]。公益財団法人地方経済総合研究所の調査レポート（2023年2月10日）
によれば、「2018年9月に同町で開催された『くまもと国際マンガCAMP in
阿蘇高森』等をきっかけに漫画を起点とした地方創生の取組が始まった」と
される[15]。後述の高森高等学校の管理職B氏からも「高森町がエンターテイ
ンメントに軸を置いた町づくりを展開している」とあり、漫画を活用した地
方創生に積極的な自治体であると言える。

　高校魅力化や地方創生に対してどのように向き合い、取り組もうとしてい
るのか高森高等学校の管理職B氏にインタビュー調査を実施した。インタ
ビュー調査は2023年8月25日（金）10時より県立高森高等学校にて1時間程
度実施している。端的に「マンガ学科創設の背景」と「総合的な探究の時間

14）熊本県高森町HP「人口の推移」（https://www.town.takamori.kumamoto.jp/takamori/jinko/2020/：
　最終アクセス2023年10月10日）
15）公益財団法人地方経済総合研究所の調査レポート「エンターテインメントを活用した地方創
　生」（2023年2月10日）（https://www.reri.or.jp/kumakei/：最終アクセス2023年12月8日）

の充実」の視点から高校魅力化や地方創生への考え方を伺った。

（1）マンガ学科創設の背景

　既述の通り、マンガ学科創設の背景には高森町の願いがあった。「高齢化率は42.8％と県内で10番目に高く、年少人口は9.8％と県内で15番目に低い水準」にあることから[16]、「高森町総合計画後期基本計画」（2020年3月）において「目標4-1　エンターテインメント業界との連携推進による新しい産業の創出」が掲げられている。これに沿い、2020年に漫画出版社（株）コアミックス第二本社の誘致に成功している。他方、熊本県立高森高等学校は少子化の影響を存分に受け、定員割れが続いている状況にあり、これ以上定員割れが続くようであれば「分校」という動きにシフトする可能性すら考えられた（B氏発言）。高校魅力化を推進していく上で、専門学科（工業や福祉など）を新設するアイディアもあったが施設整備の面で現実的ではなく（B氏発言）、隘路に陥っていた。このような中、「高森町長から（マンガ学科創設の：筆者注）お話があり」、「教育課程など検討課題はあるけれど、やりましょう」となり、「異例のスピード」で動いていった（B氏発言）。2021年9月に、（株）コアミックス、高森町、熊本県教育委員会、高森高等学校が「マンガを活用した高森高校の魅力向上に関する連携協定書」を締結し、2021年度末に県として公表、そして2023年4月にマンガ学科がスタートを切った。

　短い学生募集期間ではあったものの、マンガ学科定員40名をすべて満たして令和5年度はスタートしている。そこには高森町の「本気度」が表れている。例えば「町営」の学生寮「たかもり時空和（ときわ）ベース」を準備し、そこでの調理師や舎監等の費用もすべて町が負担し運営している。またマンガ制作にあたり「プロ仕様のタブレット端末とパソコンのセット約40万円／台×41人分の金額」を高森町が負担し、さらに「東京のコアミックスとやり取りをするのに通信速度が遅いと駄目だろうということで、町が10ギガの通信速度」にかかる環境整備について民間ベンダーに働きかけ実現している（B氏発言）。

　異例のスピードでスタートを切ったマンガ学科であるためある種手探りを

---

16) 同上

176

しながら教育を展開しているが、マンガ学科１期生40名という少人数・小規模であるからこそ教職員にも大きな混乱が生まれずいると看取される。ただし、今後、マンガ学科に２期生・３期生が入学してくるにあたり、美術科教員の配置も増えるため学校経営をめぐって新たな課題（教育課程編成やコアミックス社との連携等）が生まれる可能性も考えられる。引き続き関わっていくことで高校魅力化・学校経営の過程を追っていきたい。なお、県立学校と町の関係性について町の行政関係者へのインタビュー調査の実施も必要だろう。

（2）総合的な探究の時間の充実

　高森高等学校は公立初のマンガ学科を創設したことで「マンガ」を通じた高校魅力化の過程に注目が当てられがちであるが、マンガ学科創設と同時に普通科も改組し「グローカル探究コース」を設置している。グローカル探究コース設置の前から「総合的な探究の時間」に力を入れていたため、その蓄積と接続させる形で「グローカル探究コース」では地域との関係性をさらに強化させることを通じて、地域や社会・自分自身の課題発見を促し、「行動を起こす人材の育成」を目指している[17]。

　総合的な探究（学習）の時間において、改組前からすでに特色ある取組を実施している。具体的には、高森高校を「仮想南郷谷役場高森高校支所」と称し、４課（観光局、産業局、総務局、振興局）にそれぞれ生徒たちが所属して活動をしている。紙幅の関係上すべてを詳述することはできないが、例えば、情報通信基盤を利用して町が放送しているTPC（ケーブルテレビ）と町が費用負担し作った高森高校内に設置されている特設スタジオを活用した動画作成や情報発信活動、地域住民へのパソコン教室、町内カフェと協働したお菓子開発企画など、地域と密接につながった取組が充実している。課題の発見や解決策の提示に留まらず、その解決策等を実際に実践できるところまで展開させている点は八代高等学校との大きな違いであろう。

　高森高校はこの蓄積を踏まえ、令和５年度から普通科グローカル探究コー

17）県立高森高等学校学校運営協議会資料「普通科・普通科（グローカル探究コース）の特色について」（2023年6月26日）

スとして新たなスタートを切った際、探究学習の時間を2・3年次に4単位
（週4コマ）準備したのである。1年次は総合的な探究の時間を2単位（週2
コマ）だが、2-3年次は「グローカル・プロデュース」という科目を設け、
「SDGsの視点から国際的、社会的な課題の発見・解決を図る活動に発展させ
る」ものとして位置付けた[18]。B氏は「正直、週4時間は多いな」という感
想を持ちながらも「柔軟性のあるカリキュラム」として、週4コマをうまく
運用すれば午後のすべての時間を探究活動に充てることができるとしてその
可能性を述べる。授業を担当する教職員の側からみれば多くの準備の時間を
かける必要があり、負担感の高い科目となりそうであるが、「2年生が単独で
4時間するのではなく、1年生と連携して実施することもできる」ため「先
生方は『できる』と言ってくれている」と述べる（B氏発言）。また、学年を
越えた連携は、高森高等学校として課題を連続的に捉えることができるた
め、探究活動の質が年度を重ねるほど深化する可能性を持つ一方で、いかな
るカリキュラム・マネジメントを構想できるかがポイントになると見込まれ
る。

　そこで、総合的な探究の時間を核にしたカリキュラム・マネジメントに関
する構想について深くやり取りをする中で、その難しさの一端に触れること
ができた。高森高等学校において「総合的な探究の時間が魅力であり武器」
であるため、「将来的にはマンガ学科とも連携して」いくことを検討している
とのことであった（B氏）。しかし、「仮想南郷谷役場高森高校支所」に基づ
く取組がすでに充実している分、マンガ学科とどう連携できるのか、あるい
はエンタメを軸にした高森町との協働可能性に関する「具体案」を構築して
いくことが課題となっている。なお、実際に週4コマを取り組むカリキュラ
ムは令和6年度からスタートする。今後は生徒へのインパクトとともに教職
員の意識等を詳らかにすることで、より良い学校改善に向けたプロセス・コ
ンサルテーションを継続的に取り組んでいく必要があるだろう。

　さて、高森高等学校の場合、小規模校だからこそ実施できる取組を地道に
展開してきたことが特徴的だろう。そのため、高森町の活性化の成功ととも
に高森高校への入学者が増加することになった時、地域との密接なつながり

18）『年刊たかもり（熊本県立高森高等学校　学校案内2023）』（令和5年7月発行）

178

を維持した探究活動の深化は持続可能なのだろうか。換言すれば、町の活性
化や地方創生と高校魅力化はどのような関係性を構築する必要があるのだろ
うか。この点は多くの自治体・高校が抱える課題であると思われる。今後
の検討課題としたい。

おわりに

　以上、熊本県を事例としながら高校魅力化をめぐる施策の現状を整理して
きた。八代高等学校も高森高等学校も高校魅力化に対して積極的に取り組ん
でいると言える。そこには人口減少や定員割れという事態が喫緊の課題とし
て明確に立ち表れていることもあるだろうが、教育行政や（一般行政も含め
た）地域、企業等による手厚い支援が確認できた。地域との繋がり方を模索
したり、あるいは地域が高校魅力化を強力に支えたり、高校 ── 地域間関係
はその地域性や学校の置かれている立場によって多様に展開されている。そ
のため、高校魅力化と一言でまとめるのではなく、誰（県・地域・学校・子
どもたち）にとっての魅力化なのか各学校それぞれが思考した上で、学校経
営を展開しなければならない。換言すれば、地域の願いと公教育の役割を突
き合わせていく中で、わが高校の存在意義を見いだしていく必要がある。高
校 ── 地域間関係が共依存に陥ることなく、地方創生を実現していくための
模索は今後も続いていくだろう。本章は高校魅力化過程のほんの一部の経過
報告に過ぎない。定期的な調査を継続していくことが今後の課題である。
　既述の通り、熊本県内の高校は大幅な統廃合を経ている。人口減少の深刻
化によって「学校規模・学校配置の議論は、もはや学校教育上の観点のみで
解を導き出しがたい段階にきている」（丹間2018：p.145）ことを踏まえると、
高校魅力化の文脈で取り組まれている「地域を核にした探究活動」をどう引
き取っていくかが地域教育経営の一つの論点になるかもしれない。このよう
な学校経営のリアリティに迫るためにも、試行錯誤ではあるが継続的な関わ
りのもとプロセス・コンサルテーションを展開していきたい。

（原北　祥悟）

［謝辞］

　本研究にご協力くださいました熊本県立八代高等学校 A 氏、同立高森高等学校 B 氏に心より御礼申し上げます。また、A 氏・B 氏をはじめ高森町や（株）コアミックス様には、草稿から脱稿まで何度も原稿内容について確認いただきました。お忙しい中ご丁寧に対応くださり重ねて御礼申し上げます。

参考文献

E.H. シャイン著、稲葉元吉、尾川丈一訳（2002）『プロセス・コンサルテーション ── 援助関係を築くこと ──』白桃書房

県立高等学校あり方検討会（2021）『県立高等学校のあり方と今後の方向性について〜新しい時代に対応した魅力ある学校づくりへ〜（提言）』

国立社会保障・人口問題研究所（2018）『日本の地域別将来推計人口 ── 平成27（2015）〜57（2045）年 ──』人口問題研究資料第340号

丹間康仁（2018）「第 7 章　適正規模・適正配置を見越した教育経営と地域協働の課題」『〔講座　現代の教育経営 2〕現代の教育課題と教育経営』学文社、pp.135-146

地域・教育魅力化プラットフォーム編（2019）『地域協働による高校魅力化ガイド ── 社会に開かれた学校をつくる ──』岩波書店

樋田大二郎（2021）「高校魅力化の展開の事例研究 ── 島根県立吉賀高等学校の試行錯誤と問い直しに着目して ──」『地域人材育成研究』第 5 号、pp.70-94

樋田大二郎、樋田有一郎（2018）『人口減少社会と高校魅力化プロジェクト ── 地域人材育成の教育社会学 ──』明石書店

山内道雄、岩本悠、田中輝美（2015）『未来を変えた島の学校 ── 隠岐島前発ふるさと復興への挑戦 ──』岩波書店

第 12 章

経営資源としての学校運営費の可能性
── 学校運営費研究の動向に焦点を当てて ──

第1節　はじめに

　教育を目的とする学校組織の経営資源に対する眼差しは、これまで人的資源に集中してきたといえる。「教育は人なり」という言葉の存在が象徴するように、教育という営みにおいて人的資源の重要性は自明であるように思われるが、翻って「教育は金なり」と言い放つことが、我々の規範意識に訴えかけうるならば、それは危ういことであるようにも思われる。なぜならば、教育以外の営為を目的とする組織一般にとって、それ事態が目的となるほどに財的資源の重要性は自明であり、その重要性が教育を目的とする組織において例外視されるはずはないからである。我々の規範意識への訴求力の強度が、学校の経営資源としての学校運営費への注目を阻害しているのだとすれば、その機能が再評価されなければならない。またそのような取り組みは、学校経営のリアリティに迫る上でも意義を有するだろう。本稿では、以上の問題意識に立脚して、経営資源としての学校運営費の可能性を論じたい。

　まず、ここでいう学校運営費の定義を確認しておけば、それは教職員の給与関係費と校地・校舎に係る施設・修繕費を除く、教材費及びその他校具費・維持費（光熱水費を含む）等、いわば学校運営に要する経費を指す（小川1996：97-118）。目的別には、教授関係費、特別教育活動費、維持費、補助活動費、事務関係費等に、性質別には、需要費、備品費等の経費に分けられる。また、公費と私費という財源の性質に即しても分けられる。前者は、学校の管理者である教育委員会（以下、教委）により、主にその学級数や児童

182

生徒数等の学校の規模を表す基準に即して機械的に配分される。執行可能額として毎年度始めに各学校へ令達され、これを「学校（配当）予算」と呼称する事が多い。後者は、受益者負担の観点から給食費や学級費等として家計より徴収される[1]。その他、研究指定を受けた場合の各種助成金や寄付等の形で、民間企業やNPO法人等から受け取る資金が学校運営費に充当されうる。

　学校運営費研究は、後述するように、これまで盛んに行われてきたとは言えない。1960年代には、家計の負担軽減やその地域間格差の解消を目指して、公私負担の基準の明確化が試みられた。東京都をはじめ一部自治体で学校運営費標準（以下、「標準」）の策定が進んだ時期もある[2]。しかし、その実践も今では下火となり、研究対象としての関心も一時的なものであった。

　ある対象が主題化されず研究が停滞する理由の一つとして、そもそも主題化する意義が見出されていない場合が挙げられるが、これは学校運営費研究の停滞要因としても当てはまる。このような経緯にもかかわらず、本稿が学校運営費に着目する理由は、その潜在的な可能性について議論の余地があるだけでなく、昨今の学校運営を取り巻く環境の変化から、その意義を論じる蓋然性が生まれつつあるからである。

　以上より本稿の作業課題を、まず学校運営費研究の停滞要因の検討を通じて、改めて学校運営費を主題化することの意義を論じる。次に、これまでの学校運営費研究を教育財政・政策・経営学上の問題に即して確認することで、その成果と課題を検討する。最後に、以上の検討を小括して、学校運営費研究の課題とその探究の可能性を論じることとする。

　なお、本稿では学校概念を学校教育法に規定される小中学校の内、地方公共団体が設置する公立学校を意味するものとして扱う。このような限定をか

---

1) 多くの学校指定品が受益者負担とされており、負担の根拠の曖昧性が問題視され続けている（栁澤・福嶋2019）。教材費や給食費等、学級ごとに徴収される経費の他に、PTA会費や部活動費等も私費区分の学校運営費に含まれる。特に、寄付形式で学校運営費に供されることがあるPTA会費は、本来任意とされる組織への加入の強制や非加入者へのいじめ等、PTAの運用上の問題から、寄付としての性質が損なわれている事例が生じてもいる（大塚2014）。
2) 学校予算の配当基準やその金額は当然ながら自治体によって異なる。学校予算に対する国庫負担・補助金は少なく、地方交付税の算定に際しては、基準財政需要額が標準規模学校（18学級）を想定しており、単位費用の設定は、実際の配当予算の費目構成とは相当に異なるため、配当基準の参考にはなりにくい。そのため自治体が独自に運営費標準を定める例もある。しかしその事例は、ごく一部に限られており「標準」は、無いに等しい（清原2000：185）。

ける理由は、いわゆる一条校に限っても幼稚園から大学、高等専門学校に至るまでその組織規模にはばらつきがあることから、必然的にその財務・会計に関する仕組みや機能も異なり、一概に論じることができないからである。

第 2 節　学校運営費研究の停滞理由

　本節では、まず学校運営費研究の停滞要因の検討を通じて、学校運営費を主題化する意義を論じる。学校運営費研究の停滞要因は、以下に述べるように 2 点に整理される。

　第一に、教育費に占める学校運営費の規模が過小に評価されてきたことである。教育費に対する中央と地方の政府歳出の構成（財政移転後）を見ると、その 8 割以上が地方政府によって負担されていることがわかる[3]。つまり、教育事業は地方自治体によって担われているといえる（橋野2020：176）。そこで、地方政府による教育費支出の純計に目を移すと、その約 6 割を人件費が占めるのに対し、学校運営費を含む物件費は約1.5割にとどまる[4]。このように教育の公財政支出に占める学校運営費は、給与費との比較において相対的に優先度の低い研究対象であった。事実、日本の主たる教育財政研究においては、人件費を中心とする国と地方の政府間での財政移転が問題とされてきた（小川1991）。

　しかし、家計依存度の高い学校運営費を把握することは困難であり、そうした状況が公費への着目を促してきたことには留意が必要だ。学校運営費の家計依存状態そのものへの問題意識もそれほど高まってきたとはいえず、その主題化の意義が十分に理解されてきたとは言い難い。特に、設置者負担主義の下、学校運営費を主に負担する市町村の厳しい財政状況に鑑みれば、費

---

3 ）1985年には、義務教育費国庫負担法における教材費の国庫負担が旅費と共に廃止（＝一般財源化）されており、学校運営費の保障についての国家的責任はさらに縮小されている。
4 ）総務省（2018）より。なお普通建設事業費は約12％、その他は約13％である。ただし、市町村に目を向けると、その初等中等教育関係支出における性質別内訳の割合は、人件費が約23％、普通建設事業費が約28％であるのに対し、物件費 は約35％となる。無論、これは自治体間格差を是正する目的から、人件費を都道府県が負担しているからであるが、少なくとも市町村にとって学校運営費は軽視できない負担と言える。なお、物件費とは、性質別歳出の一分類であり、人件費、維持補修費、扶助費、補助費等以外の地方公共団体が支出する消費的性質の経費の総称である。具体的には、職員旅費や備品購入費、委託料等が含まれる（総務省2018：4）。

184

用負担の原理・原則を考究する上でも学校運営費は、私費を含めた実態把握を通じた再評価が必要である。

第二に、学校運営費に関する学校の裁量が極めて限定的であったことが挙げられる。特に、その公費負担分である学校予算のほとんどは経常経費で占められている[5]。また、後述するように特に1990年代末の学校運営政策の方針転換までは、予算の編成や執行に関する学校の権限が乏しい状態であった。組織にとって予算は、その目的達成の手段の一つとして重要だが、学校組織の経営資源としては量的にも、質的にも限定されてきたために、これまで注目されてこなかった。

学校の予算権が限定的であることは、学校運営費を主題化する上での条件的制約となっている。しかし、後述する学校経営に関する教育政策の方針転換が、その状況に変化をもたらしており、政策学、経営学上の観点からも主題化の意義について再評価されつつある。

このように学校運営費は、学校教育費を構成する費目内での相対的な規模が過小に評価されてきたことや学校が有する裁量が小さいことから十分には学問上の問題とされてこなかった。しかし、学校に権限を委譲する政策方針の台頭に伴い、教育政策、学校経営学上の問題としては、その主題化の蓋然性が高まっている。そこで、次節ではこれら3つの観点からこれまでの学校運営費研究の成果と課題を特に90年代以降の政策転換期以降に焦点化しつつ、整理することで、学校運営費研究の可能性に接近する。

第3節　学校運営費研究の成果と課題

上述のように学校運営費は盛んに研究されてきたとは言い難い。しかし、90年代末からの財務権限を含む学校への権限委譲により「学校の自律性」確立を目指す教育政策の台頭に伴い、その問題意識や研究動向には変化の兆し

5）学校運営費の総額やその内訳等のデータは、学校予算に限っても必ずしも明らかではない（清原1997：135）。全国公立小中学校事務職員研究会（以下、全事研）が行った学校予算の実態調査の結果では、小学校の半数が500万円未満であることや中学校の約34％が500万円以下であるのに対し約22％が1100万円以上と、ばらつきが大きいこと等が確認されている（全事研2008：40-42）。

が生じている。具体的には、教育政策学上の問題意識から、学校財務に係る権限委譲の実態の解明が進められている。また、そうした動向に付随する形で学校経営学上の問題関心も高まりを見せている。

　そこで本節では、学校運営費研究の問題を教育財政（第1項）、教育政策（第2項）、並びに教育経営学（第3項）の問題として整理し、その成果と課題をそれぞれに論じる。

第1項　教育財政学上の問題に対する学校運営費研究の成果と課題

　学校運営費に関する教育財政学上の主な問題は、その費用を誰が負担すべきかという点にある。より具体的には、「安易に私費負担に頼りがちな公教育サービス」（白石2000：73）と端的に表されているように、公費と私費の負担区分の曖昧性とそれによってもたらされる家計依存の状態が指摘されている。

　教育を受ける権利は人権であり、教育費負担の責任は、政府（公）及び子の保護者（私）にある。その根拠は、前者については、教育そのものが公益性をもつことから、また後者については、その直接的な受益者である子が費用を負担しようとしても、融資を受けるための社会的信用を持ち得ないことから理解される。ここにおいて、その公私負担区分をどう線引きするかという問題が立ち上がることとなるが、そのような原理・原則は必ずしも存在しないとされる（橋野2020：180）。

　学校運営費に関しては、徴収の法的根拠が存在しない学級費等を保護者が負担している。具体的な負担額は、公財政負担の多寡に関わらず、子ども一人当たり年間、小学校で1〜2万円、中学校で4〜6万円とされ、その水準は一定であるとされる[6]。また、その背景には学校運営費の家計負担分が「過去の慣例や通例の中で前年度主義的に決定されてきた」経緯があることが指摘されている（全事研2008：45）。このように学校運営費の一部は、徴収の正当性が担保されないまま公然と保護者から収奪されており、財源保障に係る法令整備の遅れとして指摘されている（末冨2010：93-95）。

6）この点、小学校に限られるが、本多の分析によれば「学校給食費や修学旅行費を除いた経費に限定した私費でみると、児童一人当たり私費金額は少なくなるという関係を想定することもできそうではある」とされ「保護者負担経費の分類手法などを精緻化」することが課題とされている（末冨編2016：31）。

186

　また、学校運営費に占める私費の割合は、公費を上回る場合があることも確認されている（本多2015a；末冨編2016）。その背景には、設置者負担主義の下で学校運営費を賄わねばならない市町村の財政基盤の脆弱性・不安定性がある。学校運営費の問題構造の解消に向けては、中央と地方の政府間での資源配分に関する根本的な見直しも求められる。

　さらには、学校運営費の負担主体がこれまで曖昧であり続けている事実に鑑みれば、その執行手続きが煩雑である公費に比べて、弾力的に運用できる私費を手放せない学校運営の実情も浮かび上がる[7]。無論、このような現状は説明責任の観点からは、克服されるべき課題であろうが、需要に対する迅速な応答を保障してきた私費の役割を看過すべきではなく、そうした学校事業の特性に即した財務制度、ひいては学校運営費を支える仕組みの最適化が課題である[8]。この点に関わって、需要費や消耗品費等から成る細目別の予算編成からは、個別の教育事業との関連を見出すことが難しい。宮崎県小林市や同県五ヶ瀬町では、教育事業別に会計を可視化する取り組みとして「事業型予算編成」が実施されており、教育課程に連動した学校運営費の実態把握を考える上で先進的な事例とされる（竺沙2012）。「教育の自主性を尊重しようとするならば、統計的手法のように実際の成果と教育費を直結させるのではなく、教育のプロセスを想定し、必要な資源を整備するための費用の算定を重視することも求められる」（竺沙2016：287）。このような事例を分析する上では、学校における事業予算の積算根拠となる価値規範やそうした価値規範の形成過程を解明することで学校運営費の負担区分を線引きするための制度原理の確立に接近できるのではないか[9]。

7）公費に関しても現金によらなければならない経費の支払、緊急の少額の物品購入等を、支出命令書を介さずに、直接現金で支払を行えるようにする資金前渡制度が存在する（地方自治法232条の5、同施行令161条）。当該制度は、4割近い市区町村で導入されている（全事研2008：25）。しかし、不確定要素の大きい教育に弾力的な予算執行を可能とするが、経理上の事故リスクが高まるため公費全体の内、「これが大きな部分を占めることはない」とされる（清原2005：109）。
8）「学校事業の能率的運営を抜きにしては教育財政の効果的な運用も期待できないのであって、その意味からも学校経営活動を財務的な視点から計画・統制する財務活動は、効果的な教育財政活動の基礎をなすものと言わなければならない」（市川1989）との指摘もある。
9）学校経営の科学化を志向した高野桂一は、法社会学的な視座に基づき学校内部の規範づくりの過程やその規範に対する合意形成の程度を対象化することの必要性を主張した（元兼2022）。数値化された、ある種の規範として予算を捉えるならば、そのような法社会学的な分析が学校運営費研究においても採用されうる。

第２項　教育政策学上の問題に対する学校運営費研究の成果と課題

　1990年代末から進んだ地方分権改革に伴い学校財務制度にも変化の兆し
が生じた。教育機会の保障という理念に基づき、その量的拡大を目指した教
育政策は、「学校の自律性」確立を旗印に、その質的向上を目指す方向へと政
策の方針を転換することとなった[10]。その実現のための具体的施策として、
学校への財務権限の委譲が推進されることになり、関連雑誌でも特集が組ま
れる等、関心の高まりが確認される[11]。結果として、政策の背景や実施状況
の解明が試みられることとなった。

　当該政策の背景には、①財界の意向や世論の合意、②行政コストの削減、
③保護者や地域住民との信頼関係の構築、④教職員の専門性の刷新、⑤子ど
ものニーズに即した教育の実現等が指摘されている（佐藤2009：11-12）。こ
れは予算の分配を市場に委ねることで生じる競争原理によって官僚制を廃
し、学校教育の多様化等を目指す新自由主義的思潮に基づくモデルとして理
解される。学校選択制度はその代表であり、チャータースクールの導入を推
した「チャブとモーによる主張が注目されたのは、彼ら自身が効果的な学校
に関する数年毎の大規模な調査（中略）を行い、その結果、民主的統制の下
にある公立学校は私立学校と比較すると効果的ではないこと、そしてそれは
官僚的統制によって詳細に事柄が決められ、学校の自主的な活動が阻害され
ているからだという結論を得た上での見解であったから」だとされる（白石
2000：290）。このモデルでは、従来の上位下達の資源配分を、いわば下位上
達へ転換することが期待される。このような国際的な潮流の中で、財務を含
む学校への権限委譲の必要性が自覚されており、日本でも同様の文脈から政
策の意義が整理されている[12]。加えて日本では「個々の学校は、それ自身が
展開する教育活動とそれを通じて現れる生徒の学習活動の質そのものによっ

10）ここでいう「学校の自律性」確立とは、あくまで政策上のスローガンである。しかし、その内
　　実を問うとき、「個々の学校が、委ねられた裁量権限に基づいて、当該学校としての教育目標を
　　独自に設定し、その効果的実現のための方策を自ら選択して実施し、その実現状況を自ら把
　　握・診断しつつ教育活動を継続的に改善していく組織内作用」（浜田2007：13）との定義が存在
　　するように、学校の裁量権限の拡大を通じて、学校運営の組織内作用に変化をもたらすことを
　　企図するものであることがわかる。
11）例えば、三島（2000）、横山（2010）、加藤（2011）等。
12）例えば、小島（2007）、竺沙（2004a）、日渡（2008）等。

てしか、もはや自身の「正統性」を確かなものにはできなくなって」いると
される（浜田2007：9）。このように当該政策は、教師の専門性に対する社
会的な眼差しの変化としても理解されている。

　ただし、これまでの日本の学校教育を支える財政制度は、学校間の教育機
会の格差是正を重視するものであり、どの学校も必要最低限の教育成果が得
られる条件を担保しやすい方式であると評価されている（貞広2008）。この
ような価値規範に対するアンチテーゼとして「各学校で多様な教育活動や学
校運営が展開され（多様性）、個々の学校に実情を考慮しない一律的な規制が
なくなることで無駄を省くことができ（効率性）、学校の教職員だけでなく保
護者あるいは生徒が学校運営その他の意思決定に関与できる（民主性）」（本
多・青木2003：118）ようになることが位置付けられる。これらの「価値は
一様には実現しがたく…（中略）…いずれに重点を置くかという制度設計の
視点とその成果の測定手法を構築する思考である」とされる（本多・青木
2003：118）。

　実施状況については、学校財務は、慣例の域を出ず実務担当者の経歴等に
よっても相当に異なるとされる（清原2000：183；清原2001：143）。そのた
め、政策実施上の遅れが指摘されてもいる[13]。しかし、教委が管理する光熱
水費や学校運営の経常的経費とは別に特別に措置される学校裁量予算の取り
組みが展開しており、その類型化（表1）が試みられている（全事研2015）。

　加えて、学校裁量予算制度の導入状況や財務権限に対する実務担当者の認

表1：学校裁量予算制度の定義・主な特徴

名称	特色枠予算	学校提案要求型予算	総額裁量予算制度
定義	経常経費とは別に特定の事業目的を持って意予算措置をするもの	経常経費とは別に学校の企画案を市区町村教育委員会が査定等し、予算措置をする制度	節・細節等の予算配当に拘束されず、総額の範囲内で学校が予算額を決定できる制度
費目	少ない	少ない	多い
柔軟性・裁量権限	中	中	大

出典：全事研（2015；一部、筆者加筆修正）

---

[13] 学校財務に関する規定の策定については、1980年代に発展期を迎えるもその後、専門職集団としての関心や必ずしも高まりを見せているわけではないとされる（足立2017：180）。

識等の把握も進められている[14]。そうした分析は、特に教委事務局職員や所管の学校数が多い大規模自治体を事例とする場合が多く、算定基礎に基づく機械的な予算配当がなされやすいことが確認されている（清原2000：183）。また横浜市では2001年度より予算編成の細則を定めた「標準」の下で、所轄の全学校に対して１校あたり300〜500万円[15]の「学校の特色づくり推進費」とする学校裁量予算が措置されている。その予算総額が17億円と大規模であったことからも全国的に注目された[16]。その結果として、報償費と学用器具費において予算執行の差額の拡大や関連団体との共同事業に関する予算執行事例の増加など、関係者による学校の特色化に関する認識が形成されていることが成果として確認されている一方で、学校の実情を加味しない一律の予算配当が「予算ありき」の学校運営を招いているとの課題も確認されている（吉川・橘2003；杉本2004）。その他、教育委員準公選制の実施に伴い東京都中野区で導入された「学校フレーム予算」は、予算執行率の向上や父母負担軽減の努力等につながったことや（小川1991）、兵庫県西宮市において家計負担の軽減を企図して導入された「義務教育助成金制度」が学校の予算感覚に変化をもたらしたこと（中島1988）が確認されている。

　政策の実施状況に関しては、権限委譲の規定要因の分析も試みられており、学校への財務権限の委譲は「教育財政システムが分権的か集権的かということやパイの大きさに規定されるとはいえ」ないことが国家間の比較により明らかにされている（末冨2008）。

　当該政策の評価に関する議論としては、米国の一連の訴訟問題を扱った蓄積がある。ここでは、教育費の資源配分に関する制度原理を考える上では、形式的なインプットの平等を保障するだけでなく、アウトプットやアウトカムに目を向けた最低限の質保障（ミニマム保障）への視点、そしてその両者を止揚させる道筋の模索が必要とされる[17]。ミニマム保障の意義は、学区の

---

14) 例えば、河野・千々布（2004）、清原（2001）、国立教育政策研究所（2020）、全事研（2008）、竺沙（2004b）、ベネッセ教育研究開発センター（2007）、本多（2015b）、PHP研究所（2012）等。
15) 小学校で300万円、中学校で400万円、特別支援学校で500万円が配当された。
16) 『日本教育新聞』2001年２月16日。
17) 19世紀後半以降、米国の教育費の地域格差やその結果としての教育格差の是正に向けた一連の訴訟を対象にその法理を分析した研究（白石1996、2014）や州学校財政制度や連邦教育補助金制度を対象に、その制度原理を探求する取り組みがある（竺沙2016）。

自治権を損なうことなく、基準以下の学区の救済を命ずることができ、アウトプットやアウトカムに基づく成果を評価することで保障の実質化を目指すことができる点にある（白石2014：127）。ただし、それは最小限でよしとする態度と表裏一体であり、他との相対的関係を重視する平等保障とミニマム保障は、実質的な教育機会の保障においては、統一的に捉えられる必要がある（白石2014：129）。特に、ミニマム保障は、絶対的基準の模索を意味し、そこで問題となるのは、学校経営に紐づいた必要十分な学校運営費の算出であり、学校運営費の格差がもたらす学校運営への影響の検討が必要となる。ここでの取り組みの進捗は、長い目で見れば、学校運営費の曖昧な公私負担区分の明確化にもつながるだろうが、アウトカムへの着目は、結果をいかに計測するかという技術的な課題を惹起する（本多2015c：241）。さらには、その計測への過度な傾斜が、結果として何をもたらしうるかも論点となる。

　学校財務評価の視点からは教育の特殊性や次年度に資する情報整理として財務計画の実施段階における「授業内有用性」に観点を絞った評価方法が提案されている（栁澤・福嶋2017：77）。

　以上のように教育政策学上の問題として、当該政策過程の解明が進んでいる。しかし、その一方で、政策評価に向けた権限委譲の効果への着目は、インプットとアウトプットとを媒介する変数に関心を移す形で、次項で述べるように経営学上の問題を惹起している。

第3項　教育経営学上の問題に対する学校運営費研究の成果と課題

　学校への財務権限委譲政策は、その組織目標を達成するための経営資源としての予算への関心を喚起した[18]。当然のことながら、権限委譲は、あくまで学校の裁量権限の拡大以上の意味を持ちえず、それが「学校の自律性」確立に直結するわけではない。そのため予算に対する教職員の認識への着目も進んでいる。

　例えば、学校予算やその専決額が大きく、費目間での流用も認められる等、

---

18) 近年では、学校の社会的信用を担保とする民間企業・NPO法人との連携、クラウドファンディング等、学校運営費を確保するための新たな手法やアイデアが議論されている（平川理恵他2019）。学校運営費の負担主体の議論においても公私ではない民間という負担主体の存在は、決して目新しいものではないはずであるが、その可能性については議論の余地が残されている。

「学校予算・財務に関する制度整備が比較的進展している中核市以上の自治体」の学校においてすら校長、教頭、事務職員間の「予算額や学校経営目標の重点事項に関する認識の相違」が生じていることが確認されている（末冨編2016：34-42）。さらに、教委が「修繕や支援員等の学校の要望に即した支援」や「冬の天候状況に応じた燃料費の追加配当」等の「臨時的課題などに対応する予算配分」を行うことは、「学校マネジメントの安定に作用する」一方で、「対症療法主義（中長期ビジョンの軽視）の学校マネジメント意識」をもたらしている可能性があり、学校の財務権限の限定性が「学校構成員のマネジメントの範囲（学校課題や資源の認識）・時系列認識を狭める」ことが懸念されている（末冨編2016：123-131）。以上の研究成果に鑑みれば、裁量権限の拡大が学校経営に関する資質・能力の開発にどう寄与しうるかという課題も浮上する。なお先述した「標準」は、学習指導要領に基づいて「学校教育活動や学校運営の内容・方法を「標準」化（規格化・画一化）」することにも加担しており「学校現場の教育活動を発展的指導的に組織しうるものになっておらず、むしろ、学校の自主性や創意工夫を阻害」しうることが指摘されている（新村1980）。

　また、財務権限委譲は学校運営にどのような影響を及ぼすのか、という問題への着目は、両変数の媒介項への関心を増幅させている。例えば、「学校の自律性」確立を目指す米国の SBM 施策の展開に伴う校長への役割期待の変化を分析した浜田（2007）によれば、校長の役割は、学校の裁量権限の拡大に伴い、①教員の専門職意識を喚起し、「主体性」を高めること、②保護者や地域住民の学校参加を奨励すること、③学校関係者間での教育活動に対する議論を促し、共有されたビジョンを形成すること等の重要性が挙げられている。さらに、豪州ビクトリア州を事例に「学校包括予算」を分析した佐藤によれば、媒介項として、①実践の基盤となる学校経営理論、②中期的な財政運営計画とその評価、③校長のリーダーシップが導出されている（佐藤1997；佐藤2009）。このように権限委譲が成果に結びつく上で、組織目標の達成に向けた関係者の意識の向上は重要であり、管理職に対する役割期待も大きいことが確認されている。

　媒介項としての校長のリーダーシップについては、日本でも検討がなされ

ている。教委が権限委譲に消極的であるのは、学校の予算編成・執行能力に対する不信感にあるとするのが通説的であり（竺沙2004b）、管理職の財務能力の向上も必要とされている（PHP研究所2012）。この点、（副）校長への質問紙調査から学校財務やその学校事務職員との分担の「わからなさ」や業務量に対する戸惑いが確認されており、指導主事等の行政経験が学校財務に関する知識や判断力の向上につながることが示唆されている（末冨2016：108-113）。また、学級数などの基準に基づき一律に配当される学校予算の仕組みが予算編成のインセンティブを損ねている点も課題とされており（本多・青木2003：127）、インセンティブの生成メカニズムの解明も課題である。

　以上のように、学校に委譲された財務権限の行使に見られる戦略性や権限委譲が学校における教育目標の達成や課題の解決にどうつながっている（あるいは、つながっていない）のか、すなわち権限委譲に伴う学校経営の改善過程が問題となりつつある。

第4節　おわりに

　本稿では、学校経営における経営資源としての学校運営費に着目し、その研究動向を教育財政・教育政策・学校経営学上の問題意識に即して整理し、その成果と課題を検討した。学校運営費の研究は、「学校の自律性」確立を目指す政策の台頭に伴い、2000年頃から、その問題関心を政策学、経営学の領域へ広げることとなったが、そうした関心の変遷を整理するなかで確認されたのは、教育財政学と学校経営学上の問題の接続点として、必要十分な学校運営費はいくらなのかという問題への原点回帰の必然性である。

　この間の学校運営費研究は、これまで社会情勢に即した問題の顕在化と潜在化に呼応して、その関心も膨張・縮小してきたように思われる。そのため対象への継続的注視も研究上の課題といえるが、議論の深化のためには、教員人事研究が同様の問題構造を抱えているように、他の行政サービスと異なる教育領域に最適化された財政・財務制度が模索される必要もある。教育は不確定性の高い対人的な営みであるだけでなく、一般行政の情報公開制度、医療のインフォームドコンセントと違い「学校の場合は、その受け手が子供

と親という形で二重化して」いる（水本2000：242-243）。教育を他の行政サービスと同様に並列的に捉えるのではなく、それらを峻別し特性に応じた制度化の試みを模索することの必要性は、一般行政学においても、教育をヒューマンサービスに類別する動きの中で指摘されているところであるが（雪丸・青木2010）、このような教育の特性に応じた条件整備のあり方を模索することは、学校運営費制度の検討においても求められる。

（木村　栞太）

参考文献

・足立慎一（2017）「学校財務の学校経営合理化モデル ── 「学校財務事務取扱要綱」の分析を通して ── 」岐阜大学教育学部編『岐阜大学教育学部研究報告．人文科学』第65巻、第2号、pp.177-185。

・市川昭午（1989）「教育改革と教育財政」『日本教育行政学会年報』第15巻、pp.9-23。

・市川昭午（1978）「教育財政研究の展開」市川昭午・皇晃之・高倉翔編『教育経済と教育財政学』（講座 教育行政5）協同出版、pp.14-50。

・伊藤和衛（1956）『学校財政』有斐閣。

・植竹丘（2008）「「教育財政学」成立への遠い道のり」『東京大学大学院教育学研究科教育行政学論叢』第27巻、pp.41-51。

・大塚玲子（2014）『PTAをけっこうラクにたのしくする本』太郎次郎社エディタス。

・小川正人（1996）『教育財政の政策と法制度』エイデル研究所。

・小川正人（1991）「地方自治体の教育予算編成に関する一考察」『教育行政学研究』第7巻、pp.85-115。

・小島弘道（2007）「自律的学校経営の構造」『時代の転換と学校経営改革』学文社。

・加藤崇英（2011）「求められるべきは、学校経営の予算や財務をめぐる「デザイン力」」『学校事務1月号』pp.21-23。

・河野和清・千々布敏弥（2004）「第11章 学校予算と自律的学校経営」河野和清編『地方分権下における自律的学校経営の構築に関する総合的研究』多賀出版、p.233。

・清原正義（2005）『学校事務論の創造と展開』学事出版。

・清原正義（2001）『地方分権・共同実施と学校事務』学事出版。

・清原正義（2000）『教育行政改革と学校事務』学事出版。

・清原正義（1997）『学校事務職員制度の研究』学事出版。

・国立教育政策研究所（2020）『教育環境の国際比較』明石書店。

・貞広斎子（2008）「対学校特定補助金（categorical fund）の功罪に関する研究 ── 米国ニューヨーク州における低学年学級規模縮小政策の運用実態分析を通じて ── 」『教育

194

制度学研究』第15巻、pp.132-145。

・佐藤博志（2009）『オーストラリア学校経営改革の研究 ── 自律的学校経営とアカウンタビリティ ── 』東信堂。

・佐藤博志（1997）「豪州ビクトリア州における学校財政制度に関する考察」『日本教育行政学会年報』第23巻、pp.123-134。

・白石裕（2014）『教育の質の平等を求めて』協同出版。

・白石裕（2000）『分権・生涯学習時代の教育財政 ── 価値相対主義を超えた教育資源配分システム ── 』京都大学学術出版会。

・白石裕（1996）『教育機会の平等と財政保障』多賀出版。

・新村洋史（1980）「学校運営費の実態と学校財政の民主的確立 ──「義務教育学校運営費標準」の機能と問題点の検討を中心に ── 」『東京大学教育行政学研究室紀要』第１号、pp.84-105。

・末冨芳（2018）「学校財務研究の進展と今後の課題」日本教育経営学会編『［講座 現代の教育経営３］教育経営学の研究動向』学文社、pp.72-81。

・末冨芳編（2016）『予算・財務で学校マネジメントが変わる』学事出版。

・末冨芳（2010）『教育費の政治経済学』勁草書房。

・末冨芳（2008）「義務教育財政の比較分析 ── 国 - 地方 - 学校の権限・財源配分と「分権論」 ── 」『日本教育行政学会年報』第36巻、pp.208-211。

・杉本政光（2004）「学校独自の予算編成で「特色づくり」に挑む」『学校経営』第49巻、第２号、pp.27-35。

・全国公立小中学校事務職員研究会（2015）「創意工夫を生かした特色ある学校づくりを支える、学校裁量をいかした学校予算制度の取り組み状況の分析、好事例の収集、普及のための調査研究 報告書」平成26年度文部科学省「学校の総合マネジメント力の強化に関する調査研究」（自律的・組織的な学校運営体制の構築に向けた調査研究）。

・全国公立小中学校事務職員研究会（2008）「平成18・19年度文部科学省委託事業新教育システム開発プログラム 新しい時代の学校財務運営に関する調査研究　報告書」。

・総務省（2018）『地方財政白書（平成30年版）』日経印刷。

・竺沙知章（2016）『アメリカ学校財政制度の公正化』東信堂。

・竺沙知章（2012）「学校における財務マネジメントの意義と課題」『京都教育大学大学院連合教職実践研究科年報』第１巻、pp.82-92。

・竺沙知章（2004a）「学校の自律性確立と財政的条件」『日本教育経営学会紀要』第46巻、pp.14-24。

・竺沙知章（2004b）「学校財務制度実態と問題点 ── 全国の私教育委員会に対する調査結果の検討を中心に ── 」『兵庫教育大学研究紀要』第24巻、pp.27-38。

・中島正雄（1988）「地方都市における教育予算と学校運営費について」『教育行財政研究』

第15巻、pp.129-140。
・日本教育経営学会（1986）『講座 日本の教育経営 2　教育経営と教育行政』ぎょうせい。
・日本教育経営学会（2000）『シリーズ教育の経営 5 巻　教育経営研究の理論と軌跡』玉川大学出版部。
・橋野晶寛（2020）「第13章　教育財政」『教育制度を支える教育行政』ミネルヴァ書房、pp.173-188。
・浜田博文（2007）『「学校の自律性」と校長の新たな役割』一藝社。
・平川理恵他（2019）「特集 1 公立学校の「お金」マネジメント」『教職研修』pp.17-35。
・日渡円（2008）『教育分権のすすめ』学事出版。
・PHP 研究所（2012）『「学校の現状と課題を踏まえた学校の改善策の実施に対する教育委員会の支援に関する調査研究」報告書』。
・ベネッセ教育研究開発センター（2007）『学校長の裁量・権限に関する調査報告書』。
・本多正人（2015a）『公立学校財務の制度・政策と実務』学事出版。
・本多正人（2015b）「政策変容としての学校財務の再構築」『国立教育政策研究所紀要』第144巻、pp.93-109。
・本多正人（2015c）「書評：白石裕著『教育の質の平等を求めて』」『日本教育行政学会年報』第41巻、pp.238-241。
・本多正人（2003）「公立学校の財務・会計と学校の自律性」『国立教育政策研究所紀要』第132巻、pp.171-185。
・本多正人・青木栄一（2003）「公立学校の財務・会計システムの改革」『日本教育行政学会年報』第29巻、pp.118-129。
・三島紀人（2000）「予算編成の経営技術」『学校経営』第45巻、第13号、pp.32-37。
・水本徳明（2000）「現代日本の社会変化と学校像の転換」大塚学校経営研究会編『現代学校経営論』大塚学校経営研究会、pp.239-247。
・元兼正浩（2022）「学校経営の科学化をめざし、法社会学の方法を導入」『季刊教育法』第214巻、pp.77-81。
・栁澤靖明・福嶋尚子（2019）『隠れ教育費』太郎次郎社エディタス。
・栁澤靖明・福嶋尚子（2017）「学校財務評価の理論と実践」『日本教育事務学会年報』第 4 巻、pp.70-82。
・雪丸武彦・青木栄一（2010）「教育経営学研究動向レビュー ── 分権改革が学校経営に与えたインパクト ── 」『日本教育経営学会紀要』第52巻、pp.240-249。
・横山泉（2010）「学校財務マネジメント能力の向上をめざす」『学校事務 2 月号』pp.20-23。
・吉川亮子・橘孝明（2003）「学校予算の実態を追う」『学校経営』第48巻、第 4 号、pp.102-115。

第 13 章

韓国における「学校コンサルティング」の原理と実践
—— 自発性・専門性に基づくコンサルティングの試み ——

第1節　はじめに

　本章では、韓国における「学校コンサルティング」の導入背景、制度化プロセス、具体的な手順や内容の検討を通して、その特質と課題、展望を論じることを目的とする。韓国の特徴は、研究者集団（「韓国学校コンサルティング研究会」）が中心として進めているコンサルティングの学問的探求・実践と、教育行政による政策・制度（「コンサルティング奨学」）が同時に展開されている点である。前者は、行政主導のコンサルティング政策への対抗軸として、コンサルティの自発性及びコンサルタントの専門性に基づく学校経営コンサルティングを試みている。学校コンサルタントを専門職化したり、コンサルティとの契約関係を結んだりする様相は、その原理に対する解釈も含め、日本での研究動向や実践事例とはやや異なる側面を持つ。だが、学校・教師を改革すべき対象として位置づけるのではなく、それ自体を「生態系」としてみなし、その中に「自生的」活力がすでに潜んでいると解釈し、学校・教師を改革の主体として捉えなおそうとする点は、日本の教育経営学とも共有すべき重要な問題意識であると言える。

　ここでは、韓国国内の関連する先行研究、行政資料をはじめ、韓国学校コンサルティング研究会の報告書、学術論文等を用いて、その原理と実践から見える特色を検討したい。なお、必要に応じて関係者へのインタビュー調査から得られた情報に基づき、用語の補足等を行う。

第2節 「学校コンサルティング」理論の提唱

1. 教育改革の対象から主体（支援者）へ

(1)「奨学」に対する抵抗

　韓国では、政府主導の従来の教育改革[1]に対する批判から学校コンサルティングの理論が紹介された。教育行政職による「指導・助言活動」、いわゆる「奨学」は、教育現場における効果的な学習指導のための助力・指導活動として定義される。以前は、「視学」「督学」「指導行政」「奨学行政」などの名称で使われてきたのが、その「支援」機能をより重視する視点から、「奨学」として定着するようになった。同制度は、教育庁[2]が主導し、奨学士（junior supervisor）が担当することになっているが、「奨学士」とは、①一般大学・師範大学・教育大学の卒業者として5年以上の教育経歴や2年以上の教育経歴を含む5年以上の教育行政経歴、または教育研究経歴を有し、②9年以上の教育経歴や2年以上の教育経歴を含む9年以上の教育行政経歴、または教育研究経歴を有するものとして、主に教育庁に所属し、教育部長官から任用された人を言う（韓国教育公務員法30条）。奨学士は、学校現場への「助言者」ではなく、「指導者」の立場にいるという認識が強いため、独立的・客観的に学校問題を分析するのは難しいとされてきた[3]。

　韓国で学校コンサルティング理論の提唱者として知られているチン・ドンソプ（ソウル大学校名誉教授・教育行政学）は、それが学校教育の「危機」と改革に対する「反省」から探索されてきたという[4]。とりわけ彼は、教師

1）ナム（1999）は、朝鮮戦争以降の韓国教育改革の展開を時期別にまとめている。彼によると、1950年代は、民族主義と民主主義を同時に追求した民族的民主主義を基盤とする教育改革が推進され、1960〜1970年代（独裁政権）は、とりわけ経済発展・国家発展の手段として人材育成を目的とする教育改革が行われた。1980年代（軍事政権）から1990年代以降は、大統領の直接諮問機関を中心とする総合的な教育改革が推進されてきた（ナム・ゾンゴル（1999）「韓国教育改革の展開過程に関する研究」『教育行政学研究』Vol.17, No.4, 41-70頁）。

2）教育庁は全国17市道に設置されており、その所管機関として各基礎自治団体に教育支援庁が置かれている。なお、教育庁は教育行政の執行機関である教育監の補助機関として位置づけられる。

3）チャ・オギ（2012）「学校コンサルティング奨学の活性化のための活用方案及び課題提言」『江原道教育研修院』第189号、76-83頁。

4）チン・ドンソプ（2003）『学校コンサルティング：教育改革への新たなアプローチ』ソウル：学志社。

を改革の対象として位置付け、政府が主導してきた上からの改革（blueprint approach）は失敗したと述べ、教師の「自発的」な参加を尊重する活動、学校を改革の対象ではなく、「支援」の対象として位置付ける活動、学校構成員たちのニーズから生まれる活動が必要であり、そのような活動を支えることが教育行政の役割であると主張した[5]。

（2）行政主導の教育改革からの脱皮

　チンによれば[6]、韓国の教育改革は教育的ではなく、政治的に計画・遂行された側面があり、その重要な目的が、教育の問題・課題を是正することではなく、政治的な利益を得るために進められてきた。そのため、改革の実践可能性よりも、抽象的・政治的な効果に比重が置かれてきた問題がある。また、それは「学校」の改革ではなく、「制度」に焦点が当てられており、主に入試制度、教育財政制度、地方教育自治制度等、国家水準の制度を改正するに比重が置かれてきた。このような制度改革が、学校にどのような影響・変化をもたらすか・もたらしうるかを工夫し、いかなる制度的装置が必要であるかを慎重に議論する作業が、韓国では決定的に不足していたという。

　また、従来の教育改革は、教師をその対象とする傾向が強かった。チンはこの問題を、学校コンサルティングを通じて最も変えるべき改革の「慣習」[7]であると表現する。すなわち、従来は政府内のエリート官僚が改革を主導し、そのプロセスに極めて制限・限定された専門家集団が参加してきたが、「教育」改革は、学校の教師たちがその必要性を自ら感じ、積極的に主導しない限り、成功を導くのが難しい。チンは、教師を改革の主体ではなく、対象としてきたことが、結果的に教師の「プライド」を傷つけ、自らの仕事に対する懐疑的な姿勢、教職からの離脱現象を加速させてきたと批判する。そこで彼が強調するのは、「外的条件」としての教育行政機関の性格変化[8]である。

5）同上
6）チン・ドンソプ（2004）「公教育発展の代案と課題」『地方自治情報』No.147, 1-10頁。
7）同上
8）学校コンサルティングの理論を教育部・教育庁、国策機関までにも普及させ、その実践を拡大させてきた彼の研究活動を鑑みると、教育行政（機関）の性格を変化させることを最も重要な課題として考えていたとも言える。

　すなわち、指導・援助という名のもとで行われてきた奨学制度は、学校での抵抗感を呼んでおり、真なる学校改善・組織の変化にはつながらず、教育行政の役割は、学校と教師たちに良質なサービスを提供し、それを支援する基盤になるべきであるという。このようなボトムアップ型の教育改革の「文化」を支援することが、教育行政には必要であり、その体制を「サービス行政組織」へ改編すべきであると提案している。

　以上のような問題意識から、学校コンサルティングは、学校・教師の自発性と専門性を尊重し、学校組織の変化を促す革新的なアイディアとして注目された。

（3）学校コンサルティングの原理

　2000年代に入ってから、学校コンサルティングを理論的・学問的に定着させようとする試みと、具体的に政策・制度化を始める行政側の動きが同時に起きるようになる。たとえば、国策研究機関である韓国教育開発院（Korean Educational Development Institute：以下、KEDI）は、2000年から2002年にかけて、各学校の学校評価の結果を「診断」し、それに基づいて学校構成員による学校改善への努力を助長するという目的のもと、学校コンサルティングのモデルを開発し、適用させようとした。KEDI は、学校コンサルティングを「学校の要請により、特別な訓練を通じて専門的な資格を持った人々が、学校運営責任者との契約に従い、独立的・客観的に学校の教育活動と教育支援活動を診断、その問題を確認・分析し、それに対する解決案を提案するとともに、それの実行を支援する活動」であると定義づけ、学校改善の方法として導入した。しかし、同機関による学校コンサルティングは、あくまでも「学校評価」の事後対策、またはその代替案として位置づけられ、「代案的学校評価」の性格が強い。学校現場のニーズを把握し、それに関する教育サービスを提供するというより、「学校評価」を最終目的とする手段としてコンサルティングを活用しようとしたのである。

　学校コンサルティング[9]をより学問的に探究し、その実践を試みたのは「韓国学校コンサルティング研究会（school consulting center）」（2000年設立：以下、研究会）である。研究会は、チン・ドンソプ教授とその弟子たちが中

心となって組織したものであり、インフォーマルな研究会から出発したが、当初は米国の「New American School」プログラム[10]の理念と実践から学び、それを韓国の文脈に照らし合わせ、従来のトップダウン型改革への対抗軸としてコンサルティング理論を提案した。

　研究会が主張するのは、①学校構成員自らの知識・経験に基づく改革（ground knowledge approach）への転換、②学校は「教育行政機関」ではなく、「教育機関」であり、教師は「自律性と責任を持つ専門職」であることである。研究会は学校コンサルティングを奨学と区分し、教育改革に対する新たな方法論として確立させるために取り組んだ。

　具体的にその原理は、①専門性、②独立性、③諮問性、④一時性、⑤教育性、⑥自発性からまとめられる[11]（本文中の傍線は筆者による）。

①**自発性**：学校コンサルティングは依頼人の自発的な要請によって行われなければならない。学校組織の改善は選択の問題ではなく、義務であるため、学校コンサルティングは「考案された自発性」によるものである。

②**専門性**：学校経営と教育に関する専門的知識と技術を持つ人々によって行われる専門的な指導・助言活動である。学校コンサルタントの専門性は二つの側面から論議され、一つは依頼された課題解決のために支援できる実際の専門性を身につけなければならないことであり、もう一つは学校コンサルタントが専門職業人としての倫理を持つことである。

9 ）「学校コンサルティング」という概念が文字として現れたのは、1999年1月の月刊誌『新教育』においてである。当時ソウルの高校教師であったイ・ミョンホは、特集『奨学の新しい方向』の中に「コンサルティング奨学へ」という論文を投稿し、それまでの指導・監督中心の奨学の問題を解決するために学校現場のニーズに合わせた奨学の新しい形として「コンサルティングの奨学体制」というアイデアを提案した。

10) 1991年、多様な分野の専門家たちが財団を立ち上げ推進した学校改革運動。政府から独立し、起業家を中心に学校を支援するのが特徴であり、専門的・財政的・制度的支援とともに、教員の参加と専門性開発を試みる事業として、学校コンサルティングは当初、本プログラムの理念・方法を参考にしていたという（チン・ドンソプ（2013）「学校コンサルティングの懐古と展望」『韓国教育行政学会第165回秋季大会基調講演資料集』、1-24頁）。

11) 韓国学校コンサルティング研究会ホームページの内容を参考にしている（https://www.schoolconsulting.net/ri/frt/dtr/consultingArea.do　最終確認：2023/12/17）。

③独立性：<u>学校コンサルタントと依頼人の両者の視点からみるコンサ</u><u>ルタント、依頼人、学校コンサルティング管理者の関係を究明するも</u><u>のである。</u>学校コンサルタントの立場からみる独立性の原理は、まず依頼人との関係、次にコンサルティング管理者との関係が独立的でなければならないことを意味する。依頼人の立場からみる独立性の原理は、まず学校コンサルタントとの関係、次にコンサルティング管理者との関係が独立的でなければならないことである。

④諮問性：<u>コンサルティングは本質的に諮問活動であり、コンサルタ</u><u>ントが依頼人の代わりに教育活動をしたり、学校を経営したりすること</u><u>はできない。</u>つまり、コンサルティング結果に対する<u>最終責任が依頼</u><u>人本人にあること</u>を意味する。コンサルティングに関する決定とその結果に対する責任は依頼人にあることを周知しなければならない。

⑤一時性：課題が解決されると、<u>学校コンサルティングの関係は終了す</u><u>る</u>ことである。この原理がコンサルタントと依頼人に持たせる意味は二つの側面から具体化される。一点目、<u>学校コンサルタントに対し、</u><u>依頼人は未来の潜在的な顧客である。</u>二点目、依頼人の立場からすると、コンサルティングが一時的に実施されるため、ただの課題解決だけではなく、<u>課題解決のための専門的能力の向上により集中するよう</u>になる。依頼人がコンサルタントより専門的助言や支援を提供されることの最終目的は、学校コンサルタントへの依存度を低くすることである。

⑥学習性：<u>学校コンサルティングの目的は、課題の一時的な解決ではな</u><u>く、依頼人の専門性の涵養にある。</u>従って、学校コンサルティングは必然的に学習の性格を持つ。しかし、<u>学習は一方的な現象ではなく、</u><u>相互交換的に行われるもの</u>であるため、コンサルティングの中で学習は依頼人のみならず、コンサルタントにとっても行われる。

　上記の６つの原理は、学校コンサルティング研究会の立場を表すと同時に、コンサルティングの最終目的が、学校・教師の自主的な専門性開発、そしてコンサルタントの学習であることがうかがえる。教師自らが問題意識を

持ち、ニーズがあること、自ら専門家（コンサルタント）を選択し、コンサルティングを実施すること[12)]で、専門性開発に対する自己責任を伴うことが強調されている。ただ、ここでいう「自己責任」には、教師の専門性開発という「権利保障」が基盤となっており、教師に専門職としてのプライドを持たせ、維持させること、それが一人個人にとどまることなく、教師文化・学校文化として定着することが期待される。

　さらに、研究会が重視するのは、教師それ自体を優秀な人的資源、すなわち「学校コンサルタント」になりうる専門家としてみなす点である。人材を発掘し、集団化（コンサルタントのネットワーク形成）することで、教師同士が相互の問題に共感し、ニーズに応えあうような関係をつくることが目指されているのである。ここが、既存の奨学や行政研修、教員評価等、いわゆる教員の「専門性向上」のために実施されてきた制度と、決定的に違う点である。教師の専門性向上という目的自体は変わらなくとも、そこには、従来の教育改革の「慣習」を変えること、学校組織を教育行政の末端機関ではなく、それ自体、「自生的」な時間・空間としてみなすこと[13)]、教師を改革の対象ではなく、主体として認識する観点が基盤となっており、「教育行政の代案的観点」[14)]ともつながる。

2. コンサルタントとコンサルティの関係──コンサルタントの専門職化

　学校コンサルティング研究会は、学校教員、教育行政専門家、予備教師、教育学研究者、大学教授、KEDI研究委員など、1500人以上の会員が所属（2023年現在）しており、「学校経営コンサルティング」と「授業コンサルティング」の主に2つの領域におけるコンサルティングを実施している。研

---

12) 研究会は、所属している各コンサルタントの名前と専門分野をすべてHPにて公開し、依頼人の現状と課題に合わせたコンサルティングの実施が可能になるようにするとともに、各コンサルタントの担当地域、対象としている学校種などの情報も一緒に公開し、コンサルタントの専門性に基づくコンサルティングが行われるように工夫している。
13) 研究会は、学校を一つの「生態系」であると定義しており、学校コンサルティングを単なる技術的な道具として活用することを警戒する（チョ・ソクフン（2013）「学校コンサルティングは自生力を持つ制度か？」『韓国教育行政学会第165回秋季大会資料集』1～3頁）。
14) チン・ドンソプ＆キム・ヒョジョン（2007）「学校コンサルティングの原理分析」『教育行政学研究』Vol.25, No.1, 25-50頁。

204

究会による具体的な活動は、コンサルティングの事例収集・分析、コンサルタント対象の研修教材及び講義の開発、ワークショップ（職務研修会）や公開講座・セミナー、学術大会の開催、コンサルタント資格制度の運用及び養成研修の実施、オン・オフラインでの学校コンサルティング実施など多岐にわたる。

　特に研究会が力を入れているのは、コンサルタントの養成・研修であり、コンサルタント（または、今後コンサルタントになりうる人的資源）の「専門性」を研究会が担保・支援することで、行政による研修や奨学との差別化を図っている。研究会は、行政主導の「コンサルティング奨学」が全国的に実施されるようになると、それを踏まえ、学校コンサルタントを「専門職化」することで、主導権を握る戦略をたてた[15]。2015年には、韓国職業能力開発院に「学校コンサルタント（1、2、3級)[16]の民間資格として登録し、資格管理者となった。その応募資格は、①教育学博士号を持つもの、②教育学修士号取得後、学校コンサルティングの実務経歴が3年以上のもの、③韓国学校コンサルティング研究会が主催するコンサルタント養成課程を履修し、コンサルティング実務経歴が2年以上のものであるが、近年は、現職教員または教育行政職一般に対しても応募を仕掛けている。資格検定は、筆記・面接で行われ、その後、研究会主催の研修を受けることで、資格証が交付される。

　学校コンサルティングでは、コンサルタントに高度な専門性・資質を求める一方で、その専門的意見や課題の解決案を受容するか否かの判断はコンサルティにすべてゆだねる。研究会は、コンサルティングの本質を「自発的に提起・依頼された課題に対する専門的な試問活動」[17]と説明し、コンサルタントはコンサルティの問題を直接解決するのではなく、問題を解決するのを「手伝う」ことを原則とする。コンサルタントが提案する解決方案を受け止めるか否かの決定権限と実行責任は、あくまでもコンサルティにあるとする。この原則は、コンサルティの「自発性」という原理が、コンサルティングの依頼段階だけでなく、それが終了した段階以降も必要であることを意味

15) 研究会関係者へのインタビュー調査より（2019年11月実施）。
16) 1級は研究責任者、2級は共同研究者、3級は研究チーム員としての専門性を持つとされる。
17) チン・ドンソプ&キム・ヒョジョン（2007）、前掲。

する。

　コンサルタントは常に、コンサルティの実践に直接介入・統制する権限を持たない状況にありながらも、コンサルティに対して何らかの影響力を発揮しなければならない立場にあり、この「事実」は、コンサルタントに高度な専門性を求める根拠になると同時に、コンサルティング行為が「管理（management）」ではない点を再度想起させる。コンサルタントはときにはコンサルティを戸惑わせたり、怒らせたりすることもありうる[18]し、そのような両者の葛藤（ジレンマ）・対立は、コンサルティングを行う中で自然に生じるプロセスであり、むしろ不可欠なものとして受け止められているのである。

3. 学校コンサルティングの本質 ── トップダウンか、ボトムアップか

　2000年代以降、学校コンサルティングは全国の教育庁の主導のもとで、多様な名称と幅広い活動内容を通じて行われるようになる。その背景には、教育部の「単位学校運営責任制（2008）」や「単位学校自律力量強化対策（2010）」などの政策からの影響もあったが、このような教育行政主導の事業展開に対して「学校コンサルティングの本質の不在」[19]という指摘がなされてきた。

　それまで各教育庁によって選択的に導入されていた学校コンサルティング事業が、全国すべての小・中・高校において実施されるようになったのは、2010年9月の「地域教育庁機能改編政策」が出されてからである。これにより、各市・郡・区の「地域教育庁」が「教育支援庁」に名称変更され、「教育現場共感型支援機関」として位置づけられるようになった。

　パク（2011）は、「コンサルティング奨学」は、「コンサルティング」と「奨学」という相互矛盾する概念を絶妙に結合し展開していると指摘し、これは「既存の「奨学」制度の枠組みがそのまま維持されている経路依存（path dependence）」[20]的な性格を持っていると批判する。

18）韓国学校コンサルティング編（2013）『学校経営コンサルティング』学志社、26-28頁。

19）チン・ドンソプ&ホン・チャンナム（2006）「学校組織の特性からみる学校コンサルティングの可能性探索」『韓国教員教育学会』第23巻第1号、373-395頁。

20）パク・スジョン（2011）「学校コンサルティングと教育庁の出会い：可能性と限界」『韓国教員教育研究』第28巻第3号、307-331頁。

<表１> コンサルティング奨学の制度化

時期区分	アイデア形成 (1999〜2010)	制度導入 (2010〜2011)	制度推進 (2011〜2016)	過渡期 (2016〜現在)
教育政策 の理念	自律的学校経営・教員の責務性の強調 競争主義に基づく新自由主義的教育政策			平等・公共性 ・教育自治
関連法令	○1997年「初・中等教育法」第7条（奨学指導）、第9条（評価）の制定	○2010年「地方教育自治に関する法律施行令」の改正	○2011年「初・中等教育法」第20条（教職員の任務）3項（首席教師）の追加→コンサルタントとして養成	
関連政策	○教育部：教育庁の機能改編（教育支援庁へ）に伴い、教育庁の事業としてコンサルティングというアイデアを導入開始 ○教育支援庁：選択コンサルティング導入	○教育部：教育庁の機能改編→コンサルティング奨学の本格的導入	○教育部：コンサルティング奨学の推進、市道教育庁への評価、予算配置、各種支援事業の開始 ○教育庁：すべての市道コンサルティング奨学の計画樹立及びコンサルティング奨学支援団運営	○地域教育庁：コンサルティング奨学政策を実施しない地域が登場（仁川、光州、京畿道、忠清道、慶尚南道、江原道）
特徴	担任奨学（学校別に奨学士を指定する制度）の代替案としてコンサルティング奨学が台頭	コンサルティング奨学の制度化（義務化）	コンサルティング奨学の義務的施行による現場からの批判・不満	改めてコンサルティングと奨学を区別しようとする動き・多様な政策展開を試みる動き

出典：パク・スジョン（2019）を参考に筆者作成

　以下の表2の通り、各地域の教育支援庁で実施しているコンサルティング奨学は、その領域は多様であるものの、コンサルティングの手法として全職員を対象とする「一斉研修」を採用している場合が多く、当事者たちによる現状把握と問題意識の共有、ビジョンを形成する時間的余裕と選択の余地が非常に少ないと言える。

　研究会では、行政主導のコンサルティング奨学が、学校コンサルティングの理論と実践の拡大・普及に役立ったことは認めつつも、制度化による現場からの抵抗が生まれていることや、ボトムアップ・教師主導の改革を本来目的としていたはずのコンサルティング理論の学問的・実践的意味が薄まってしまったことに対するジレンマをかかえており[21]、当初の学校コンサルティングのもつ本質との「ズレ」を指摘する。

<表2>　コンサルティング奨学の領域および方法

領域	方法	テーマ
教育課程	全職員研修	教育課程編成・運営の実際
授業	授業奨学	授業観察と授業分析
	全職員研修	評価設問の作成・実際
生徒指導	全職員研修	学校暴力予防
		学業中断予防・不適応生徒指導
		学校安全
進路指導	全職員研修	目標管理中心の学力管理方案
		目標管理指導優秀教員のメンタリング
		自己効能感を高める進路／進学指導方案
学校経営	全職員研修	学校教育計画の樹立と実際
		人事及び施設管理の実際
		学校会計制度

出典：チョ・ドンソプ他（2013）を参考に筆者作成

　すなわち、コンサルティング奨学は、「教育庁の主導のもと、学校と教員の依頼により、<u>奨学士が提供する指導・助言活動</u>であり、コンサルティングの概念と原理に充実した奨学というよりも、その<u>メリットと要素を一部取り入れた奨学</u>（傍線は筆者による）」[22)]にすぎず、そこには当初の学校コンサルティングにおける「自発性」原理は欠落しているのである。

---

21) 研究会関係者へのインタビュー調査より（2019年11月）
22) キム・ドギ＆チン・ドンソプ（2005）は、以下のように両者を比較している。

区分	コンサルティング奨学	学校コンサルティング
核心概念	依頼人の自発性とコンサルティング奨学員の専門性に基づく助言活動	依頼人の自発性とコンサルタントの専門性に基づく独立的な諮問活動
両者関係	垂直的	水平的・独立的
対象領域	教室の授業改善	学校教育・経営全般
核心原理	専門性、諮問性	自発性、専門性
責任所在	依頼人	依頼人
場所	主に校内	校内・校外
コンサルタント	主に同僚・教育行政職	同僚、研究者等

出典：キム・ドギ＆チン・ドンソプ（2005）を参考に筆者作成

第3節　学校コンサルティングの実際

1．学校の自生的活力の重視

（1）学校経営コンサルティングの概念

　研究会は、コンサルティング奨学との区別を図り、コンサルティの自発性とコンサルタントの専門性を最も重要な要素として取り上げている。また、実際にコンサルティングの領域は多岐にわたるものの（表3を参照）、それは結局は学校の経営文化・組織文化を変えうるものにまで発展すべく、最終的に「学校経営コンサルティング」を目指す必要があるという。

　研究会によれば、学校経営コンサルティングは、「学校の<u>自生的な活力</u>と経

<表3>　学校コンサルティングの領域

領域	分野	事例
①学校経営領域	教育及び経営目標設定と計画の樹立	学校教育計画書の作成
	教育課程	教育課程開発チームの運営支援
	組織及び人事管理	校務分掌
	財政・施設・事務管理	最新会計技法の導入
	奨学及び研修管理	校内奨学プログラムの開発
	児童生徒及び教職員の福利厚生	退職準備プログラム
	学校評価	学校自己評価の指標開発
	学校行事運営	運動会プログラムの開発
	学校文化及び風土醸成	コミュニケーション技法の開発及び訓練
②教育活動領域	学級運営	学級運営の目標設定および運営方案の構想
	教科教育活動	最新の授業理論及び技法訓練
	教科外教育活動	進路指導プログラム
③学校の対外関係領域		学校運営委員会の運営計画作成
④教育部及び教育庁の事業	教員研修	教員研修機関の診断・評価
	地区自律奨学	地区自律奨学の運営
	研究及びモデル校の運営	研究及びモデル校運営の阻害要因の診断

出典：韓国学校コンサルティング研究会HP（最終確認日：2023/12/04）により作成

営力量を向上させるために、学校内外の構成員のニーズに基づいて提供される、独立的・専門的な試問活動として、学校経営上の問題を診断し、問題に対する解決策を推薦し、学校の要請がある場合には解決策の実行を支援する」と定義される。この定義からは、学校それ自体が「生物体」として、常に自生的活力が潜在しており、それを導き出すためのコンサルタントの高度な専門性が、コンサルティングの前提条件になっていることが読み取れる。

（2）サービス専門職としてのコンサルタント

　学校経営コンサルティングは２つの観点から区分される。一つ目は機能的観点からの定義であり、コンサルタントは、ただ手伝う人（helper）または、何か（仕事・業務等）を可能にする人（enabler）として定義され、このような助けはコンサルティングを職業とする専門家だけでなく、専門外の人々でも提供可能であるという。ただ、この広義のコンサルティングは、すでに学校で活発に展開されており、授業や生活指導等を担う教職員は、公式的にも非公式的にも何らかの形でお互いを支えあっていると考えられる。

　二つ目の定義は、「専門職業的サービス」としてみる観点である。韓国で研究・実践されている学校経営コンサルティングは、この立場をとる。この観点をとってからこそ、従来の奨学制度と区別できるのである。従来の奨学制度の中でも「学校ニーズ型奨学」等が行われてきたが、それは「機能的コンサルティング」にはなりうるものの、「専門的サービス」としてのコンサルティングではない。ここで問われるのは、「誰が」コンサルティングを行うのかではなく、その人が「専門性」を持っているのか否かという点である。

（3）コンサルティング奨学との比較

　下記の内容は「授業コンサルティング奨学」の例であるが、手続き・内容からみてわかるように、その計画段階から教育支援庁の主導のもとで展開されているのが特徴である。ここでは、コンサルティングの基本原理である「自発性」が不在しており、義務的・形式的に行われていることが読み取れる。授業参観後の協議会においても、コンサルタントが教師に率直な意見・批判的な「苦言」を述べる雰囲気にはならず、形式的なものに終わってしま

210

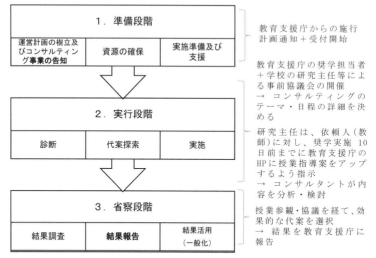

＜コンサルティング奨学の手続き[23]＞

1．準備段階

| 運営計画の樹立及びコンサルティング事業の告知 | 資源の確保 | 実施準備及び支援 |

教育支援庁からの施行計画通知＋受付開始

2．実行段階

| 診断 | 代案探索 | 実施 |

教育支援庁の奨学担当者＋学校の研究主任等による事前協議会の開催
→ コンサルティングのテーマ・日程の詳細を決める

研究主任は、依頼人（教師）に対し、奨学実施10日前までに教育支援庁のHPに授業指導案をアップするよう指示
→ コンサルタントが内容を分析・検討

3．省察段階

| 結果調査 | 結果報告 | 結果活用（一般化） |

授業参観・協議を経て、効果的な代案を選択
→ 結果を教育支援庁に報告

う[24]ことが憂慮されている。また、コンサルティング奨学を経験した複数名の教師へのインタビュー調査を通じて、その課題・限界について述べる諸研究からは、コンサルティング奨学が、教師個人の授業改善にのみ焦点が当てられており、コンサルティングのプロセスを通じて得られるだろう多様な意見・知識を、学校の経営文化や組織全体の知的財産にまで活用するには至らないと指摘する[25]。

2．学校経営コンサルティングの手順

研究会はコンサルティング実施段階を4段階に分けており、コンサルティングの6つの原理が各段階に適用されるよう留意している。その中でも特に

23）ホン・チャンナム（2019）（「コンサルティング奨学の現実と争点」『韓国教員教育研究』Vol.36, No.2, 179-203頁）を参考に作成。
24）学校コンサルティング編（2013）、前掲、383頁。
25）コンサルティング奨学は、その結果を教育庁に報告することが原則となっており、コンサルティングを行う上で必然的に起きる葛藤や対立といった様相をとらえるには限界がある。先行研究は、このような問題が生じる原因について、コンサルタントの専門性不足と、教師たちの意志の不在であると述べ、コンサルティングの成否は、コンサルタントの養成・研修にかかっているという（ホン・チャンナム（2012）「学校コンサルティングとコンサルティング奨学の関係」『教育行政学研究』Vol.30, No.4, 225-248頁）。

学校側からの自発的な依頼に基づく「準備段階」を重視している。この段階では、研究会が学校のニーズを把握し、それに適合するコンサルタントを選定する作業を経て、直接コンサルタントとのやり取りを開始する段階であるが、コンサルタントの専門性が問われるとともに、学校の課題を把握・分析するにあたって最も重要な作業が行われる。また、研究会のコンサルティングは独立性と一時性の原則のもとで行われ、コンサルティングが終了する時点から、コンサルティングの結果を学校の経営に反映し、知的財産にまで生かすか否かは、学校に任されている。

　以下、各段階の具体的な内容を述べる。

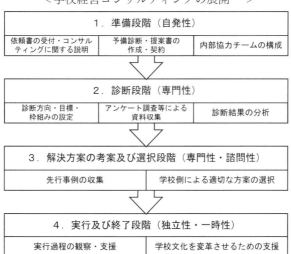

＜学校経営コンサルティングの展開[26)] ＞

（1）準備段階

　準備段階は、コンサルタントと学校（教員）との契約が結ばれ、相互の意見を調整する段階である。具体的には、依頼書の受付、コンサルタントの紹介、課題分析及びニーズ調査、遂行計画及び予算計画、提案書の作成及び検

26）シン・チョルギュン＆ホ・ウンジョン（2012）（「学校コンサルティング拡散過程の研究」『韓国教育行政学会第165回秋季大会論文集』186-213頁）を参考に作成。

討、契約等が行われる。

＜学校経営コンサルティングの依頼書（例）＞

○基本事項

学校名		
担当者名		職位
連絡先	学校	携帯

○依頼領域

　該当事項にチェックし、「依頼課題」欄に具体的な内容を記入してください。依頼課題とともにそれに関する具体的な内容を記入していただくと、コンサルティング計画に役立つと思います。

課題	領域
学校組織	□学校発展及び経営計画の樹立 □組織構造及び人事管理 □財政・施設・事務管理 □学校組織文化の改善 □政策事業の運営 □教育課程及び教育プログラム □教師の専門性開発（研修、奨学、研究会等） □児童生徒及び教職員の福利厚生
学年及び学級	□教科教育　　　　□非教科教育 □学級経営
その他	□対外協力関連の業務 □学校運営委員会 □＿＿＿＿＿＿＿

○依頼課題

依頼課題名	例）「学校共同体」づくり
依頼内容及び理由	依頼背景・学校現状・依頼内容・要求事項

○希望コンサルタント　＿＿＿＿＿＿＿＿＿＿＿＿＿＿
○もし希望されるコンサルタントがいる場合ご記入ください。どの分野のコンサルタントをご希望なのか、特定の経験、特定分野の専門知識または資格、学位等と関連してご記入いただくと、コンサルタント選定に反映させます。（コンサルタントの性別、性格等を記載されても構いません）

　学校からの依頼書に基づき、研究会（コンサルタント管理者）はコンサルティングの受諾可否を決める。予算や時間等、現実的な側面も重視するが、学校経営コンサルティングの原理に照らし合わせて、学校組織の学習を実現できうるか否かが受諾の最も大事な基準となる。なお、研究会所属のコンサ

ルタントを紹介する段階では、依頼背景や学校の現状（学力状況・地域特性
など）、コンサルタントの経験、学校への直接訪問の可否等を考慮して選定す
る。また、コンサルティングが本格的に開始される前に、課題の分析とニー
ズ調査が行われるが、学校に直接訪問し、面談を実施するケースが多い。こ
の事前調査から得られた結果をもとに研究会とコンサルタントは、コンサル
ティングに必要な費用、時間等を算出し、以下のように予算案を学校側に提
供する[27]。

＜学校コンサルティング予算案の例（項目別）＞ （単位：千ウォン）

区分		算出内訳			
		授業			経営
		1教科	2教科	3教科	
人件費	実行業務	400	800	1,200	500
	総括業務	500	600	700	700
	実行・総括業務	700	800	900	1,000
運営費	国内出張費	150（1日1人基準）			
	食費・経費	25（1日1人基準）			
	印刷代	100（1面基準）			
	専門家協議会費	200（1日1人基準）			
	進行経費	協議事項			
間接費	機関受容費	当該機関の基準適用			
	VAT	当該機関の基準適用			

出典：パク・ヒョジョン（2009）を参考に筆者作成

　提案書に基づく相互の意見調整が進むと、正式な「契約」を結ぶこととな
る。この作業は、コンサルティングの目的と内容、合意事項を文書化するこ
とによって両方の立場・情報を保護するためである。契約書には①契約の目
的、②コンサルティング課題と内容、③コンサルティング担当者、④コンサ
ルティング場所、⑤コンサルティング期間（一般的に1年）、⑥契約金額及び
支給方法、⑦支援事項、⑧資料の管理、⑨守秘義務、⑩契約の変更及び解約、
⑪維持及び報酬、⑫効力の発生時点等が明記される。

27）学校側が負担できる適切な規模の予算とコンサルタントの知識の価値を考慮して予算を樹立す
　　るのが原則である。

214

（2）診断段階

　研究会は、学校の現状・実態を把握するにあたって、学校内部の「協力者」（一般的に研究主任等を含む6〜8名で構成）たちとの協議を最も重視する。協力者たちは、単に情報を提供する以上の役割を常に果たしており、コンサルティングのすべてのプロセスをともにする仲間として位置づけられている。特にこの段階では、学内で起きている「非公式的」なコミュニケーション関係を把握するのが必要となるが、そのためには「コンサルティング依頼を決定する前にどのようなプロセスを経たのか」、「他の教師たちの反応はどうか」など、依頼段階における学校組織の自発性を再度確認する。できるだけ多くの教職員からコンサルティングの趣旨に共感してもらうための作業であると言える。

（3）代案開発・実行段階

　コンサルティング課題に対する解決案・代案を開発・作成する段階は、コンサルタントと学校側の共同作業によって、問題への新たな視点と方法論を模索する段階であり、両方の「創意性」が最大限発揮される。コンサルタントは、自らの専門性に基づく提案を行うが、その提案を最終的に学校経営に生かすか否かの選択はすべて学校側の判断にゆだねられる。

　特に研究会は、代案を選択し、実行する段階にて生じうる学校の「抵抗」を的確に理解する必要性を提起する。ここでまさにコンサルタントの専門性が問われるのであり、この「抵抗」をよく理解し、乗り越えない限り、従来の「奨学制度」と何ら変わらないという[28]。授業コンサルティングのように一つの領域にとどまるコンサルティングの場合と異なり、学校経営コンサルティングの場合、学校全体の教職員を対象とするため、組織員との「関係づくり」が大事になってくる。研究会に学校コンサルティングを依頼するのは、多くの場合、校長のような管理職であるが、実際に代案を開発したり、それを実行に移したりするのは、教職員が中心となるため、コンサルティングに対する抵抗が生まれやすい。そのため、初期段階から組織との関係づくりがコンサルタントには不可欠である。実際に、研究会主催のコンサルタント研

28）韓国学校コンサルティング編（2013）、前掲。

修会においては、多くの時間を割いて、学校からの「抵抗」を乗り越えるための方法の模索・ケーススタディ等が実施されており、コンサルタント同士の経験談から率直な悩みや工夫が共有されている[29]。

（4）終了段階

　コンサルティングの結果を活用・反映するか否かは学校側に任せられるが、それは「任せっぱなし」で放置されるのではない。コンサルタントは独立性を保つ「観察者」として、学校側との関係を維持しつつ、学校文化の変化を見守り、支援を続ける。これは、「一時性」というコンサルティング原理に反するようにも見えるが、ここでいう「一時性」とは、学校側との関係を断絶するのではなく、コンサルタント・コンサルティの関係[30]から一旦離れることを意味する。コンサルタントは、学校の自生的な専門性開発を支える支援者であり、また研究会は、コンサルティング管理者としてコンサルティ・コンサルタント両方を支援する基盤・ネットワークの形成を図ることを目的とする。

第4節　むすびにかえて

　韓国における学校コンサルティングは、政府主導の教育改革に対する反省・批判から学校の自発的な改革を目的として導入され、韓国の教育事情に合わせた独自な理論のもとで出発した。研究会は、行政によるコンサルティング奨学への対抗軸として、コンサルタントの養成・研修に力を入れているが、当初のボトムアップ型教育改革を進めるには限界があるのも確かである。さらに、研究会の維持・活動の拡張等を図る必要もあり、コンサルタントの養成・研修、そしてコンサルティング自体もビジネス的性格を持つようになり、学内の自生的活力の回復というコンサルティングの当初の理念が薄まってきているのも否定できない。だが、日本とは異なる文化的・政治的特

---

29) 研究会主催のコンサルタント研修会への参与観察より（2019年11月及び2022年9月に実施）。
30) コンサルティングの理論からすると、コンサルティは、今後コンサルタントになりうる人的資源であり、この関係は、今後組み替えられる可能性を持つ。

色、歴史的背景を持つ韓国社会においても、学問・研究の普及と実践への貢献の仕方・アプローチの方法が常に模索されていること、コンサルティング研究会の活動はその有効な戦略を探る過渡期を経ていることは興味深いし、注目して良いだろう。以下、韓国の学校コンサルティングの特徴を述べる。

　第一に、コンサルティの「自発性」とコンサルタントの「専門性」をコンサルティングの最も重要な原理として捉えている点である。この二つの原理は、コンサルティング奨学と決定的に異なる部分であるとされ、学校が自らの課題に気づき、それを考える・解決する方法として学校コンサルティングを必要とするのが前提となっている。ただ、ここでいう「自発性」[31] が教職員集団の中でどのように導かれ、いかなる議論を経て、「依頼する」行為にまで至るのかに関しては、詳しく描かれていない。多くの場合、学内の自主研修会の中で、教員同士が現状を語り合い、問題意識を共有し、その後コンサルティングを依頼するといったプロセスで描かれているが[32]、その中で生じうる葛藤や意見不一致、見え隠れしている権力関係等をも、コンサルティングプロセス（実態）として把握することが今後求められると言える。

　第二に、教師をコンサルティングの対象ではなく、有能なコンサルタントになりうる人的資源としてみなす点である。この部分はコンサルタントの「専門性」原理ともかかわるが、ここでいう専門性とは、単なる技術やスキルを意味するのではなく、すでに教師個々人が持つ「潜在的」な力を指している。教師は、教育の専門家として豊富な経験と知識を持つのであり、専門職としてコンサルタントになりうる人的資源であるとみなされる。さらに、コンサルティとコンサルタントの関係は、一時的には専門家とクライアントの関係にあるが、コンサルティングのプロセスの中で両者の意見が対立したり、抵抗しあったりすることが当然現れる前提とされている。このような捉え方から考えると、両者は上下関係にいるのではなく、互い専門性を持つ専

---

31) 正確には「考案された自発性」と定義されており、学校側からの要請・依頼を待つことを原則としつつも、積極的にコンサルティングの必要性を広報したり、宣伝したりすることも研究会としての課業であるとされている。

32) 2018年韓国学校コンサルティング研究会事例発表会（於：ソウル大学）にて、多様な事例に関する発表を聞く機会を得たが、いずれも各学校における依頼（前）段階の様相は詳細に描かれず、研究主任・学年主任等、中間管理職の問題意識から依頼が開始される場合が多かった。

門職として向き合い、ぶつかり合う関係として想定されていると考えられる。

　第三に、学校コンサルティングの場面において、「研究者」が前面に登場しない点である。研究者をコンサルタント、学校（組織）をコンサルティとして位置づけ、研究と実践の関係を問い直したり、研究者による「介入」の方法について議論することに重点が置かれている日本とはやや異なり、韓国の場合、コンサルタント・コンサルティ両方ともに学校の「内部」から探ることが前提となっている[33]。韓国では必ずしも、理論と実践の関係、研究者と学校（教師）の関係を組み替えたり、「対等な関係」を目指すわけではなく、研究者はあくまでも「第三者」として位置づけられ、理論的・学問的支援（場合によっては実践的支援も含む）を行うものとして描かれているのである。これは、両者の中で生じうる権威的関係性を意味するよりも、むしろ実践を支える「外的条件（基盤）」として研究者集団を位置づけているようにも思われる。また、学校コンサルティング研究会自体が、現場の教師と研究者を「共同研究集団」に位置付けており、教育について語り合い、現場の悩みを共有し工夫できる場として機能しているとも言える。

　学校コンサルティングをめぐっては近年、新たな課題が台頭している[34]。持続的な学校改善のために、学校・教師による自発的な問題提起・参加が必要であることは間違いないが、果たして現実的に自身たちの問題を自発的に語り、支援を求める学校・教師がどれほどいるだろうかという原理的な課題である。また、相当な時間と努力を要するコンサルティングが現在の学校現場で、真に実現可能かという現実的な課題も指摘されている。学校コンサルティングが学問的にも実践的にも、その理念と当初の目的を失わず維持・担保し、このような課題にいかに向き合っていくか、今後も注視していきたい。

（鄭　修娟）

33）だが、近年は学校コンサルタントの養成・専門職化が政策的に展開されることにつれ、学内外を問わず専門家を輩出することに重きが置かれるようになり、この原理上の特徴は消えつつある。

34）チョン・スヒョン（2008）（「対話概念に基づく学校コンサルティングの方法論の探索」『教育行政学研究』Vol.26, No.2, 391-414頁）を参考。

【参考文献】
・木岡一明（2006）「学校の潜在力の解発に向けた組織マネジメントの普及と展開」『日本教育経営学会紀要』第48巻、200-204頁。
・金龍（2011）「韓国における地方教育自治制度の変化の展望——最近の改正法の内容及び2010年の地方選挙の結果分析を中心に」『東京大学大学院教育学研究科教育行政学論叢』第30号、9-18頁。
・水本徳明（2018）「「教育行政の終わる点から学校経営は始動する」か？——経営管理主義の理性による主体化と教育経営研究」『日本教育経営学会紀要』第60巻、2-15頁。
・水本徳明（2021）「教育経営の実践と研究は何を問われているのか」『日本教育経営学会紀要』第63巻、129-131頁。

＜韓国語文献＞
・イ・サンス（2010）「遂行工学を適用した授業コンサルティング模型」『教育工学研究』第26巻第4号、87-120頁。
・カン・ギョンヒ（2012）「コンサルティング奨学・遺憾を超えてビジョンに」『江原道教育研修院』第189号、76-83頁。
・キム・ドギ＆チン・ドンソプ（2005）「コンサルティング奨学の概念探索」『教育行政学研究』Vol.23, No.1, 1-25頁。
・クァク・ヨンスン（2016）「事例研究からみる中学校科学授業に関する授業コンサルティングの特性探索」『韓国科学教育学会誌』Vol.36, No.2, 269-277頁。
・チョ・ドンソプ他（2013）「教育支援庁事例からみるコンサルティング奨学の問題と改善課題」『教育行政学研究』Vol.31, No.4, 367-387頁。
・パク・スジョン（2019）「歴史的新制度論の観点からみたコンサルティング奨学の政策変化分析」『韓国教育』第46巻第3号、65-98頁。
・パク・ヒョジョン他（2009）『学校コンサルティング体制構築のための基礎研究』韓国教育開発院研究報告書（2009-32）。
・ユン・チョヒ（2009）「学習コンサルティングの模型と現場適用可能な考察」『学校心理と学習コンサルティング』第1巻第1号、1-19頁。

索　引

執 筆 者 一 覧 （執筆順）

元 兼 正 浩 （九州大学大学院人間環境学研究院教授）　はじめに／第1章

山 下 晃 一 （神戸大学人間発達環境学研究科教授）　第2章

臼 井 智 美 （大阪教育大学大学院連合教職実践研究科教授）　第3章

末 松 裕 基 （東京学芸大学教育学部准教授）　第4章

波多江 俊 介 （熊本大学大学院教育学研究科准教授）　第5章

畑 中 大 路 （長崎大学大学院教育学研究科准教授）　第6章／第7章

榎 　 景 子 （長崎大学教育学部准教授）　第7章

米 沢 　 崇 （広島大学大学院人間社会科学研究科准教授）　第8章

武 井 哲 郎 （立命館大学経済学部准教授）　第9章

小 林 昇 光 （奈良教育大学教職開発講座専任講師）　第10章

原 北 祥 悟 （崇城大学総合教育センター助教）　第11章

木 村 栞 太 （九州女子大学人間科学部専任講師）　第12章

鄭 　 修 娟 （九州産業大学国際文化学部専任講師）　第13章

小椎葉 大 樹 （九州大学大学院人間環境学府修士課程）　索　引

＊所属等は2024年4月現在のものである

実践の学としての教育経営学の探究

令和6年6月7日初版発行

編　集：元兼　正浩（九州大学大学院教授）

発行者：仲西佳文
発行所：有限会社　花書院
　　　　〒810-0012　福岡市中央区白金2-9-2
　　　　電話. 092-526-0287　FAX. 092-524-4411
　　　　印刷・製本：城島印刷株式会社